帝國的惆悵

中國傳統社會的政治與人性

易中天◎著

目錄

明月何曾照渠溝

變法幫了腐敗的忙

鴉片的戰爭與戰爭的鴉片

非典型腐敗

好制度，壞制度

從「出入兩難」到「進退自如」

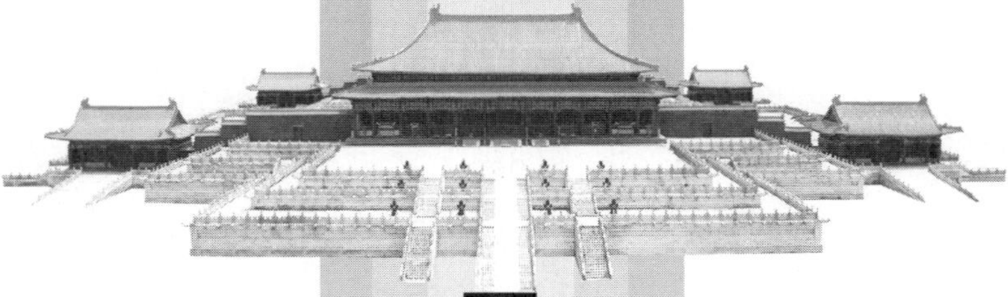

【明月何曾照渠溝】

一 晁錯之死

晁錯是穿著上朝的衣服（朝衣）被殺死在刑場的。

晁錯的這種死法，常常使讀書不細的人誤以爲他死得很體面。這事要怪司馬遷。司馬遷在爲晁錯作傳時用了「春秋筆法」，說「上令晁錯衣朝衣斬東市」，似乎是皇帝給晁錯留面子，讓他穿著朝服去死，享受了「特殊待遇」。斑固就沒有司馬遷那麼厚道，不客氣地揭老底說「紿載行市」（其實司馬遷也說了這話，只不過是在《吳王劉濞列傳》）。紿，就是誑騙。晁錯是被騙到刑場的。奉旨前去執行命令的首都衛戍司令兼公安部長（中尉）陳嘉大約並沒有告訴晁錯朝廷要殺他，晁錯也以爲是叫他去開會，興沖沖地穿了朝服就上車，結果稀裏糊塗被拉到東市，腰斬了，連遺囑也沒來得及留。我們不知道，刑前有沒有人向他宣讀判決書。但可以肯定，晁錯之死，沒有經過審判，也沒有給他辯護的機會。

這實在可以說是「草菅人命」，而這個被「草菅」了的晁錯也不是什麼小人物。他是西漢初年景帝朝的大臣，官居御史大夫。御史大夫是個什麼官呢？用現在的話說，相當於副總理兼監察部長。所以晁錯的地位是很高的。一個高官不經審判甚至還身著朝服時就被處死，只有兩種可能。一是事情已經到了非常緊迫的程度，二是對手痛恨此人已經到了不顧一切的地步。現在看來，晁錯的死，兩種情況都存在。

先說事情的緊迫。

晁錯被殺的直接原因是「削藩」。晁錯是一有機會就要向漢景帝鼓吹削藩的。而且，正是因爲他的極力主張和一再鼓吹，景帝才最終下了削藩的決心。什麼是「削藩」呢？簡單的說，就是削減藩國的轄地。所謂「藩國」，就是西漢初年分封的一些王國。這些王國的國王，不是皇帝的兄弟，就是皇帝的子侄，是大漢王朝的既得利益者。削藩，無疑是要剝奪他們的權力，侵犯他們的利益，這些鳳子龍孫豈能心甘情願束手就擒？所以，削藩令一下，最強大的兩個王國——吳國和楚國就跳了起來。吳王劉濞和楚王劉戊聯合趙王劉遂、膠西王劉卬、濟南王劉辟光、淄川王劉賢、膠東王劉雄渠起兵造反，組成七國聯軍，浩浩蕩蕩殺向京師，這就是歷史上有名的「七國之亂」，也叫「吳楚之亂」。

七國興亂，朝野震驚，輿論譁然。景帝君臣一面調兵遣將，一面商量對策。這時，一個名叫袁盎的人就給景帝出了個主意。袁盎說，吳楚兩國，其實是沒有能力造反的。他們財大氣粗不假，人多勢眾也不假，但他們高價收買的，不過是一些見利忘義的亡命之徒，哪裏成得了氣候？之所以貿然造反，只因爲晁錯慫恿陛下削藩。因此，只要殺了晁錯，退還削去的領地，兵不血刃就能平定叛亂。袁盎做過吳國丞相，說話的分量就比較重一點。何況這時景帝大約也方寸已亂，聽了袁盎的建議，就起了丟卒保車的心思。

不能說袁盎的主意沒有道理，因爲吳楚叛亂確實是以「請誅晁錯，以清君側」爲藉口的。打出的旗號，則是「存亡繼絕，振弱伐暴，以安劉氏」。什麼叫「清君側」呢？就是說皇帝身邊有小人，要清理掉。這個「小人」，具體的說就是晁錯。那好，你們不就是要「清君側」嗎？如果晁錯已誅，君側已清，你們還反什麼反？

事實證明，袁盎的這個主意並不靈。晁錯被殺以後，七國並未退兵，作為漢使的袁盎反倒被吳王扣了起來。袁盎給漢景帝出了誅殺晁錯的主意後，被任命為「太常」（主管宗廟禮儀和教育的部長），出使吳國。袁盎滿心以為吳王的目的既已達到，應該見好就收的。誰知道這傢伙的胃口已經吊起來了，根本不把袁盎和朝廷放在眼裏，不但連面都不見，還丟下一句話：要麼投降，要麼去死。這下子袁盎可就啞巴吃黃連了。雖然後來他總算從吳營中逃了出來，卻也從此背上了一個惡名：挑撥離間，公報私仇，讒言誤國，冤殺功臣。

實際上當時就有人為晁錯鳴冤叫屈，對袁盎不以為然。晁錯被殺以後，有一個名叫「鄧公」的人從前方回京，向漢景帝彙報軍情。鄧公的官職是「謁者僕射」（宮廷衛隊長郎中令的屬官），級別「比千石」，此刻被任命為校尉（比將軍低一級的武官），將兵平叛。漢景帝問鄧公：晁錯已經殺了，吳國和楚國應該退兵了吧？鄧公卻回答說，怎麼會退？吳王圖謀造反，準備了幾十年，所謂「誅晁錯，清君側」，不過是個藉口罷了，「其意非在錯也」（他們的意圖並非在誅殺晁錯）。所以，吳國和楚國是不會退兵的，天下人的嘴巴卻恐怕會閉起來，不敢再說話了（恐天下之士噤口，不敢復言）。景帝問他為什麼。鄧公說，晁錯為什麼要主張削藩？是因為擔心諸侯過於強盛，尾大不掉，威脅中央政權，這才提出要削減藩國轄地，以提高京師地位。這是我們漢家社稷的千秋大業和萬世之利呀！可是，他的計畫才剛剛開始實行，自己卻被冤殺於東市，這不是「內杜忠臣之口，外爲諸侯報仇」，做了令親者痛仇者快的事嗎？「臣竊爲陛下不取也！」景帝聽了以後，半天說不出一句話來。「默然良久」，才歎了一口氣說，你說得對，朕也是追悔莫及啊！

其實，把錯殺晁錯的責任都算到袁盎身上，也是冤枉的。因爲袁盎當時的身分，只不過一個被罷了官的庶人；他向景帝提出的，也只不過一項「個人建議」。然而處決晁錯卻是正式打了報告的。打報告的是一批朝中大臣，包括丞相陶青、中尉陳嘉、廷尉張歐（顏師古注歐音區）。當時的制度，中央政府的高級官員是「三公九卿」。三公就是丞相、太尉和御史大夫。丞相是最高行政長官，相當於總理或行政院長；太尉是最高軍事長官，相當於三軍總司令；御史大夫是副丞相兼最高監察長官，相當於副總理兼監察部長。丞相、太尉、御史大夫，合起來就是「宰相」。所以宰相是三個，不是一個。部長則有九個，叫「九卿」。陳嘉擔任的中尉，張歐擔任的廷尉，都是卿。尉，是武官。那時軍警不分，尉可能是軍官，也可能是警官，還可能是軍官兼警官，職責取決於「尉」前面的那個字。比方說，太，是「最高」的意思，太尉就是全國最高軍事長官。中，是「宮廷」的意思，也代表「京師」，和外地的「外」相對應。中尉的職責，是負責京城的治安，所以中尉就是首都衛戍司令兼公安部長。廷，則是「朝廷」的意思。廷尉的職責，是掌管刑律，所以廷尉就是司法部長兼最高法院院長。一個政府總理，一個公安部長，一個司法部長，三個人聯名彈劾晁錯，分量是很重的。

擬定的罪名也很嚴重，是「亡臣子禮，大逆無道」。申請的處分，則是「錯（晁錯）當要斬（腰斬），父母妻子同產無少長皆棄市」，也就是沒分家的親人無論老幼統統砍頭（棄市是景帝時確定的一種死刑，意謂「刑人於市，與眾棄之」）。對這個彈劾，漢景帝的批示是「同意」（制曰可），而且派中尉陳嘉把晁錯找到，立即執行，連招呼都沒打一個。

所以，晁錯不但死得很冤，死得很慘，還死得很窩囊。

不過，正如「請誅晁錯，以清君側」只是吳楚起兵的藉口，「亡臣子禮，大逆無道」也不是晁錯被殺原因。眞正原因是削藩。所以，要知道晁錯該不該死，就得先弄清楚「削藩」是怎麼回事。

二　削藩其事

我們知道，秦漢，是中國國家制度發生重大變化的重要轉折時期。秦始皇的兼併六國，則是一場深刻的革命。因爲它徹底顚覆了舊制度，建立了一種新制度。這個舊制度，就是「邦國制」，歷史上叫「封建制」，也就是把天下分封給諸侯，建立各自爲政的

「邦國」。這個新制度，就是「帝國制」，歷史上叫「郡縣制」，也就是把原來的「許多國家」變成「一個國家」，把原來各自爲政的「邦國」變成中央統一管理的「郡縣」。這也是秦漢以後、辛亥革命以前一直實行著的制度，我在《好制度，壞制度》一文中有介紹。不過，剛開始的時候，並不是所有的人都贊成「郡縣制」，很多人主張繼續實行「封建制」，還把秦王朝「二世而亡」的原因歸結爲沒有「封建」（分封諸侯）。迫於無奈，劉邦在建國初期，只好實行「一個王朝，兩種制度」的方針：京畿地區，實行「郡縣制」，由中央政府統一領導；周邊地區，實行「封建制」，封了許多王國，由王國的國王自行治理。當時的意思，是要讓他們充當中央政權的屏障，也就是「藩」。藩，就是籬笆的意思（藩籬）。所以這些國家就叫「藩國」，這些國家的君主就叫「藩王」，他們到自己的封地去則叫「之國」或「歸藩」。這樣一種郡縣與封建並存的制度，就叫「郡國制」。

不過，劉邦在實行「一朝兩制」時，也留了一手，即只准同姓封王，不准異姓封王。爲此，還殺了一匹白馬來做盟誓，叫「白馬之盟」。後來，呂后破壞這個規矩，封姓呂的做王，就被視爲「亂政」，最後被武力平定。平定諸呂的功臣，就是後來平定七國之亂的將領——太尉周亞夫的父親周勃。

其實同姓封王也未必靠得住。比如這回帶頭造反的吳王劉濞，就靠不住。劉濞是劉邦他哥劉仲的兒子。古人兄弟排行，叫「伯仲叔季」。劉邦出身平民，家裡沒什麼文化，就用這「伯仲叔季」來做名字。劉邦叫劉季，其實就是「劉小」。他哥劉仲則其實就是

「劉二」。劉二是個沒有用的，他兒子劉濞卻能幹，爲劉邦立下汗馬功勞。那時劉邦正發愁吳越一帶沒有一個得力的王侯去鎮守，就封劉濞做吳王。不過劉邦馬上就後悔了，因爲他覺得劉濞的樣子似乎有「反相」。但是君無戲言，覆水難收，封都封了（已拜受印），改不過來，只好摸著劉濞的背說：五十年以後東南有人作亂，不會是你吧？天下同姓是一家，你可千萬別造反。劉濞立刻跪在地上磕頭如搗蒜，說侄臣哪敢呀！

這當然只能作爲故事來聽。劉濞造反並不因爲他身上有「反骨」，晁錯削藩也並不因爲劉濞要造反。晁錯大講特講削藩時，劉濞還沒造反吶！事實上，削藩不是針對哪一個諸侯的，而是針對「郡國制」的。按照這種制度，藩王們是有實權的。他們有自己的領土、政府、軍隊和財政收入，儼然「獨立王國」。如果地盤大，人口多，資源豐富，其實力便很可能超過中央政府，比如劉濞的吳國就是。吳國地處長江中下游，富饒之國，魚米之鄉。吳王煎礦得錢，煮水得鹽，富甲一方，勢可敵國。長此以往，勢必尾大不掉，成爲中央政權的心腹之患。這就要鉗制，要打擊，要削弱其勢力。這就是「削藩」——先裁減其領地再說。

但是這有風險。因爲沒有哪個藩王是願意被「削」的。人家到嘴的肥肉，你生生地奪了去，就連阿貓阿狗都不會願意，何況鳳子龍孫財大氣粗的藩王？那不逼得他們狗急跳牆才怪！所以景帝和群臣都很擔心，我們削藩，他們會不會造反？晁錯卻不以爲然。晁錯說：「削之亦反，不削亦反。削之反亟，禍小；不削反遲，禍大。」也就是說，削藩，他們造反；不削藩，他們也會造反。現在削藩，他們馬上就反，但是爲害尚小。暫不削藩，他們反得遲一些，但是後患無窮。因爲那時他們已羽翼豐滿，存心造反，你可怎麼收拾？所以得「先下手爲強」。

可見，削藩，是建立在藩國必反的前提下的。那麼，吳王他們果眞要反嗎？

這當然也不是一點依據都沒有。比如前面提到的鄧公，就說過「吳王爲反數十年矣」的話。吳王自己，也說他「節衣食之用，積金錢，修兵革，聚穀食，夜以繼日，三十餘年矣」。但這也只是一說，而且都是事後說的。事實上，吳王造反，事前並無證據。「七國之亂」平定後，政府軍在他們那裏也沒找到什麼「大規模殺傷性武器」。相反，《史記》、《漢書》都說「吳王濞恐削地無已，因以此發謀，欲舉事」，或者「吳王恐削地無已，因欲發謀舉事」，即都認爲吳王的造反是削藩逼出來的，也可以說是「正當防衛」或「防衛過當」。至於晁錯彈劾楚王和膠西王的那些事，比如楚王在太后喪期亂搞女人，膠西王賣了官爵，也都不能說是「罪大惡極」。當然，晁錯是御史大夫（副總理兼監察部長），彈劾這些諸侯是他份內的工作。但如果以此作爲削藩的理由，那就是找岔子了。

不過，吳王不反，不等於別人不反；此刻不反，不等於將來不反；劉濞本人不反，不等於他的兒子孫子不反。曹操沒有篡位，曹丕不是篡了？朱元璋一死，燕王朱棣不就反了？而且口號也是「清君側」。當然，曹丕也好，朱棣也好，都是後來的事，我們不能據此反推劉濞或他的兒子孫子也是要造反的。但諸侯坐大，對於皇權確實是威脅，曹丕和朱棣就是證明。所以，站在帝國的立場，削藩確實是對的。如果任由諸侯擁兵自重，造反的事就遲早會要發生。我們不能不佩服晁錯的深謀遠慮。

何況正如黃仁宇先生所言：「根據當日的觀念，造反不一定要有存心叛變的證據，只要有叛變的能力也可以算數。」（《赫遜河畔談中國歷史》）何況劉濞不但有能力，也有形跡，比如靠著財大氣粗，廣散錢財，招兵買馬，攏絡人心，而且專門招募那些亡命之徒。這不是想造反又是什麼呢？漢景帝也說，吳王大力發展鑄銅和煮鹽產業（吳王即山鑄錢，煮海爲鹽），用這些收入來吸引人才（誘天下豪傑），一大把年紀了還公然造反（白頭舉事），如果沒有萬無一失的準備，會跳出來嗎（此計不百全，豈發乎）？所以，滅吳，也不算冤。

其實，就算吳王劉濞是冤枉的，這個冤大頭也只好由他來當。因爲削減藩國領地，削弱諸侯勢力，最終取消封建制的藩國，將「半封建半郡縣」的「郡國制」變成徹底的「郡縣制」，是歷史的必然趨勢；而郡縣與封國並行的「郡國制」，則是新舊兩種制度討價還價和政治妥協的結果，是漢代統治集團在建國之初的權宜之計。而且，這種不倫不類的制度給西漢統治集團帶來了不小的麻煩，不是異姓王造反，就是同姓王叛亂。柳宗元在他的《封建論》裏就說了這個問題。柳宗元說，西元前二〇一年，韓王信反。高祖前往平叛，被困七天。這就是「困平城」。西元前一九六年，淮南王英布反，高祖又前往平叛，被流矢所中，一命嗚呼。這是「病流矢」。此後，惠帝劉盈，文帝劉恆，景帝劉啓，

「陵遲（衰微）不救者三代」。相反，中央集權的郡縣制卻充分地體現出它的優越性。秦末天下大亂，然而「有叛人而無叛吏」（有起來叛逆的民眾卻沒有起來叛逆的官員）。漢初天下大亂，然而「有叛國而無叛郡」（有起來叛逆的封國卻沒有起來叛逆的郡縣）。中唐天下大亂，然而「有叛將而無叛州」（有起來叛逆的將領卻沒有起來叛逆的州府）。歷史證明，郡縣制是有利於帝國之長治久安的。

既然遲早要削藩，那麼「長痛不如短痛」。既然決心要削藩，那就不能「吃柿子專軟的捏」。不論從哪個角度看，吳王都首當其衝。只有把吳楚這兩個最強最大最牛的王國壓下去，其他諸侯才會就範。所以，晁錯的話——「削之亦反，不削亦反」，真不如改成「反之亦削，不反亦削」，總之是要拿他開刀，沒什麼冤不冤的。

三 是非功過

現在看來，漢景帝這一刀是開對了。「七國之亂」平定後，漢初分封的王國有的變成了郡縣，有的分裂成小國，大都名存實亡。這就爲漢武帝的大顯身手創造了條件，漢的國祚也因此延續了三百多年。所以，司馬遷把景帝一朝稱作「安危之機」，史家也公認削藩乃「治安之策」。從此，「封建制」和半封建半郡縣的「郡國制」徹底退出歷史舞臺。以後的歷代王朝，雖然也分封子弟，但都是只有虛名沒有實權的，唯獨西晉是個例外。西晉開國以後，又倒退到西漢初年的「半封建半郡縣制」，結果是釀成「八王之亂」，自取滅亡。

這樣看，晁錯豈非高瞻遠矚？

實際上，藩國過於強大，必定威脅中央，對於這一點，許多人都有共識。晁錯的死對頭袁盎，就對漢文帝說過「諸侯大驕必生患，可適削地」的話。當然，袁盎說這個話，只是針對驕橫無禮的淮南厲王劉長，不像晁錯那樣把削藩看作基本國策。但要說當時的朝廷重臣都是糊塗蟲，鼠目寸光，尸位素餐，都不如晁錯高瞻遠矚，深謀遠慮，恐怕也不是事實。

然而晁錯卻幾乎遭到一片反對，甚至「世人皆曰可殺」，這又是爲什麼？

這裡有三個方面的原因。

首先是當時的意識形態和治國理念所使然。我們知道，秦，是以法家思想爲國家意識形態的；漢，在武帝以前，則以道家思想爲國家意識形態。漢景帝的親娘竇太后，更是一個極其尊崇道家學說的人，以至於「景帝及諸竇不得不讀《老子》尊其術」。所以，漢景帝母子君臣，大約都是「黃老門徒」，只不過竇太后是個「死硬派」，漢景帝的態度要溫和一些。有一次，儒生轅固和道家黃生辯論湯武革命的事。黃生說，帽子再破，也得戴在頭上；鞋子再新，也得穿在腳下。商湯是夏桀的臣，怎麼能代夏而立？周武是殷紂的臣，又怎麼能代商而立？所以，湯武不是革命，而是謀反。轅固反問：照你這麼說，我們高皇帝代秦而立，也不對了？漢景帝一看情況不對，只好打圓場說：吃肉不吃馬肝（有毒），不算不知味道。做學問不討論湯武革命，不算沒有知識。

漢景帝給儒道兩家的爭論和了稀泥，竇太后就沒有那麼好說話了。竇太后把轅固叫了去，要他讀《老子》。轅固撇了撇嘴巴說，這是家奴童僕之書。竇太后勃然大怒，要轅固到角鬥場和野豬搏鬥，多虧景帝挑了把好刀給他，這才死裏逃生。我們知道，景帝一朝，竇太后也是當家人，對當時政治的影響很大。她老人家態度如此，大家自然也都是信奉道家的。

那麼，道家的治國理念是什麼呢？是「清靜無爲」。他們追求的是「垂衣裳而天下治」，講究的是「治大國若烹小鮮」，主張的是「以靜制動，以柔克剛」，相信的是「一動不如一靜」，「多一事不如少一事」。什麼叫「治大國若烹小鮮」呢？就是說，治理一個大國，就像煎小魚小蝦，只能文火慢熬，不能大動干戈。所以，即便要削藩，也只能慢慢來，火到豬頭爛，功到自然成。像晁錯那樣急火攻心，還能不壞事？

其次，大家都認爲七國造反，全是晁錯惹的禍。劉濞有沒有問題？有。比如「稱病不朝」就是。稱病不朝當然是「失藩臣之禮」。但劉濞裝病是有原因的，原因就是他的太子入朝覲見的時候，由於一點小事被當時還是皇太子的漢景帝殺了，從此兩家關係不好。以後又怕皇帝殺他，就更不肯來朝了。所以，裝病，「計乃無聊」。後來，文帝賜吳王幾杖，又准其告老不朝，關係也就改善了。可是晁錯偏偏沒事找事，引火焚身，摸那老虎的屁股，終於惹下大禍。那麼，不整治他，整治誰？

當然，七國之亂是不是晁錯惹的禍，可以討論。即便是晁錯惹的禍，是不是一定要讓他去頂罪，也可以討論。問題是，當時竟然沒有一個人幫他說話，袁盎「誅晁錯」的建議卻反倒代表了大多數人的意見。這說明什麼呢？說明他在朝中十分孤立。這也是晁錯被殺的第三個原因——他不但這次「犯了眾怒」，而且平時就「不得人心」。

毫無疑問，對於所謂「不得人心」也要做分析，看看是不得哪些人的心。問題在於晁錯的對立面恰恰不是小人。袁盎就不是。袁盎是一個正義耿直的人。當他還只是個秩比六百石的「中郎」（侍衛官）時，就敢對漢文帝說平定了諸呂之亂的絳侯周勃只是功臣（有功之臣），不是社稷臣（和國家休戚相關、和君王生死與共、和朝廷肝膽相照的棟樑之臣），氣得周勃痛罵袁盎，說我和你哥是哥們，你小子卻在朝廷上誹謗我！後來，周勃被免去丞相職務，回到自己的封國。封國的人落井下石，告他謀反。周勃被捕下獄，滿朝文武噤若寒蟬（宗室諸公莫敢為言），挺身而出為他辯誣的，卻是當年說他「壞話」的袁盎（唯袁盎明絳侯無罪）。周勃的無罪獲釋，也多虧了袁盎的努力（絳侯得釋，盎頗有力）。可見袁盎的為人是很正派的。這樣的正直之士，難道是小人？

袁盎也是一個宅心仁厚的人。他擔任隴西都尉時，「仁愛士卒，士卒皆爭為死」。擔任吳國丞相時，手下有人和他的婢女偷偷相愛（有從史嘗盜愛盎侍兒）。袁盎知道後，裝聾作啞，置若罔聞，並不追究。後來，這個下屬聽說東窗事發，畏罪潛逃，袁盎又親自把他追了回來，將婢女賜給他，還讓他擔任原來的職務。七國之亂時，袁盎被吳王扣押在軍中，看守他的軍官碰巧就是此人，於是袁盎得以逃脫。可見袁盎的爲人是很厚道的，他的好心也得到了好報。這樣的仁恕之士，難道是小人？

實際上袁盎在朝廷享有崇高的威望，在江湖上也享有崇高的威望。文帝時著名的大法官張釋之就是他發現並推薦給朝廷的，武帝時著名的直腸子汲黯也非常仰慕他（常慕傅柏、袁盎之爲人也）。汲黯是被認爲幾近「社稷之臣」（古有社稷之臣，至如黯，近之矣）的人。他常常不給皇帝面子（數犯主之顏色）。直言不諱批評漢武帝「內多欲而外施仁義」的就是他，諷刺漢武帝用人就像堆柴火「後來居上」（該成語即典出於此）的也是他。漢武帝對他又敬又怕，禮遇甚隆，甚至讓他三分。大將軍衛青入侍宮中，漢武帝坐在馬桶上就見了。丞相公孫弘平時晉見，漢武帝衣冠不整就見了。但如果是汲黯來了，漢武帝一定衣冠楚楚，鄭重其事地接見。這樣的人都敬重仰慕袁盎，袁盎難道會是小人？

袁盎還是一個俠肝義膽的人。他的朋友也多爲俠義之士，比如季布的弟弟季心。季布、季心這哥倆都是「爲氣任俠」的。季布的特點是「一諾千金」，季心的特點是「勇冠三軍」。季心做中尉司馬時，連他的長官——中尉郅都對他都客客氣氣。郅都是景帝和武帝時期有名的酷吏，外號「蒼鷹」，行法不避權貴，皇親國戚見了他都側目而視，他也不把那些鳳子龍孫放在眼裏，卻唯獨尊敬季心。郅都尊敬季心，季心則最爲尊敬袁盎。季心住在袁盎家裏時，把袁盎當作自己的長輩，把灌夫和籍福當作自己的弟弟。灌夫和籍福也是俠義之人。灌夫的特點是「剛直使酒，不好面諛」，籍福的特點是「左右逢源，善與人謀」。這兩個也都是俠義之士。此外還有劇孟。劇孟也是大俠。袁盎曾經說過，一個人有了危難，上門求救，不推托說父母尚在，也不裝著不在家的，除了季布的弟弟季心，大約就只有劇孟了。袁盎與季心、劇孟、灌夫、籍福等人為伍，可見袁盎的為人是很慷慨的。正因為袁盎兼有國士和俠士之風，所以他其實是死於國難——因為反對梁王劉武謀取儲君地位而被刺身亡。而且，梁王派來的第一個刺客還不忍心對他下手。這樣的死國之士，難道是小人？

其實，不但袁盎不是小人，其他反對晁錯的人也不是。比如和丞相陶青、中尉陳嘉聯名上書要殺晁錯的廷尉張歐，就是「忠厚長者」。此公當司法部長兼法院院長時，但凡發現案子有疑點，就一定退回去重審；實在證據確鑿罪無可赦，則流著眼淚向被告宣讀判決書，送他們上路，保證要讓囚犯死而無憾。所以《史記》和《漢書》都說他「其愛人如此」。這樣一個人如果也主張殺晁錯，那麼，晁錯恐怕就當真有點問題了。

四　晁錯其人

晁錯是一個什麼樣的人？

他是一個有學問的人。《史記・袁盎晁錯列傳》說，晁錯是潁川（在今河南省境內）

人，早年追隨軹縣人張恢學習申不害、商鞅的「刑名之學」，擱在現在，就是政法學院或政法專業畢業的。學成之後，參加太常寺的博士考試，因爲文字功夫好而當上了太常掌故（以文學爲太常掌故）。太常掌故是太常寺裏的一個小吏。太常也叫奉常，寺就是部。漢代的太常寺相當於隋唐以後的禮部，掌管宗廟祭祀和禮儀，也管教育，負責選試博士。那時的「博士」不是學位，是官職，戰國時期就有，秦漢因之，職責是「掌通古今」，也就是掌握古往今來的歷史知識，以備皇帝顧問和諮詢。太常寺博士考試的結果分爲兩等，一等的叫甲科，二等的叫乙科。甲科出身的補郎，乙科出身的補吏。郎，就是宮廷侍衛官；吏，就是政府辦事員。一個年輕人，在皇帝身邊做幾年「郎」，便很容易升上去，吏要升官就難一些。所以郎的出身和出路都比吏好。太常掌故就是乙科出身的小吏，級別百石。漢制，副縣級的吏員秩四百石至二百石，叫長吏（長字讀上聲）；百石以下的，叫少吏（少字讀去聲）。太常掌故就是這樣一個相當於主任科員（科級幹部）的「少吏」。

這位正科級的少吏時來運轉，是因爲被朝廷選派出去學《尚書》。我們知道，由於秦始皇的焚書坑儒，許多學問幾乎失傳，以至於「孝文帝時，天下無治尚書者」，精通《尚書》的只剩下一個「濟南伏生」。可是當朝廷發現他時，這位「故秦博士」已經九十多歲了，「老不可徵」，只好詔令太常寺選派可造之材到老先生家裏去學（往受之）。蒼天有眼，太常寺選中的年輕人就是晁錯。這下子晁錯的學問大長，名聲也大振，說起話來頭頭是道。文帝發現了這個人才，便任命他做太子府的官員。先是做太子舍人，以後做門大夫，最後做到太子家令。太子家令的級別是秩八百石，可以算是「中層幹部」了。

家令雖然比不上太子太師、太子太傅或太子太保，晁錯對後來的景帝影響卻很大。此公「學貫儒法」，口才又好，經常在太子面前「指點江山，激揚文字」，太子便對他「有點崇拜」（以其善辯得幸太子），太子的家人也都稱他爲「智囊」。「智囊」這個詞，最早是用在秦惠王的弟弟樗里子的身上（樗音書）。樗里子這個人，大約是足智多謀的，故「秦人號曰智囊」，並有「力則任鄙，智則樗里」的諺語。可見「智囊」是一個很高的評價（顏師古的解釋是「言其一身所有皆是智算，若囊橐之盛物也」）。顯然，晁錯也是個有才華的人。

晁錯還是一個有思想的人。他和同時代的賈誼（二人均誕生於西元前二〇〇年），堪稱西漢初年最有頭腦的政治思想家；他的《論守邊疏》、《論貴粟疏》和賈誼的《治安策》、《過秦論》，也都被譽爲「西漢鴻文」。一個人有了思想，就總想表達出來。如果這思想是關乎政治的，則還會希望實行。所以，晁錯在太子府的時候，便屢屢上書言事，對時政發表意見。其中最有名的，就是「言守邊備塞，勸農力本，當世急務二事」。這篇疏文在收入《漢書》時，被分成兩個部分。言「守邊備塞」的那一部分（即《論守邊疏》）收入《晁錯傳》，言「勸農力本」的那一部分（即《論貴粟疏》）收入《食貨志》。我們現在讀這些文章，仍然能感覺到晁錯是很了不起的。

就說「言守邊備塞」。所謂「守邊」，其實也就是防禦匈奴。作爲北方的游牧民族，匈奴一向是「中國」的大患。用晁錯的話說，就是「漢興以來，胡虜數入邊地，小入則小利，大入則大利」。這實在讓人惱火。所以晁錯也是主張對匈奴用兵的，還比較了匈奴與「中國」的長短優劣，得出「匈奴之長技三，中國之長技五」的結論。這裏要說明一下，就是當時所謂「中國」，和我們現在所說的「中國」，並不是同一個概念。當時的「中國」，是「中央之國」的意思。古人認爲，天下五方，東西南北中。中央居住華夏民族，四方居住其他民族。其中，住在東方的叫做「夷」，住在南方的叫做「蠻」，住在西方的叫做「戎」，住在北方的叫做「狄」。華夏民族既然住在中央，當然是「中國」。「中國」之「長技」既然多於匈奴，當然可以戰而勝之。因此，晁錯主張，用「以一擊十之術」，「興數十萬之眾，以誅數萬之匈奴」。

對於這個「紙上談兵」的建議，文帝表示嘉許，但並未當眞採納。於是晁錯又提出新的建議，這就是《論守邊疏》的內容。

晁錯認爲，秦代的戍邊失敗，在於決策有誤；匈奴的難以對付，在於流動不居。秦有什麼錯誤呢？第一個錯誤，是動機不純。秦始皇的目的，不是爲了保衛邊疆救助人民（非以衛邊地而救民死也），而是爲了滿足貪欲擴大地盤（貪戾而欲廣大也），結果「功未立而天下亂」。第二個錯誤，是方法不對。秦王朝的辦法，是調遣內地軍民輪流戍邊。內地軍民千里迢迢趕到邊疆，既不熟悉情況，又不服水土，結果是作戰則被人俘虜（戰則爲人擒），駐守則自取滅亡（屯則卒積死），到了邊疆的死在邊疆（戍者死於邊），走在路上的倒在路上（輸者僨於道），不過徒然地勞民傷財而已。第三個錯誤，是政策不好。晁錯認爲，但凡軍民人等甘願堅守戰鬥到死也不投降敗退（凡民守戰至死而不降北者），都是有原因的（以計爲之也）：要麼是因爲「戰勝守固」能獲得封賞，要麼是因爲「攻城屠邑」能掠得財物，這才赴湯蹈火視死如歸（蒙矢石，赴湯火，視死如生）。可是，秦代的戍卒只有千難萬險（有萬死之害），沒有半點好處（無銖兩之報）。一個人戰死之後，他的家人連減免一百二十錢賦稅的待遇都享受不到（死事之後不得一算之復），誰還肯前仆後繼？所以秦代的軍民，無不視疆場如刑場，視戍邊爲送死（秦民見行，如往棄市），還沒走到半路就準備叛變了，陳勝就是例子。這是秦人的錯誤。

匈奴的特點，則是流動性強。他們就像野生動物一樣，自由自在地生活在大自然（如飛鳥走獸於廣野）。條件好就停下（美草甘水則止），條件不好就搬走（草盡水竭則移）；一會兒在這裡，一會兒在那裡（往來轉徙）；說來就來，說走就走（時至時去）。這是他們的生存方式（此胡人之生業），也是我們難以對付的原因。試想，匈奴人來了，朝廷是派不派兵呢？不派，「邊民絕望而有降敵之心」；派，派少了不管用，多派一點，則我們的部隊還沒到，匈奴人就跑得無影無蹤。還有，派去的部隊，是留下呢還是撤走呢？留下，朝廷耗資巨大；撤走，匈奴接踵而來。連年如此，中國就又窮又苦又不安寧了。

因此，晁錯主張改革邊防軍「一歲而更」（一年輪換一次）的制度，用免稅、賜爵、贖罪等辦法，鼓勵那些在內地生存有困難的人向邊疆移民，安營紮寨，屯墾戍邊。這些內地移民以他鄉作故鄉，視衛國爲保家，必能「邑里相救助，赴胡不避死」。因爲國家利益和他們的個人利益已連爲一體，而且也沒有敵情不明水土不服的問題。移民解決了生計，國家節約了軍費，邊防得到了鞏固，人民得到了安寧，豈非兩全其美？

這是一個好主意，因此被採納（上從其言，募民徙塞下）。言「勸農力本」的主張也被採納，其他如「削諸侯事，及法令可更定者」等等則被拒絕（孝文不聽）。不過文帝還是很欣賞他的才華（奇其材），調他做了中大夫。中大夫也是郎中令的屬官，秩比八百石，和太子家令級別一樣，但職責不同，是「掌論議」。

晁錯終於如願以償，參與朝政了。這也正是他的宿命。他這個人，是不甘寂寞的；而歷史選擇他來唱削藩這場大戲的主角，也絕非偶然。

可惜，歷史選錯了人。

五　歷史之錯

晁錯是一個有學問的人，有才華的人，有思想的人，不甘寂寞的人，但不等於是一個適合搞政治的人。他其實只適合做「政論家」，並不適合當「政治家」。

晁錯的第一個問題，是不善於處理人際關係。他在太子府的時候，和朝廷大臣的關係就不好（太子善錯計謀，袁盎諸大功臣多不好錯），進入中樞以後就更是關係惡劣。西元前一五七年，文帝駕崩，景帝即位，任命晁錯爲「內史」。內史的職責是「掌治京師」，相當於京城的市長，是首都地區的最高行政長官，級別則是秩二千石。晁錯一下子越過秩千石的副部級（丞），變成和九卿（部長）平起平坐的「部長級幹部」，自然春風得意，也認爲有了施展政治抱負的舞臺，便不斷向景帝提出各種建議（常數請閒言事），景帝也言聽計從（輒聽）。結果是「寵幸傾九卿，法令多所更定」，成爲炙手可熱的權貴。

俗話說，樹大招風。朝廷大臣對這個靠著能言善辯、誇誇其談，一路青雲直上的傢伙原本就心懷不滿，現在見他今天改革，明天變法，把原來的秩序攪得一塌糊塗，弄得上上下下不得安寧，便恨透了這根「攪屎棍子」。第一個被惹毛了的是丞相申屠嘉，當時就找了個岔子要殺他。事情是這樣的：晁錯因爲內史府的門朝東開，出入不方便，就在南邊開了兩個門，把太上皇廟的圍牆（壖垣）鑿穿了。這當然是膽大妄爲，大不敬，申屠嘉便打算拿這個說事，「奏請誅錯」。晁錯聽說以後，連夜進宮向景帝自首（即夜請閒，具爲上言之）。於是第二天上朝，景帝便爲晁錯開脫。景帝說，晁錯鑿的牆，不是眞的廟牆（非眞廟垣），而是外面的牆（乃外壖垣）。那個地方，是安置閒散官員的（故冗官居其中），沒什麼了不起。再說這事也是朕讓他做的。申屠嘉碰了一鼻子灰，氣得一病不起，吐血而死。申屠嘉是什麼人？是追隨高皇帝打天下的功臣，也是文皇帝任命的宰輔重臣。這樣一個人都搞不定晁錯，別人又哪裏鬥得過？不難想見，這件事以後，晁錯自然更加恃寵驕人。

這裏得順便說一下，就是申屠嘉這個人，絕非小人，司馬遷稱他「剛毅守節」。他「爲人廉直，門不受私謁」，也就是從不在家裏面談公事，任何人都別想走後門。

袁盎從吳國丞相任上回京時，曾到他家裏求見。申屠嘉先是老半天不見，見面以後又冷冰冰地說，大人如果要談公事，請到辦公室找辦事員談，老夫也會替你奏明聖上；如果要談私事，那麼對不起，老夫身爲丞相，沒有私話可說。袁盎好歹也是王國的丞相，申屠嘉卻一點面子都不給，可見其正派清廉。

申屠嘉也從不拍馬屁，反倒疾惡如仇。漢文帝有個「倖臣」，叫鄧通。這傢伙是個小人，也是恃寵驕人（孝文時中寵臣，士人則鄧通，宦者則趙同）。申屠嘉卻不吃這一套，逮住把柄就問罪，鄧通把頭磕破了也不頂用，最後還是皇帝出面賠禮道歉說好話，才算了事。這事讓申屠嘉在朝廷享有崇高威望。所以，申屠嘉憎惡晁錯，就等於一大批正人君子都憎惡晁錯。晁錯得罪了申屠嘉，則等於得罪了一大批好人。

那麼，爲什麼那麼多人和晁錯搞不來呢？除了「道不同，不相與謀」外，性格也是一個原因。晁錯的性格是不好的，《史記》、《漢書》都說晁錯爲人「峭直刻深」。什麼叫「峭直刻深」？峭，就是嚴厲；直，就是剛直；刻，就是苛刻；深，就是心狠。這可不是討人喜歡的性格。不難想像，晁錯在朝廷上一定是咄咄逼人，逮住了理就不依不饒的。

晁錯的性格中還有一個問題，就是執著。他是那種認準了一條道兒跑到黑，不見棺材不掉淚的人。爲了實現自己的政治抱負和政治理想，他可以不顧一切，包括自己的身家性命。漢景帝二年八月，晁錯由內史晉升御史大夫，極力推行削藩政策，引起輿論嘩然。晁父特地從潁川趕來，問他說：皇上剛剛即位，大人爲政用事，就侵削諸侯，離間人家骨肉，究竟是爲什麼？晁錯說：「不如此，天子不尊，宗廟不安。」晁錯的父親說，他們劉家倒是安全安穩，我們晁家可就危險了（劉氏安矣，而晁氏危矣）。我走了，你愛怎麼著就怎麼著吧（吾去公歸矣）！「遂飲藥死」，也就是服毒自殺了。

這當然證明了晁錯的忠心耿耿，但同時也證明了他的執著。執著好不好？做一個學問家，執著是好的。做政治家，執著就不好，而且是大忌。政治家需要審時度勢，見機行事，該堅持時堅持，該妥協時妥協，堅持而不失靈活，妥協而不失原則。晁錯顯然缺乏這種品質。

晁錯是那種爲了理想義無反顧一往無前的人。這樣的人，往往受人崇敬，但也往往誤人大事。也就是說，這種人只有「美學意義」，沒有「現實意義」；作爲小說人物十分好看，擔任朝廷大臣就很可能誤國誤民。因爲他的頭腦中，只有「該不該做」，沒有「能不能做」，而後者卻恰恰是政治家必須考慮的。政治家不但要考慮「能不能做」，還要考慮是「現在就做」，還是「將來再做」。漢文帝就懂得這個道理。晁錯向文帝上書，說「狂夫之言，而明主擇焉」，文帝回答說：「言者不狂，而擇者不明，國之大患，故在於此。使不明擇於不狂，是以萬聽而萬不當也。」也就是說，作為建議，沒有什麼狂妄不狂妄的；作為決策，卻有英明不英明的問題。因此應該道理歸道理，事情歸事情，建議歸建議，決策歸決策，不能混為一談。

同樣，像晁錯這樣的書呆子，也只能讓他發議論，出主意，不能讓他辦實事，掌實權。文章寫得好的，事情不一定做得好；調子唱得高的，手段不一定高。高瞻遠矚的人，可能看不清細節；深謀遠慮的人，可能看不見眼前。所謂「知人善任」，就是要把策畫與執行、設計與操作區分開來，讓他們各就各位。漢文帝欣賞晁錯，卻不委以重任授以實權，除晁錯資歷尚淺外，恐怕也有這方面的考慮。

可惜漢景帝沒有乃父那種政治家眼光，而晁錯要做的又是一件非常的大事，這就惹出了天大的麻煩。

晁錯極力主張要做的事情，用蘇東坡的話說，是最難做的。蘇東坡在《晁錯論》這篇文章中，一開始就講了這個道理。他說，一個國家一個王朝，最難對付的患難，是表面上看天下太平，實際上潛伏著危機，而且難以預測（天下之患，最不可為者，名為治平無事，而其實有不測之憂）。這是非常難辦的。為什麼呢？因為坐觀其變，靜待其時，解決問題的條件雖然更成熟，就怕那時政治已徹底糜爛，局面已不可收拾（則恐至於不可救）；如果不管三七二十一，強行著手消除隱患，則承平日久，天下無事，誰又相信我們說的危機呢（起而強為之，則天下狃於治平之安而不吾信）？這就兩難。這個時候，只有那些「仁人君子豪傑之士」，才能挺身而出，「為天下犯大難，以求成大功」，絕非那些只想一蹴而就、暴得大名的人所能擔當（此固非勉強期月之間，而苟以求名之所能也）。要知道，在大家都認為天下太平一片祥和的情況下，無緣無故地挑起一場風波（天下治平，無故而發大難之端），是要擔極大的風險，甚至「冒天下之大不韙」的，除非你能收放自如，還能對天下人有個交代（吾發之，吾能收之，然後有辭於天下）。否則，還是不要輕舉妄動的好。

削藩，恰恰就是蘇東坡說的這種事；晁錯，卻不是蘇東坡肯定的人。也就是說，削藩其事是其事（決定削藩是對的），晁錯其人非其人（起用晁錯是錯的）。漢景帝用晁錯來主持削藩之事，恐怕確實是一個歷史性的錯誤。

晁錯，怎麼就不是適當人選呢？

六　晁錯之錯

我們首先要肯定，晁錯這個人，確有許多優點。最明顯也最難得的，是既忠心耿耿又深謀遠慮。唯其如此，這才冒著得罪四方諸侯的風險，頂著離間天家骨肉的罪名，力排眾議，頂風而上，強行削藩。這無疑是「盡忠為漢」，他的冤死也讓人扼腕歎息，班固就說「錯雖不終，世哀其忠」。但問題是，難道一個深謀遠慮的政治家，一定要用自己的血來祭奠自己的理想？難道「始作俑者」便當眞「其無後乎」？

事情恐怕並非如此。正如蘇東坡所說，人們常常只看到晁錯是因爲忠心耿耿而死於非命的（天下悲錯之以忠而受禍），不知道他招致飛來橫禍也有自身的原因（不知錯有以取也）。晁錯確實深謀遠慮，但他的深謀遠慮，是對國家的，不是對自己的。他爲國家想得很多，很深，很遠，對自己的命運前途則懵懵懂懂，一無所知，甚至盲目樂觀，所以《漢書》說他是「銳於爲國遠慮，而不見身害」。看來，即便是晁錯這樣的「智囊」，也不是什麼問題都看得清清楚楚的。

當然，要說晁錯對自身的安危一無所知一無所慮，恐怕也不是事實。至少，當他的父親把問題的嚴重性指出來以後，他應該有所反省。但他卻斬釘截鐵地回答說：「固也。不如此，天子不尊，宗廟不安。」可見，他其實是想清楚了的。而且，正因爲想清楚了，這才奮不顧身，一往無前。

這種「奮不顧身」的品質常常被人們視爲一種美德，然而我們在讚不絕口的同時是不是也應該多一點思考？奮不顧身當然很崇高，但奮不顧身的人往往也很難爲他人著想；而一個連自己都保不住的人，也未必保得住國家。爲什麼呢？因爲國家並不是一個抽象的東西，它是由一個個具體的人組成的。因此國情其實就是人情。不懂人情的人，其實也不會懂國情。不懂國情，你又怎麼保衛國家呢？

忠心耿耿也如此。忠心耿耿是優點，但往往同時也是缺點。因爲忠心耿耿的人往往固執己見。他們總以爲既然自己是「忠」，則別人（持不同政見者）一定是「奸」；既然自己是「一心爲公」，則別人（持不同政見者）一定是「一心爲私」。這又哪裏聽得進不同意見？如果不能廣泛聽取不同意見，又豈能做出的正確判斷和決策？結果是，一旦他們做出某種決定，便一定自以爲是，而且一意孤行。因爲在他們看來，自己的決定是爲公的，不是爲私的。處以公心，就無所畏懼。無私者無畏嘛！

這下子麻煩就大了。實際上，作爲一個政治家，還是有所畏懼的好。有所畏懼，謀劃才周全，行事才周到，計慮才周密。尤其是削藩這樣風險極大的事，絕非憑著書生意氣就可以進行的。書生意氣只能屬於書生，不能屬於政治家。政治家最忌諱的，就是意氣用事。政治家當然也要做非常之事，否則就不是政治家了。但是，首先，他事前一定要深思熟慮，要把來龍去脈和利害關係都想清楚了，把各種可能性都考慮周全，做好最壞的打算，才能下決心。其次，事情發生以後，他一定得臨危不懼，鎭定自若，不能自亂陣腳，更不能臨陣脫逃。第三，對於已然發生的問題，包括種種不測，他要有足夠的智慧去解決，而且是指揮若定地逐一解決。用蘇東坡的話說，就是「前知其當然，事至不懼，而徐爲之圖」。可惜的是，這三條，晁錯一條也做不到。

晁錯主張削藩雖然很早，考慮卻不周全。我們只看到他極力鼓吹削藩，卻沒看到他做過什麼「可行性研究」，提出什麼「可操作方案」。對於由此而可能導致的風險，他只有「削之亦反，不削亦反。削之反亟，禍小；不削反遲，禍大」一句空話。諸侯反了怎麼辦，他是沒有對策的。顯然，他只想到了「應該去做」，沒考慮「能不能做」，以及「如何去做」。他對削藩的困難明顯估計不足，對雙方的情況明顯掌握不夠，既不知己，也不知彼，焉能不敗？還有一點也很不好：他太想盡早完成這一偉業了。結果勢必急功近利，不講策略，草率從事。這就既沒能做到事先「知其當然」，又不能做到事後「徐爲之圖」。

更糟糕的是，他也沒能做到「事至不懼」。七國反漢後，缺乏足夠思想準備的漢景帝方寸大亂，心急如焚。這時，他最需要的，是晁錯拿出切實可行的辦法來幫他解圍。可惜，晁錯是書呆子，不是政治家。他不但沒有什麼錦囊妙計，反倒手忙腳亂不知所措，情急之下竟然想出了兩個餿主意。正是這兩個餿主意，直接把他自己送上了斷頭臺。

第一個餿主意是殺袁盎。吳楚七國造反後，晁錯就和自己的副手、下屬商量要殺袁盎。晁錯是御史大夫，御史大夫的副手有兩個，一個叫御史丞，一個叫御史中丞，下屬就是御史。晁錯說，袁盎這傢伙，接受吳王的賄賂（夫袁盎多受吳王金錢），總說吳王不會造反（專爲蔽匿，言不反），現在卻果然反了（今果反）。我們應該殺了袁盎，就知道他們搞什麼鬼了（欲請治盎宜知計謀）。晁錯的副手和下屬卻不贊成。副手和下屬說，事情還沒發生時，這麼整一下，或許還有好處（事未發，治之有絕）。現在叛軍都打過來了，殺袁盎又有什麼用（今兵西鄉，治之何益）！再說袁盎身爲朝廷大臣，也不應該和吳王有陰謀（且袁盎不宜有謀）。晁錯聽了，猶豫不決，袁盎卻得到了消息，通過竇嬰求見皇上，提出了「方今計獨斬晁錯，發使赦吳楚七國，復其故削地，則兵可無血刃而俱罷」的對策，被漢景帝採納，晁錯也就「衣朝衣斬東市」。這可眞是搬起石頭砸了自己的腳。就連司馬遷也批評說：「諸侯發難，不急匡救，欲報私讎，反以亡軀。」晁錯這一著，是不是臭棋？

第二個餿主意就是提出要景帝御駕親征，自己留守京城。誰都知道，帶兵打仗，是最危險的；留守京城，則是最安全的。國難當頭之時，任何忠臣，都應該把危險留給自己，安全留給皇上，何況這「國難」還是你晁錯惹出來的？你惹了禍，你就得有擔當。正如蘇東坡所說：「己欲求其名，安所逃其患」。然而晁錯卻反其道而行之，「以自將之至危，與居守至安；己爲難首，擇其至安，而遣天子以其至危」，這就難怪不但袁盎主張殺他，就連其他大臣也主張要殺了（此忠臣義士所以憤怨而不平者也）。實際上，像晁錯這樣把安全留給自己，危險留給皇上的大臣，恐怕哪個皇帝都不能容忍。所謂「烈火見眞金，危難見忠臣」，晁錯的這個餿主意，確實讓自己的「忠」大大打了折扣。

所以蘇東坡說：「當此之時，雖無袁盎，錯亦未免於禍」。相反，如果晁錯把危難擔當起來（己身任其危），親自率兵東向迎敵（日夜淬礪，東向而待之），不讓君王受到威脅和連累（使不至於累其君），皇上肯定會把他看作可以有恃無恐克敵制勝的依靠（則天子將恃之以爲無恐）。那麼，就算有一百個袁盎，又能怎麼樣呢（雖有百盎，可得而間哉）？

這就是晁錯之錯了。他錯在急功近利，錯在專政擅權，錯在自以爲是，錯在得意忘形，錯在只有雄心壯志，沒有大智大勇，只知一往無前，不知運籌帷幄。他太想做一個孤膽英雄了，不知道改革會有陣痛，成名要付出代價，再偉大的戰士也是需要後援的。

非常遺憾的是，這往往也是歷史上那些改革家的通病。難怪司馬遷要說：「語曰『變古亂常，不死則亡』，豈錯等謂邪！」

我以此心對明月，奈何明月照渠溝。其實明月又何曾照渠溝呢？

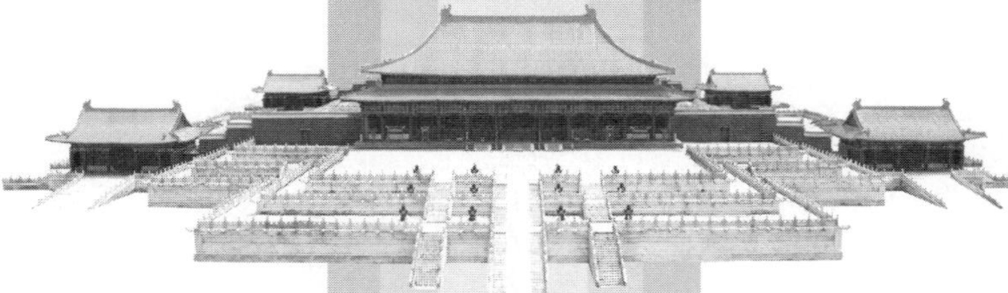

【變法幫了腐敗的忙】

一　變法迫在眉睫

西元一〇六七年，是一個對後世產生了重要影響的年份。這一年正月，三十六歲的宋英宗病逝，法定的接班人皇太子趙頊（音須）承嗣大統當了皇帝，是爲宋神宗。當然，神宗是他的廟號，死了以後才叫的。在世的時候，我們大約只能喚他一聲「當今聖上」。

神宗是北宋王朝的第六任皇帝，前面五任是太祖趙匡胤、太宗趙光義、眞宗趙恆、仁宗趙禎和英宗趙曙。此後，則還有三任皇帝，即哲宗趙煦、徽宗趙佶和欽宗趙桓。這時，北宋王朝已過去一〇八年，算是步入中年，而新皇帝卻很年輕。慶曆八年（西元一〇四八年）出生的趙頊，此刻正好二十歲。年輕人血氣方剛，總是想做些事情的，宋神宗也不例外。

於是，便有了著名的「熙寧變法」。

變法是宋神宗「新官上任三把火」的頭一把。因爲它是從趙頊登基的第二年即熙寧元年（西元一〇六八年）開始的，因此叫「熙寧變法」。後面的兩把火，則是元豐年間的「改制」（改革官制和兵制）和「用兵」（進攻西夏）。看來趙頊這哥們確實是一個很想有所作爲的年輕人，只不過他的作爲似乎效果都不怎麼好。變法是一再受阻，節節敗退，對西夏用兵更是次次慘敗，因此趙頊死後得到的廟號竟是「神宗」。據諡法，「民無能名曰神」，也就是「不知道說什麼才好」的意思。歷史上叫做「神宗」的，還有一位明代的萬曆皇帝朱翊鈞。但萬曆皇帝是在位四十多年不理朝政，什麼事情都不做的，竟然和這位獨斷專任大刀闊斧的趙頊享用同一個廟號，這也眞是讓人「不知道說什麼才好」。

不過話又說回來，宋神宗的變法，倒也不是自尋煩惱，無事生非，爲政績而政績。變法是有道理的，甚至可以說是有遠見卓識的。我們知道，一個成熟的王朝，如果順順當當地延續了上百年，那就幾乎一定會出問題。因爲歷代王朝實行的政治制度，即中央集權的帝國制度，其合理性是建立在生產力水準不高，社會成員普遍貧窮落後的基礎之上的。正因爲普遍貧窮落後，這才不但需要一個統一的國家，而且需要一個至高無上的權力實體（朝廷）或權力象徵（皇帝）。一旦富裕起來（不貧窮），強盛起來（不落後），或貧富拉開差距（貧窮落後不普遍），王朝發展成超級大帝國（突破規模），麻煩也就接踵而至。《宋史．食貨志》說：「承平既久，戶口歲增。兵籍益廣，吏員益眾。佛老外國，耗蠹中土。縣官之費，數倍於昔。百姓亦稍縱侈，而上下始困於財矣！」也就是說，和平安定的時間長了，人口就會大幅度增長，開支也會大幅度增長。一是軍隊越來越龐大，二是官場越來越臃腫，三是宗教越來越興盛，這些都要增加費用。何況富裕起來以後，要求也不同於前。不但官員的排場越來越大，就連民眾的生活也漸漸奢侈，財政豈能不成問題？

與此相反，行政的效率則越來越低，國家的活力也越來越少。因爲承平日久，憂患全無。朝野上下，慵懶疲軟，得過且過，不思進取。熙寧年間的情況便正是如此。五個宰相副宰相，除王安石生氣勃勃外，曾公亮老氣橫秋，富弼稱病求退，唐介不久辭世，趙抃叫苦連天，時人諷刺說這五個人剛好是生老病死苦。這種暮氣沉沉的狀況，並非大宋特有，其實也是所有「百年老店」的通病。

因此每到王朝的鼎盛時期，動亂的烽煙便已悄然升起，帝國的喪鐘也已悄然響起，只是大家看不見也聽不見。他們看見聽見的，是形勢大好，是歌舞昇平，是「雲裏帝城雙鳳闕，雨中春樹萬人家」，是「錦城絲管日紛紛，半入江風半入雲」。但等到「霓裳一曲千峰上，舞破中原始下來」時，就後悔莫及了。大唐便是這樣。

宋神宗顯然不願意看到這種結局。

事實上當時的情況也不容樂觀。據清人趙翼《廿二史札記》引盧策所言，宋仁宗皇祐年間，國家財政收入三千九百萬，支出一千三百萬，佔收入的三分之一。宋英宗治平年間，國家財政收入四千四百萬，支出八百八十萬，佔收入的五分之一。而到了神宗的熙寧年間，收入雖達五千零六十萬，但支出也是五千零六十萬，竟佔收入的百分之百。如此說來，趙頊的國庫，豈不等於是空的？

支出增長的原因很多。按照《宋史・食貨志》的說法，主要有三個原因。

一是遼夏威脅，長期作戰，歲費彌加。這一條其實包括兩項，即「軍費」和「歲費」。所謂「歲費」，就是大宋每年送給遼國和西夏用來購買和平的錢。這些錢，不但年年要給，而且不斷增加。這是沒有辦法的事，除非能把遼國和西夏滅了。不過宋王朝顯然沒有這個能耐，不被他們滅掉就是萬幸。但買來的和平並不可靠，所以軍費和歲費一樣，也是有增無減。

二是募兵益廣，宗室繁衍，吏員歲增。這同樣是沒有辦法的事，因爲你不可能不讓人口增長，更不能不讓皇親國戚、鳳子龍孫們生兒育女。於是只好相應增加管理的人員和機構，增加職務和官位。結果「祿廩奉賜，從而增廣」。

其三就是制度問題了。宋代實行的，是中書、樞密、三司各自爲政的制度。中書就是中書省，管行政；樞密就是樞密院，管軍事；三司就是戶部、度支、鹽鐵，管財政。據《宋史．食貨志》記載，早在宋仁宗至和年間，諫官范鎮就看出了這個制度的問題。范鎮上疏說：「中書主民，樞密主兵，三司主財，各不相知」，結果，國庫早已空虛，樞密院卻還在招兵買馬（財已匱，而樞密院益兵不已）；人民早已貧窮，財政部還在橫徵暴斂（民已困，而三司取財不已）。中書省知道民眾的情況，卻無法制止樞密院的徵兵和財政部的聚斂。當然沒有辦法的。因爲這種制度，原本就是爲了削減相權加強皇權，哪個皇帝肯改？

實際上，國家財政收入的增長，本身就有問題。從皇祐到熙寧，不過二十年光景，財政收入就增加了百分之十二以上。在當時的條件下，經濟增長哪有這樣的速度？顯而易見是加重人民負擔所致。支出的增長速度就更成問題，竟達百分之三十八以上！如此入不敷出，王朝哪裏還能支持得住？

何況神宗還是個志向非凡的人。他自幼便痛心於對遼國和西夏的屈辱退讓，焦心於國家的財政緊蹙和朝廷的萎靡不振，恨不得一夜之間就讓自己的王朝振作強大起來。他多次對臣僚說：「天下弊事至多，不可不革」，又說「國之要者，理財爲先，人才爲本」。問題是，到哪裏去找既敢於改革又善於理財的人呢？

他想到了王安石。

二 時勢造英雄

王安石也是一個志向非凡的人。

王安石天資聰慧，博學多才，讀書過目不忘，作文動筆如飛。憑著自己的眞才實學和滿腹經綸，他在二十二歲那年，即慶曆二年（西元一〇四二年）考中進士第四名，從此踏上仕途。與眾不同的是，少年得志的他，既沒有得意忘形，也沒有飛黃騰達，更沒有上躥下跳結交權貴，爲自己謀取高位。從宋仁宗慶曆二年到宋英宗治平四年，二十五年間王安石一直在關注和思考著國家的命運與前途，《宋史・王安石傳》說他「果於自用，慨然有矯世變俗之志」。這個志向和這些思考曾促使他給仁宗皇帝上過萬言書。史家認爲，這份萬言書其實就是他後來實施變法的綱領性文件（後安石當國，其所注措，大抵皆祖此書）。

萬言書交上去以後就沒有了下文。王安石明白，改革時機未到。於是，他一次次謝絕了朝廷的任命，繼續在地方官任上韜光養晦，並種他的試驗田。王安石謝絕這些任命也並不容易。因爲當時的輿論，是「以金陵（即王安石）不做執政爲屈」。朝廷也屢屢「欲俾以美官」，只怕他不肯接受（惟患其不就也）。有一次，官府派人將委任狀送上門去，王安石照例不肯接受，送信人只好跪下來求他。王安石躲進廁所裏，送信人則將委任狀放在桌上就走，卻又被王安石追上退還。在王安石看來，做不做官，以及做什麼官，都並不要緊，要緊的是能不能做事。如果在朝廷做大官而不能做事，那就寧肯在地方上做一個能做事的小官。

在宋神宗承繼大統之前，王安石確實更願意做地方官。他考中進士以後，曾分配到淮南當判官。照規矩，任期期滿後，可以通過提交論文的方式，在京師謀一個體面的官職（許獻文求試館職）。王安石卻不這樣做（安石獨否），又調任鄞縣當縣長。在鄞縣任上，他「起堤堰，決陂塘，爲水陸之利」，實實在在地爲民辦事。更重要的是，他還「貸穀與民，出息以償，俾新陳相易，邑人便之」。這其實就是他後來變法的預演了。這樣一來，當改革變法時機成熟時，王安石就已經有了足夠的思想、理論和實踐準備。

正因爲如此，當王安石與宋神宗君臣相遇時，他就能胸有成竹地侃侃而談了。熙寧元年四月，神宗問王安石，要治國，何爲先？王答：「擇術爲先」。神宗又問，你看唐太宗怎麼樣？這時，身爲翰林學士的王安石居然回答說，要做就做堯、舜，做什麼唐太宗呢？這當然很對神宗的胃口。不過這時神宗還很猶豫。他還要繼續考察，看看這個口出狂言的中年人究竟是不是自己尋覓已久的人選。直到王安石已任參知政事（副宰相）的熙寧二年，在君臣雙方一次金殿對策後，宋神宗才下定決心，銳意革新，厲行變法，並由王安石來主持這項工作。

神宗的決策也不是沒有道理的。道理之一，就是王安石志雖大而才不疏。在這次金殿對策時，神宗曾問王安石，說大家都說你只懂理論（但知經術），不懂實踐（不曉世務），是不是這樣？王安石回答說，理論原本就是指導實踐的（經術正所以經世務）。只因爲後世所謂理論家都是庸人，這才弄得大家都以爲理論不能用於實踐了。這很在理，也是實情，但神宗仍不放心，又問：「然則卿所施設以何先？」王安石答：「變風俗，立法度，正方今之所急也。」至此，君臣二人的思想完全取得了一致。宋神宗聖意已定：改革變法，非君莫屬。王安石也當仁不讓：當今之世，捨我其誰也！

王安石沒有說假話。只要不帶任何先入爲主的偏見，就不難看出他的新法不但有道理，而且也是可行的。王安石的新法可分爲四類。一是救濟農村的，如青苗法、水利法；二是治理財政的，如方田法、均稅法；三是二者兼顧的，如免役法、市易法、均輸法；四是整飭軍備的，如置將法、保甲法、保馬法。這些新法，如果不走樣地得到實行，神宗皇帝朝思暮想的富國強兵、重振朝綱，就不再是夢想。

就說免役法。

免役法是針對差役法的改革。差役也叫力役、徭役、公役，其實就是義務勞動。這是稅收（錢糧）以外的徵收，本意可能是爲了彌補低稅制的不足，也可能是考慮到民眾出不起那麼多錢糧，便以其勞力代之。但這樣一來，爲了保證國家機器的運轉，老百姓就不但要出錢（賦稅），還要出力（徭役），實在是不堪重負。事實上宋代的力役，種類也實在太多。有保管公物之役，有督收賦稅之役，有追捕盜賊之役，有傳遞命令之役，不勝枚舉，人民群眾自然也就不勝其煩。但這還不是最麻煩的。麻煩在於，正如《宋史・食貨志》所說，「役有輕重勞逸之不齊，人有貧富強弱之不一」，因此承平日久，便「奸僞滋生」。有錢有勢的縉紳人家服輕役或不服役，沉重的負擔全部落在孤苦無告的貧民身上。這些人平時都有終日忙碌的生產勞動，服役太多，則生計無著。於是，爲了規避重役，一般民眾「土地不敢多耕，而避戶等（怕評爲大戶人家）；骨肉不敢義聚，而憚人丁（怕評爲人多之戶）」。他們「或孀母改嫁，親族分居；或棄田與人，以免上等；或非命求死，以就單丁（單丁免役）」；甚至鋌而走險，「不得已而爲盜賊」。這對於農業生產和社會安定當然都十分不利。

王安石的辦法是改「派役」爲「雇役」，即民眾將其應服之役折合成「免役錢」交給官府，由官府雇人服役。這樣做有三個好處。第一，農民出錢不出力，不耽誤生產；第二，所有人一律出錢（原來不服役的官戶、寺觀出一半，叫「助役錢」），比較公道；第三，忙不過來的人騰出了時間，社會上的閒散人員則多了一條生路，兩全其美。所以，後來廢除免役法，恢復差役法時，就連所謂「舊黨」中人也不以爲然。蘇軾就說，免役、差役，各有利弊。驟罷免役而行差役，怕不容易。范純仁也說，差役一事，應當緩行。可見此法是得人心的。

其實免役法是當時所能想出的最好辦法。當然，治本之法是徹底免除力役。但這並不可能做到，而能夠想到以雇役代派役，以免役錢代服勞役，我們已經不得不驚歎王安石觀念的超前了。因爲這種辦法用現代語言來表述，就是「貨幣化服役」，類似於今天的「貨幣化分房」，只不過兩者的目的不同而已，但思路卻有著驚人的一致。

看來，王安石的變法方案並非一時衝動，而是深思熟慮的結果。它相當科學，而且至少在理論上是可行的。最高當局的決心也很大，並爲此專門設立了類似於「國家體改委」的變法領導機構「制置三司條例司」。未幾，均輸、青苗、水利、免役、市易、方田、均稅、保甲、保馬諸法相繼出臺，一場關乎國運興衰、民心順逆的重大改革運動在全國鋪開。

但宋神宗和王安石都沒有想到，這次改革，不但阻力重重，而且一敗塗地。

三　針鋒相對

反對變法的頭號人物是司馬光。

司馬光也不是等閒人物。他的文章道德，都足以和王安石相抗衡。王安石生活簡樸，司馬光不喜奢靡（聞喜宴獨不戴花）；王安石才高八斗，司馬光學富五車（著有《資治通鑒》）；王安石忠心耿耿，司馬光憂國憂民；王安石勇於任事，司馬光敢於直言；王安石上過萬言書，司馬光也上過「三札子」（一論君德，二論御臣，三論揀軍）。可見司馬光和王安石一樣，也一直在關注和思考著國家的命運與前途。還有一點也很相同，即他們都不是空頭理論家，也都不是書呆子。在處理具體政治事務時，都能提出具有可操作性的辦法來。宋仁宗寶元年間，樞密副使龐籍出知并州，任司馬光爲通判。當時，河西良田常常爲西夏蠶食，並構成對河東的威脅。司馬光便建議在麟州築堡防禦，同時招募農民耕種這些良田。這樣，不但無地的農民獲得了土地，國家的邊防也得到了加強。種地的農民多了，糧價就會下跌，這又能平抑河東的物價，也免得要從遠處運送軍糧，正可謂一箭四鵰。這樣一種「屯墾戍邊」的方案，也是可以和王安石的某些新法相比美的。所以，司馬光和王安石，都是國家的棟樑之才。他們兩個相對抗，那可眞是棋逢對手，將遇良才。

但這只是就所謂新舊兩黨的領袖人物而言。要說他們的「黨羽」，就不成比例了。王安石這邊多爲小人，比如他的得力幹將呂惠卿就是。呂惠卿是王安石著力培養提拔的人，變法伊始就在「制置三司條例司」擔任實際工作，是這個「國家體改委」的「常委」甚至「常務副主任」，以後又和另一個新黨重要人物韓絳並爲王安石的「哼哈二將」，時人稱韓絳爲新法的「傳法沙門」，稱呂惠卿爲新法的「護法善神」。但就是這個呂惠卿，爲了自己能夠大權獨攬，居然在王安石遇到麻煩時落井下石，誣陷王安石參與謀反。可惜這個罪名實在太過荒謬，因此王安石罷相以後又恢復了相位。呂惠卿賊心不死，又將王安石寫給自己的一些私人信件拋出。寫這些信的時候，王安石出於對呂惠卿的信任，寫了「不要讓皇上知道」（無使上知）的字樣。這是有欺君嫌疑的，比胡風的那些私人信件性質還嚴重。王安石知道自己在京城待不下去了，於是辭去官職，並從此告別政壇。這個呂惠卿，難道不是小人？

舊黨這邊卻是人才濟濟。司馬光、歐陽修、蘇東坡，個個都是重量級人物。其餘如文彥博、韓琦、范純仁，亦均爲一時之選。更重要的是，他們原本也都是改革派。比如樞密使文彥博，就曾與司馬光的恩師龐籍一起冒死進行過軍事制度的改革；韓琦則和范純仁的父親范仲淹一起，在宋仁宗慶曆年間實行過「新政」。而且，從某種意義上說，范仲淹的新政正是王安石變法的前奏。事實上正如南宋陳亮所言，那個時期的名士們「常患法之不變」，沒有什麼人是保守派。只不過，王安石一當政，他們就做不成改革派了，只好去做保守派。

那麼，原本同爲改革派且都想刷新政治的新舊兩黨，他們分歧究竟在哪裏呢？

在動機與效果。

王安石是一個動機至上主義者。在他看來，只要有一個好的動機，並堅持不懈，就一定會有一個好的效果。因此，面對朝中大臣一次又一次的詰難，王安石咬緊牙關不鬆口：「天變不足畏，人言不足恤，祖宗之法不可守」。這就是他有名的「三不主義」。王安石甚至揚言：「當世人不知我，後世人當謝我」。有此信念，他理直氣壯，他信心百倍，他無所畏懼。

的確，王安石的變法具有獨斷專行不計後果的特徵。熙寧四年（西元一〇七一年），開封知府韓維報告說，境內民眾爲了規避保甲法，竟有「截指斷腕者」。宋神宗問王安石，王安石不屑一顧地回答說，這事靠不住。就算靠得住，也沒什麼了不起！那些士大夫尚且不能理解新法，何況老百姓！這話連神宗聽了都覺得過分，便委婉地說：「民言合而聽之則勝，亦不可不畏也。」但王安石顯然不以爲然。在他看來，就連士大夫的意見，也都是可以不予理睬的，什麼民意民心之類，就更加無足掛齒！即便民眾的利益受到一些損失，那也只是改革的成本。這些成本是必須付出的，因此也是可以忽略不計的。

王安石的一意孤行弄得他眾叛親離。朝中那些大臣，有的原本是他的靠山，如韓維、呂公著；有的原本是他的薦主，如文彥博、歐陽修；有的原本是他的領導，如富弼、韓琦；有的原本是他的朋友，如范鎮、司馬光。但因爲不同意他的一些做法，便被他全部趕出朝廷（悉排斥不遺力）。司馬光出於朋友情份，三次寫信予以勸諫，希望他能聽聽不同意見，王安石則是看見一條駁一條。如此執迷不悟，司馬光只好和他分道揚鑣。

前面說過，司馬光他們原本也是改革派，只不過和王安石相比，他們更看重效果而已。實際上北宋時期的舊黨和晚清時期的徐桐、剛毅之流根本就不可同日而語。後者是眞正的腐朽愚昧，前者卻是明白人。正因爲是明白人，就不能只圖一時痛快，不考慮實際效果。可以肯定的說，對於帝國和王朝的弊病，司馬光比王安石看得更清楚，更透徹。這是他主張漸進式改革的原因所在。不要以爲變法就好。有好的變法，有不好的變法。前者催生國富民強，後者導致國破家亡；而一種改革究竟是好是壞，也不能看動機，只能看效果。

然而王安石變法的效果實在是不佳，甚至與他的初衷背道而馳。新法的本意，是民富國強，結果卻是民怨沸騰，甚至發生了東明縣農民一千多人集體進京上訪，在王安石住宅前鬧事的事情。就連一個被王安石獎掖提拔的看守城門的小官鄭俠，也在熙寧七年（西元一〇七四年）四月畫了一張《流民圖》進呈天子御覽。鄭俠同時還附了一道奏疏，說微臣在城門上，天天看見爲變法所苦的平民百姓扶攜塞道，質妻鬻子，斬桑拆屋，橫死街頭，實在是忍無可忍。因此懇請皇上罷廢害民之法，「延萬姓垂死之命」。而且鄭俠還賭咒發誓，說如果廢除新法之後十日之內不下雨，請將臣斬首於宣德門外，以正欺君之罪。

這一事件讓神宗大爲震驚。據說他觀圖以後心如刀絞，一夜不眠，兩宮太后（太皇太后和皇太后）甚至聲淚俱下地說「安石亂天下」。這不能不讓皇帝動心。畢竟，天下大旱已整整十個月，難道眞是新法弄得天怒人怨？於是下詔暫停青苗、免稅、方田、保甲八項新法。詔下三日之後，天降大雨，旱情立解。

這當然未免太有戲劇性，因此只能視爲小說家言，姑妄聽之。但王安石變法的不得人心卻是事實，最後背著擾民和聚斂的惡名走向慘敗也是必然。但這種結果，又實在未免太具悲劇性，不但宋神宗和王安石想不通，我們也想不通。

那麼，事情爲什麼會是這樣？難道他的新法眞有問題？

並非如此。

四 事與願違

熙寧變法的失敗，宋神宗和王安石無疑都有責任。宋神宗太急功近利，急於求成；王安石則太固執己見，一意孤行。但就事論事，就法論法，這些新法本身卻並無大錯。它們無一不是出自良好的願望，甚至是很替農民作想的。這次變法，不該是這個結果。

就說「青苗法」。

平心而論，青苗法應該是新法中最能兼顧國家和民眾利益的一種了。我們知道，一年當中，農民最苦的是春天。那時，秋糧已經吃完，夏糧尚未收穫，正所謂「青黃不接」。但換一個角度看，這時農民又其實是有錢有糧的。這個「錢糧」，就是地裏的青苗，只是不能「兌現」而已。於是那些有錢有糧的富戶人家，就在這個時候借錢借糧給農民，約定夏糧秋糧成熟後，加息償還。利息當然是很高的，是一種高利貸。還錢還糧也一般不成問題，因爲有地裏的青苗作擔保，是一種「抵押貸款」。當然，如果遇到自然災害，顆粒無收，農民就只好賣地了。土地的兼併，便由此而生。

所謂「青苗法」，說白了，就是由國家替代富戶來發放這種「抵押貸款」，即在每年青黃不接時，由官府向農民貸款，秋後再連本帶息一併歸還。所定的利息，自然較富戶爲低。這樣做的好處，是可以「摧兼併，濟貧乏」，既免除農民所受的高利貸盤剝，也增加國家的財政收入。這當然是兩全其美的事。至少，在王安石他們看來，農民向官府借貸，總比向地主借好（靠得住，也少受剝削）；農民向官府還貸，也總比還給地主好。還給地主，肥了私人；還給官府，富了國家。農民沒有增加負擔，國家卻增加了收入，這難道不是好辦法？

實行青苗法所需的經費，也不成問題。因爲各地都有常平倉和廣惠倉。我們知道，農業帝國以農爲本，以糧爲綱，而農業生產靠天吃飯，每年的收成並不一樣。豐年穀賤傷農，災年穀貴傷民，這就要靠政府來平抑物價。也就是說，豐年穀賤，政府必須拿一筆錢出來，平價收購糧食，儲存於官方糧庫，等到災年穀貴時，再平價賣給百姓。這樣就能防止富戶奸商囤積居奇投機倒把，做到「物價常平，公私兩利」。這個辦法，就叫常平法；專門用來儲存平抑物價之糧食的倉庫，就叫常平倉。在現代，是屬於糧食部門和物價部門主管的事情。

至於廣惠倉，則是用於防災救濟的國家儲備糧庫，始建於宋仁宗嘉祐二年（西元一〇五七年）。當時，由於地主死亡無人繼承等原因，各地都有一些無主的土地。這些土地，歷來由官府自行出售。樞密使韓琦卻建議將這些土地由官府雇人耕種，所得田租專款專用，專門用來救濟境內老弱病殘和救災。這就是廣惠倉。在現代，是屬於民政部門主管的事情。

王安石的辦法，是變「常平法」爲「青苗法」，即將常平倉和廣惠倉賣出陳米的錢用來做青黃不接時的「抵押貸款」。這也是一箭多鵰的。青黃不接時，糧價飛漲，賣出倉內陳穀，可以平抑物價，此其一；賣糧所得之資可以用於貸款，此其二；平價糧食和抵押貸款都能救濟農民，此其三；國家憑此貸款可以獲得利息，此其四。當然，奸商富豪受到抑制，農民負擔得以減輕，也是好處之一。總之，青苗貸款利息較低，農民負擔得起；所賣原本庫中陳糧，國家負擔不重。何況官府借出餘糧，可解農民燃眉之急；秋後收回利息，可增王朝國庫之資。這難道不是公私兩利？難怪王安石會誇下海口：我不用增加賦稅也能增加國庫收入（民不加賦而國用足）。

然而實際操作下來的結果卻極其可怕。

首先利息並不低。王安石定的標準，是年息二分，即貸款一萬，借期一年，利息二千。這其實已經很高了，而各地還要加碼。地方上的具體做法是，春季發放一次貸款，半年後就收回，取利二分。秋季又發放一次貸款，半年後又收回，再取利二分。結果，貸款一萬，借期一年，利息四千。原本應該充分考慮農民利益的低息貸款，變成了一種官府壟斷的高利貸。而且，由於執行不一，有些地方利息之高，竟達到原先設定的三十五倍！

利息高不說，手續還麻煩。過去，農民向地主貸款，雙方講好價錢即可成交。現在向官府貸款，先要申請，後要審批，最後要還貸。道道手續，都要求人，託請，給胥吏衙役交「好處費」。每過一道程式，就被貪官污吏敲詐勒索從中盤剝一回。這還是手續簡便的。如果繁瑣一點，則不知要交費幾何！農民身上有多少毛，經得起他們這樣拔？

更可怕的是，爲了推行新政，王安石給全國各地都下達了貸款指標，規定各州各縣每年必須貸出多少。這樣一來，地方官就只好硬性攤派了。當然，層層攤派的同時，還照例有層層加碼。於是，不但貧下中農，就連富裕中農和富農、地主，也得「奉旨貸款」。不貸是不行的，因爲貸款已然「立法」。你不貸款，就是犯法！

結果，老百姓增加了負擔，地方官增加了收入。而且，他們的尋租又多了一個旗號，可以假改革之名行腐敗之實了。改革幫了腐敗的忙，這恐怕是王安石始料所未及的吧？

所以，不要以爲貪官污吏害怕改革。不，他們不害怕改革，也不害怕不改革，只害怕什麼事情都沒有，什麼事情都不做，無爲而治。如果無爲而治，他們就沒有理由也沒有辦法撈錢了。相反，只要朝廷有動作，他們就有辦法，倒不在乎這動作是改革還是別的什麼。比方說，朝廷要徵兵，他們就收徵兵費；要掃黃，他們就收掃黃費；要辦學，他們就收辦學費；要剿匪，他們就收剿匪費。反正只要上面一聲令下，他們就趁機雁過拔毛！

何況這次改革的直接目的原本就是要增加國家財政收入。這樣一種改革，說得好聽叫理財，說得不好聽就只能叫聚斂。我們知道，在當時的條件下，國民生產總值基本上是一個常數。財富不藏於國，即藏於民。國庫裏的錢多了，老百姓手裏的錢就少了。變法以後，神宗新建的三十二座內殿庫房堆滿絹段，只好再造庫房。但這些財富是從哪裏來的？是從天上掉下來的嗎？是從地裏長出來的嗎？顯然不是。正如司馬光所言，「不取諸民，將焉取之」？

也許，這便正是所謂保守派主張漸進式改革甚至暫不改革的原因之一。據《宋史·食貨志》記載，在變法之初，司馬光就對神宗皇帝明確指出：「國用不足，在用度太奢，賞賜不節，宗室繁多，官職冗濫，軍旅不精」。顯然，這都是政治問題，不是經濟問題，更不是技術問題。因此改革必定是一個系統工程，當然只能從長計議（甚至在我們看來，這些問題根本就解決不了）。難怪司馬光要說：「必須陛下與兩府大臣及三司官吏深思救弊之術，磨以歲月，庶幾有效，非愚臣一朝一夕所能裁減。」像王安石那樣蠻幹，豈有不失敗的道理？

五　成敗與道德無關

變法的失敗是王安石萬萬沒有想到的。

平心而論，王安石確實是中國歷史上爲數不多的幾個既有熱情又有頭腦的改革者之一。爲了改革，他殫精竭慮恪盡職守，不但弄得身心交瘁眾叛親離，而且搭上了愛子的性命（因呂惠卿故發病而死）。何況如前所述，他的新法都是深思熟慮且利國利民的。保守派執政以後，新法接連被廢，辭官在家的王安石聞訊均默然無語。直到宋哲宗元祐元年（西元一〇八六年）三月，廢除免役法的消息傳到江寧，他才愕然說道：也罷到這個麼？創立此法，我和先帝（此時神宗已去世）討論了兩年之久，實在是已經考慮得很完善了呀！然而大勢已去，無可挽回，誰也幫不上他的忙。一個月後，王安石憂病而死。

一代偉人抱憾而終，但他的影響卻並不因此而消失，反倒隨著時間的推移更加顯得耐人尋味。王安石不可避免地成了後世議論最多也爭議最大的人物之一。這說明改革確實是要付出代價的，其中就包括改革者自己的身家性命，也包括他們的生前名譽，身後是非。

爭論起先照例停留在道德的層面上。

道德的譴責在變法之初就開始了。早在司馬光之前，御史中丞（相當於部長級國家監察部副部長）呂誨就曾上疏彈劾王安石，說他「大奸似忠，大佞似信」，「外示樸野，中藏巧詐」，「罔上欺下，文言飾非，誤天下蒼生」；御史（監察部幹部）劉琦等人則指斥負責實行新法的薛向等人是「小人」。這種譴責甚至發展爲人身攻擊。比如蘇洵就專門寫了《辨奸論》一文，指桑罵槐地說現在有的人（實指王安石）嘴上講著孔子老子的話（口誦孔老之言），好像做著伯夷叔齊的事（身履夷齊之事），爲人處世卻不近人情，穿罪人衣（衣臣虜之衣），吃豬狗飯（食犬彘之食），把自己弄得像個囚犯（囚首喪面），居然還忝不知恥地高談闊論（而談詩書）。這樣的人難道不是「大奸慝」？儘管這篇文章未必就是蘇洵所作，但它代表了當時一部分人對王安石的厭惡，卻是事實。

當然，諸如此類的道德攻擊從來就不會只是單方面的。王安石同樣攻擊司馬光是「外托劘上（直言諫諍）之名，內懷附下（收買人心）之實，所言盡害政之事，所與盡害政之人」。這就無異於說司馬光兩面三刀，是朝廷的害群之馬了。因此這並不能說明什麼。事實上，王安石固然被說成「大奸大惡」而且「人神共憤」，和他合作主持改革的「新黨」（韓絳、呂惠卿等）則被稱作「熙豐小人」（熙寧和元豐都是王安石當朝時的年號），但司馬光等人在失勢以後也被說成是「元祐奸黨」（元祐是哲宗于太后聽政時的年號），而且人數多達一百二十人（以後又擴大到三百零九人）。他們的姓名被鐫刻在石碑上，遍布全國州縣，以便軍民人等明辨忠邪。至於先前被罵得狗血噴頭的王安石，則配享孔廟，成爲孔孟以外的第三個聖人。

其實王安石和司馬光都既不是奸佞，也不是小人。他們的個人品質，用當時的道德標準來衡量，應該說都是過得硬的。王安石質樸、節儉、博學、多才，在當時士大夫中有極高威望，而且很可能是歷史上唯一不坐轎子不納妾、死後無任何遺產的宰相。為了推行新政，王安石當然要打擊、排斥、清洗反對派，但也僅僅是將其降職或外放，從不羅織罪名陷害對手，也從未企圖將對方置於死地。甚至，當「烏台詩案」發生時，已經辭官的王安石還挺身而出上書皇帝，營救朋友兼政敵蘇東坡，直言「豈有聖世而殺才士乎」。這裏面固然有惺惺相惜的成分，但兩人畢竟長期政見不和，蘇東坡也畢竟是因攻擊新政而罹禍的，王安石卻能摒棄私見主持公道，這豈是小人之所作為？更何況當時不但蘇軾本人已屈打成招，就連他的許多親朋好友也都噤若寒蟬，而王安石這時卻是一個被皇帝和百官厭棄的人。他受盡攻擊遍體鱗傷，又痛失愛子家破人亡，只能一個人默默地在家鄉舔舐傷口。在這種情況下，他還能為蘇軾說話，就不僅不是小人，而且是高風亮節了。

司馬光也有著政治家的大度和正派人的品格。他只反對王安石的政策，不否定王安石的為人，反倒說「介甫文章節義，過人處甚多」。王安石去世後，臥病在床的司馬光更建議朝廷厚加贈卹。司馬光說：「介甫無他，但執拗耳！贈卹之典，宜厚大哉。」這應該說是實事求是的。蘇東坡則不但在王安石落難之後寫詩給他，說「從公已覺十年遲」，而且在代宋哲宗所擬的敕書中，高度評價自己的這位政敵，說正因為天意要託付「非常之大事」，才產生王安石這樣的「希世之異人」，並稱他「名高一時，學貫千載，智足以達其道，辯足以行其言；瑰瑋之文，足以藻飾萬物；卓絕之行，足以風動四方。」這又豈是小人之所作爲？

事實上，在我看來，敵對雙方的如此相處，不僅是道德高尚，而且是政治文明。在我讀書不多的印象中，似乎只有宋，才能做到這一點。東漢的黨錮，晚唐的黨爭，明末閹黨與東林黨人的鬥爭，可都是刀光劍影血雨腥風的。

這無疑與宋代的政策有關。大宋王朝自建國之日起，便實行優待士大夫的基本國策，官俸之高又居歷代之首，因此士大夫們的日子大都過得十分滋潤，無論在朝在野，在京師在州縣，都優容閒適，自得其樂（否則歐陽修豈能寫得出《醉翁亭記》）。做官之餘，還能從事學術研究和文學創作。「學而優則仕，仕而優則學」（做學問有閒暇或有餘便去做官，做官有閒暇或有餘便做學問）的說法，用在宋人身上是很合適的。

由此便形成了一個堪稱「精神貴族」的士大夫階層。既然是「精神貴族」，自然「費厄潑賴」。同樣，既然是「學而優則仕，仕而優則學」，則不難人才輩出，並惺惺相惜，因敬畏學術而敬重對方。因此，一個有著自己獨特道德規範和行爲規範、相對獨立於政治的知識份子階層，是政治文明的重要前提。一旦知識份子喪失獨立人格，不再是精神貴族，並由此產生道德的墮落，政治文明就會成爲稀有之物。

可惜當時的體制未能爲這種政治文明提供一個制度平臺。正如王桐齡先生《中國史》第三編第七章所言：「彼時之京師，又非如今世立憲國之有國會，容多士以馳騁之餘地也。」的確，大宋王朝如果實行的是共和制度，王安石上臺，司馬光在野相助，司馬光執政，王安石善意監督，那麼，變法也好，或者別的什麼政策也好，又豈能是前面所說的那種結果？

實際上，王安石變法的失敗，既非如反對派所說是因爲「小人亂政」，也非如改革派所說是因爲「小人壞法」，而是因爲缺少相應的制度平臺和文化環境。爲了說明這一點，我們不妨再來看看王安石的新法。

六　教訓所在

前面說過，王安石許多新法的本意，是要「公私兩利」的。青苗法如此，市易法和均輸法也一樣。熙寧五年（西元一〇七二年），一個名叫魏繼宗的平民上書說，京師百貨所居，市無常價，富戶奸商便趁機進行控制，牟取暴利，吃虧的自然是老百姓。因此他建議設置「常平市易司」來管理市場，物價低時增價收購，物價高時減價出售，則「商旅以通，國用以足」。這就是市易法的起因。具體辦法，是由朝廷設立「市易司」，撥款一百萬貫爲本，控制商業貿易。這個辦法，和常平法一樣，也是動用國家力量來平抑物價。當然「市易司」也不是專做虧本生意，也是要贏利的，只不過並不牟取暴利而已。比方說富戶奸商一文錢買進二文錢賣出，「市易司」則一文錢買進一文半賣出。贏利雖不算多，也能充盈國庫。再加上官府財大氣粗，控制了市場，物價的波動就不會太大。

均輸法的用意也是好的。我們知道，在王朝時代，地方上每年都要向中央運送財物，以供國家必要之需，這就是所謂「輸」。輸送的品種和數量，當然也都有一定之規。這就有弊病。比如同一個地方，有時年成好，有時不好；同一種東西，有的地方貴，有的地方不貴。這原本是很正常的。但如果按照老辦法，則不管豐年災年，價貴價賤，輸送的品種和數量都不准改變，當然並不合理。王安石的辦法，是變「發運」爲「均輸」，即撥款五百萬貫（另加三百萬石米）爲本，由朝廷任命的「發運使」來統籌上供之事，以便「徙貴就賤，用近易遠」，也就是哪裏的東西便宜就在哪裏購買。國庫裏面剩餘的物資，則由「發運使」賣到物價高的地區去。這樣兩頭都有差價，多出來的錢，就成爲國家財政的又一項收入。

這個辦法，也可以說就是變「地方貢奉」爲「中央採購」，觀念也夠超前的。但這樣一來，所謂「發運使衙門」就變成了一家最大的國營企業，而且是壟斷企業了。其實青苗、市易兩法的問題也正在於此。青苗法是衙門做銀行，市易法則是衙門做商店，兼做銀行。因爲「市易司」不但做買賣，還兼做貸款。商人以產業爲抵押，五人互保，可以向「市易司」借錢或賒物，年息二分。於是市易司和發運使衙門，還有發放青苗貸款的州府縣府，便都既是衙門，又是企業（公司或銀行）。

我們現在幾乎每個中國人都知道，政府部門辦企業會是一個什麼樣的結果。何況王安石的辦法還不是政府部門辦企業，而是由政府直接做生意，結果自然只能是爲腐敗大開方便之門。當時代理開封府推官的蘇軾就說均輸法弊端甚多：「簿書廩祿，爲費已厚」，此其一；「非良不售，非賄不行」，此其二。於是，「官買之價，必貴於民。及其賣也，弊復如前」。因此他斷言：朝廷只怕連本錢都收不回！就算「薄有所獲」，也不會比向商人徵稅來得多。

這是毋庸置疑的。因爲我們比誰都清楚「官倒」是怎麼回事，也都知道官方（政府或國企）採購是怎麼回事。那可眞是不買對的，只買貴的，不是品牌不要（非良不售），沒有回扣不買（非賄不行）。所以官方採購貴於民間採購，也就不足爲奇。至於官方經商，就更是有百弊無一利。事實上所謂「市易司」，後來就變成了最大的投機倒把商。他們的任務，原本是購買滯銷商品，但實際上卻專門搶購緊俏物資。因爲只有這樣，他們才能完成朝廷下達的利潤指標，也才能從中漁利，中飽私囊。顯然，在這一點上，所謂「保守派」的意見其實是對的：商業貿易只能是民間的事。官方經商，必定禍國殃民。

青苗法的問題同樣如此。青苗法不是辦法不好，而是不該由官方貸款。不難設想，當時如果有多家可以競爭的商業銀行來發放貸款，又有獨立司法的民事法庭來解決經濟糾紛，朝廷不過進行宏觀控制（比如規定利息不得超過二分），則青苗法的實施就絕不會弄得天下洶洶，民怨沸騰，貪官污吏也就無法將改革變成腐敗的良機。

其實，不但貸款，而且稅收也可以照此辦理。中國歷代王朝即便實行低稅制度，但因人口眾多，集腋成裘，也很可觀。這些稅收有銀錢，也有實物，但取之於民，卻未必能夠用之於民，甚至未必能夠用之於朝廷。西漢景帝末年，朝廷所藏的銅錢，積累到幾百萬萬，串錢的繩子腐爛，散錢遍地無人收拾。朝廷所藏的糧食，新舊累積，無處堆放，只好任其霉變。宋神宗靠王安石新法富國強兵，三二座內殿庫房堆滿絹段，又再造庫房堆積。如此之多的貨幣，如果交給銀行打理，豈不是更可富國？如此之多的糧絹，如果投放市場流通，豈不是更可富民？一旦出現問題，即交由法庭審理，豈不是更有效率，更加省心？

但這完全不可能。因爲多家競爭的商業銀行和獨立司法的民事法庭都只能是商業社會的產物，農業帝國是聞所未聞的，也是不可想像的。這就像朝野兩黨輪流坐莊、互相監督的共和制度不可想像一樣。因此，原本是好朋友的王安石和司馬光，便只好變成你死我活勢不兩立的死對頭，在既無休止又無效益的爭論中同歸於盡，一個戴上「熙豐小人」的帽子被千夫所指，一個背上「元祐奸黨」的罪名被後世唾罵。

和王安石、司馬光一起同歸於盡的還有大宋王朝。宋神宗和王安石去世後（西元一〇八五年和一〇八六年）沒多久，就發生了「靖康之難」（西元一一二七年初），正所謂「宋人議論未定，金人兵已過河」。從熙寧變法，到北宋亡國，前前後後也不過五六十年光景。宋神宗和王安石不但未能挽回王朝的頹勢，反倒加速了它的滅亡。

其實更具悲劇性的可能還是司馬光。因爲王安石雖然「出師未捷身先死」，畢竟還能

「長使英雄淚滿襟」。司馬光卻只能背上「保守派」和「頑固派」的罵名，甚至被罵作「最沒有頭腦的人」。不錯，司馬光的《資治通鑒》和司馬遷的《史記》確實不可同日而語，此司馬也不是彼司馬。但司馬光絕非沒有頭腦，甚至也未必就是「保守派」和「頑固派」。就算是吧，如果能讓他作爲在野黨和反對派在台下對王安石進行批評和監督，不也可以糾正王安石的一些錯誤嗎？實際上，王安石的改革如果能夠穩健一些，不是也不至於弄得那樣民怨沸騰嗎？杜牧的《阿房宮賦》最後說：「秦人不暇自哀，而後人哀之。後人哀之而不鑒之，亦使後人而復哀後人也！」同樣，如果我們今天仍然只知道以政治態度（改革與否）畫線，對歷史和歷史人物進行道德層面上的批評，卻不知道將九百多年前那次改革的成敗得失引以爲戒，那才眞是哀莫大焉吶！

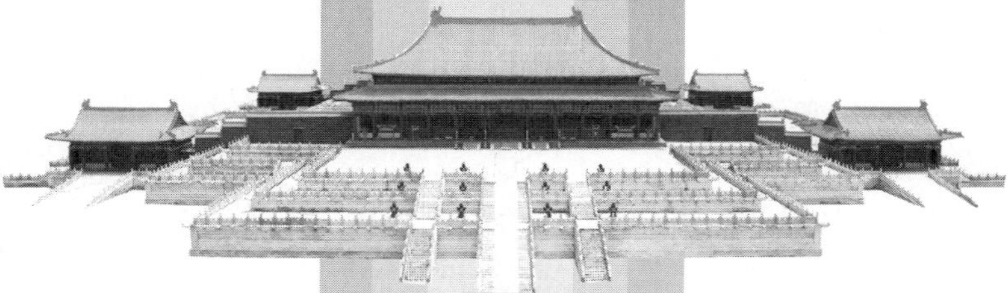

【《水滸》四章】

一 替宋江拿個主意

宋江活捉高俅又把他放了，這事讓人憋氣。高俅那廝，不但是梁山好漢的「私敵」，也是國家人民的「公敵」。不少人，是恨不能食其肉寢其皮的，只可惜抓他不到。現在活捉了，正可以「大快人心」一把，怎麼又放了呢？不要說林沖幾個，便是我等，也想不通。決定要放的是宋江。想當時宋江一定很爲難。他夾在山寨與朝廷之間，左也不是，右也不是；手裏捏著高俅這個活寶貝，殺也不是，放也不是。所以，宋江雖然大獲全勝，心裏卻很沉重，憂心忡忡，一臉的難色。

因此，我很想替宋江拿個主意。

辦法也無非三條：殺，放，不殺也不放。

殺了高俅，自然大快人心。林沖（還有楊志、魯智深）不用說，武松、李逵、劉唐以及三阮，也一定拍手稱快、喝采叫好。投反對票的，除高俅自己，不大會有別人。但站在宋江的立場上，爲他所謂「招安大事」計，卻是不殺爲好。宋江是鐵了心要投降的。爲了投降，他只想把事情鬧大（鬧大了才能引起注意，也才好和朝廷講價），卻不想和朝廷鬧翻（鬧翻可就沒戲了）。所以，他可以大敗官兵，也可以殺個把芝麻小官，甚至不大不小的官，比如曾是蔡京門人的華州太守賀某等等，卻殺不得高俅。高俅不比別人。他不但是當朝太尉，而且是天子寵臣。殺了高俅，就等於是和朝廷翻臉，和皇上翻臉。這個臉，宋江翻不起。

於是宋江便把高俅放了。依宋江的一廂情願，原本是指望高俅能在皇上面前為他說項的。宋江深知，他能不能投降，關鍵不在自己，而在朝廷，更在皇上。然而，作為先前的「猥瑣小吏」，此刻的「犯上草寇」，他根本就沒有資格和那「至尊天子」說上話。他的種種想法、願望、要求，包括投降的乞求，都不可能直截了當地「上達天聽」，而只能通過高俅之流來「中轉」。這就是宋江決計要放高俅回去的根本原因。可惜，高俅是個小人。根本不講誠信，還使了不少壞，害得宋江「竹籃打水一場空」。

其實，宋江應該知道高俅是什麼貨色，也應該知道高俅那廝根本就靠不住。因此他的做法，應該是把高俅當作可居的奇貨和講價的籌碼扣在梁山，不殺也不放。也不光是留做人質，而是要他不斷地寫信給皇上，摧皇上快快派人來招安。如果不寫呢？對不起，那宋某就只好請林沖兄弟來和太尉大人說話了，就像當初對宿太尉所說的那樣：「只怕弟兄們驚了太尉」。對宿太尉那樣的「清官」尚且可以連哄帶騙，高俅這混蛋為什麼就嚇他不得？

甚至在我看來，宋江還可以動點「真格的」，比如讓林沖隔三岔五來臭罵一通，或者狠揍一頓（只是不可往死裏打）。這既可以讓林沖出出氣，也能逼高俅就範。那皇帝老兒原本對高俅就言聽計從，又耽心高俅小命難保，自然會乖乖地下詔招安，還得客客氣氣地恭請宋大人下山。如果三番五次都弄不來一紙詔書，則證明該「奇貨」已毫無利用價值，那就交給林沖發落好了。送給林沖的這份人情，比招待高俅的幾頓酒肉值錢得多。

那麼，倘若那廝果眞弄來了招安詔書，又怎麼辦呢？也不妨礙林沖報仇雪恨。因爲這時高俅已毫無用處，留下來只能是一個禍害。他會到皇帝那裏搬弄是非不說，宋高兩人同朝爲官，抬頭不見低頭見的，有這麼一段「過節」，豈非說有多尷尬就有多尷尬？再說了，這種禍國殃民的東西，留他作甚？因此不妨過河拆橋，卸磨殺驢，在招安天使將到未到之際，結果了他。朝廷來人問起時，宋江可以雙肩一聳兩手一攤，對不起得很，天使晚來一步，高大人一片孝心匆匆忙忙見老祖宗去了。至於死因嘛，儘管隨便編：失足落水啦，忽染暴疾啦，有的是說法。宋江身邊有個詭計多端的吳用，何愁做不了這點手腳？又有個「神醫安道全」，自然不難出具全套「醫生證明」。反正這時生米早已煮成熟飯，朝廷也無可奈何，總不能因此而收回成命吧？自古道，君無戲言，何況那「君」又是昏君，好糊弄得很。此計的關鍵是掌握好時間，必須是招安天使「將到未到」之際，早了晚了都不合適。

這無疑是最好的一個辦法：既不耽誤招安（沒準還能加快），又不妨礙報仇（頂多拖上幾天）；既不悖於「忠」（替皇上除了奸臣），又不礙於「義」（讓弟兄出了惡氣）。忠義雙全，一舉兩得，好極了，妙極了，簡直OK頂呱呱！

可惜，這個辦法也是不靈的。

不靈的原因，是宋江做不來。也不是做不來，而是不能做。如果梁山寨主是高俅，用不著咱們出這餿主意，他早就這麼幹了。然而宋江不行。因爲高俅是小人，宋江是君子。小人可以無惡不作，君子卻須正大光明，這樣的詭計，如何使得？宋江倘若果眞做出這種兩面三刀的勾當，他在弟兄們面前，將是一種什麼樣的形象？使不得，萬萬使不得。

然而反過來一想，似乎又不對。想當初，宋江爲了賺秦明上山，拉盧俊義下水，什麼狠毒之計沒用過？盧俊義差一點掉了腦袋，秦明則被整得家破人亡，還連累了不少無辜平民，正所謂「只爲一人歸水滸，致令百姓受兵戈」，宋江卻並無愧疚，眾人也說他是「義氣深重」。這可眞是咄咄怪事！莫非對自己弟兄（還有無辜百姓）就可以「使壞」，對高俅那樣的混蛋反倒應該「行善」？

這已是另外一個話題了，還是以後再說！

二 犯不著那麼傻

宋江其實不是一個城府很深的人。他這輩子，傻事做了不少。但最蠢的事，除了放高俅，就是打方臘。

認眞說來，宋江和方臘，似乎是難免有一場惡戰的。因爲他們兩個，都不是那種滿足於佔山爲王打家劫舍的「毛賊」，而是頗想有一番作爲的「大寇」。這樣的大寇，出路無非三條：招安（如宋江），被剿（如方臘），或是居然成了氣候，改朝換代自己當皇帝

（如朱元璋）。李逵無疑是傾心於第三種選擇的。他多次表示，要「殺去東京，奪了鳥位」，宋江卻不肯（或不能、不敢）。其實，倘若宋江果眞依了李逵，則他與方臘之間，便更會打得你死我活。因爲方臘也是一個想當皇帝的，而中國的皇帝又歷來不准有好幾個。如果大家都想當，那就只有打，打到只剩一個爲止。

宋江不敢稱帝，也不願被剿，因此選擇了投降。既然投降了，就是「朝廷的人」。說白了，也就是朝廷的鷹犬。鷹犬的任務，不是逮兔子，就是抓狐狸。所以，朝廷要宋江去打方臘，宋江不能不去。

不過，打歸打，卻不該是宋江這種打法。

戰爭的目的，是消滅敵人，壯大自己。除非是兵臨城下，寡不敵眾，不得已和敵人決一死戰，就不能硬打硬拼，也不能失大於得。也就是說，打仗固然難免損兵折將，但不能傷了元氣，更不能一無所獲。更何況，朝廷派宋江去打方臘，其用意有如「司馬昭之心」，路人皆知，是要「以匪制匪」，讓「強盜」打「強盜」；而宋江接下這份差事，則和他決計投降一樣，是要爲梁山的弟兄們找條出路，尋個歸宿，謀個前程。這個前程，既得由朝廷來給，又得靠宋江去要。也就是說，得靠宋江和朝廷不斷地講價。要講價，就得有本錢。這本錢，一是戰功，二是實力。無功固然不能受祿，但倘若把實力拼光了，也就一錢不值，什麼也討不來。所以，像宋江打方臘那樣，人馬越打越少，地盤越打越小，就是犯傻。

怎樣才能不犯傻呢？首先要旗開得勝。旗開得勝，朝野震驚，梁山這支隊伍在世人心目中，就有了分量。其次，要適可而止。比如打下一兩座城池後，就不宜輕舉妄動再接再厲，而應該待在城裏招兵買馬，養精蓄銳，一面要朝廷封官許願，一面向方臘暗送秋波，和兩方面都討價還價。這個價錢顯然是講得成的。因爲這時方臘已經嘗到了宋江的厲害，朝廷也看見了梁山的驍勇，官匪朝野雙方，都要刮目相看，另眼相待，誰也不敢輕易把他們怎麼樣。朝廷原本打不贏，除宋江外，沒什麼指望，自然必須籠絡；方臘已經吃不消，宋江如肯倒戈，當然求之不得，豈有拒絕之理？所以，宋江完全可以兩邊要價，待價而沽。

事實上，當宋江成爲「剿匪」主力時，他就成了朝廷與方臘之間的第三股力量，而且力量還不小，正所謂「爲漢則漢勝，與楚則楚勝」，和當年韓信攻下齊地時的情況一樣。因此，戰爭的主動權，實際上是握在宋江手上。如果方臘不識相，則揮師南下，一鼓將其「蕩平」；如果朝廷不答應，則反戈相向，和方臘做個「聯手」；如果雙方都拖拖拉拉，那就在已打下的城池裏先待著，喘口氣也是好的。怎麼著，也不至於像後來那樣，把自己的一點本錢賠得乾乾淨淨，害得弟兄們一個個都做了刀下冤鬼。

可惜，宋江也和當年韓信一樣，沒能利用這天賜良機，當然也就只能落得個兔死狗烹，鳥盡弓藏。然而宋江和韓信又是不一樣的。韓信畢竟原本就是劉邦的人，而且劉邦還有恩於韓信。用韓信自己的話說，就是「臣事項王，官不過郎中，位不過執戟，言不聽，畫不用，故背楚而歸漢。漢王授我上將軍印，予我數萬眾，解衣衣我，推食食我，言聽計用，故吾得以至於此」，當然要報恩的。宋王朝對宋江又有什麼恩呢？屁也沒有。那麼，憑什麼要死心塌地爲他賣命？

其實，即便站在道德立場上看，宋江也犯不著那麼傻。他的投降，以及投降後去打方臘，無非就是想從「匪」變成「官」。但在中國古代，官匪之間，又原本是沒有什麼道德界限的。作爲「官」的高俅未必比作爲「匪」的方臘道德高尚，王英強搶劉知寨老婆和高衙內調戲林沖娘子也很難說有什麼善惡之別。既然「成者王侯敗者寇」，又焉知方臘不會變成「官」，趙佶將來不會變成「匪」？何苦對方臘那麼「疾惡如仇」，勢不兩立，必欲除之而後快？

然而宋江似乎並沒有想那麼多。他傻呼呼地一心一意只想爲朝廷盡忠，以爲這樣一來，他和他的弟兄們就可以青史留名了。他哪裏知道，在官方眼裏，強盜就是強盜，哪怕受了招安，平了叛亂。可不是麼？平了田虎、王慶，群臣朝賀，宋江和盧俊義卻被安排在殿外涼快；滅了方臘，兩個人一個被餵了水銀，一個被下了慢藥，哪有什麼好下場？

更何況，一個做了強盜又投降的人，還講什麼「忠義節孝」？這不是犯傻麼！

三　晁蓋遺囑之謎

曾頭市晁蓋中了毒箭，神醫安道全也回天無力，終於命喪黃泉。彌留之際，原本「已自言語不得」的晁蓋忽然醒了過來，「轉頭看著宋江」，諄諄囑咐道：「賢弟保重。若哪個捉得射死我的，便教他做梁山泊主！」這便是晁蓋的「臨終囑咐」，也是晁蓋的唯一遺言。

晁蓋這遺言好沒道理。

晁蓋這「梁山泊主」是怎麼當上的？不是世襲的，不是選舉的，也不是指定的，而是林冲火併了王倫，眾人擁戴的。說白了，他這「第一把交椅」，是林冲從王倫手裏奪了來推讓給他的。他現在坐不了啦，理應還給林冲和眾人，由林冲和眾人再作商量，豈可視爲己有，私相授受？林冲火拼王倫時曾罵王倫說：「這梁山泊便是你的？」當然不是。於是王倫便只好掉腦袋，而晁蓋也才得以當寨主。那麼，梁山泊不是王倫的，便是晁蓋的麼？顯然也不是。梁山泊根本就不屬於哪一個人。既不是他王倫的，也不是你晁蓋的。王倫活著尚且不能獨霸，你晁蓋人都快死了，豈能再管誰當家誰做主？

晁蓋這遺言也好生蹊蹺。

照理說，晁蓋升天，宋江升職，是順理成章的事。宋江原本就是「二把手」，一人之下眾人之上，地位威望均無人可比。所以晁蓋一死，吳用林冲等人便不管什麼遺囑不遺囑，全都跑來找宋江，「請哥哥為山寨之主」。他們的理由有兩條。一是「四海之內，皆聞哥哥大名」；二是「若哥哥不坐時，誰人敢當此位」。其實，還應該加上一條，那就是自從宋江上山以來，梁山的事務，實際上一直是宋江在主持，晁蓋不過只是名義上的寨主。因此，晁蓋死後，由宋江繼位，不但天經地義，而且大得人心。

然而晁蓋卻偏偏不想讓宋江當寨主。如果他想讓宋江當寨主，根本就不必立什麼遺囑，這寨主之位，自然就是宋江的；而以宋江武藝之稀鬆平常和根本不可能直接上陣交手廝殺，又豈能捉得史文恭？顯然，晁蓋這一遺言，已經幾乎是公開暗示不肯讓位於宋江了。

這就奇怪。因為晁蓋一向視宋江為「生死之交」，而且宋江上山之初，晁蓋就打算要讓位的。晁蓋說：「當初若不是賢弟擔那血海般干係，救得我等七人性命上山，如何有今日之眾？你正是山寨之恩主。你不坐，誰坐？」以晁蓋之為人實在和仗義，說這話不大可能是虛情假意。只是因為宋江的堅持不就，這才形成梁山領導核心晁蓋第一宋江第二的基本格局。何況宋江不肯坐第一把交椅的理由，是晁蓋年長。宋江說：「論年齒，兄長也大十歲，宋江若坐了，豈不自羞？」現在這個問題沒有了，正該那「山寨之恩主」來坐主位，怎麼會半路裏殺出個「臨終囑咐」來呢？

這不能簡單地解釋為晁蓋自私，一心只顧報那「一箭之仇」，把個人的恩怨看得比山寨的成敗興衰何去何從還重。作為梁山領袖，晁蓋其實一直在思考後一個問題，而且越想，就越是對宋江不放心。因爲他越來越意識到，宋江在梁山上的人緣威望早已遠遠超過了他，而宋江對梁山前途的看法和自己又並不一樣。

晁蓋其實是一個沒有多少勢力、能力也沒有多少心眼的人。他在江湖上聲望遠不如宋江，哥們也沒有宋江那麼多。晁蓋去世時，梁山頭領凡八十九人，屬於「晁蓋圈子」的不足十人，也就是最初跟隨他上山的幾個再加上林冲。至於杜遷、宋萬、朱貴，人微言輕，無足輕重，本人的心態也是無可無不可，頂多只能算作中間力量。其餘先後上山的，便基本上是「宋江團隊」：破清風寨後，花榮、秦明、燕順、王英一撥九個；劫法場後，戴宗、李逵、張順、李俊一撥十一個。這些都是宋江的「心腹弟兄」。以後三打祝家莊，大破連環馬，三山聚義打青州，一撥一撥的人馬上山，不是宋江的門徒（如孔明、孔亮），便是宋江的故交（如武松、柴進），不是爲宋江所收（如呼延灼），便是專奔宋江而來（如段景住）。這些人上山後，自然多半只認得宋江，不大認得晁蓋。比如魯智深在少華山上要拉史進等人上梁山，便說「俺們如今不在二龍山了，投托梁山泊宋公明大寨入夥」；被華州賀太守捉住，也說「我死倒不打緊，洒家的哥哥宋公明得知，下山來時，你這顆驢頭趁早兒都砍了送去」。在他們嘴裏眼裏，梁山泊早就是「宋公明哥哥」的了，沒晁蓋什麼事。

宋江不但人多，而且關係鐵，過得硬。花榮、李逵，是能和宋江一起去死的；武松、魯智深、史進、燕青，還有那個「拼命三郎」石秀，都是些「水裏火裏不回頭」而且「該出手時就出手」的漢子。這些人在梁山上，敢說敢罵，敢做敢為，說一不二，舉足輕重。正是靠著他們的擁護，宋江上山不久，就成了事實上的梁山之主。

相反，晁蓋的圈子既小，又很鬆散。公孫勝是個「閒散的人」，不去管他；白勝無足輕重，也不去管他。吳用是晁蓋的老弟兄，又是和晁蓋一起上山的，卻在宋江上山之後很快倒向了宋江。每次晁蓋宋江意見分歧，吳用都站在宋江一邊，幫宋江說話。劉唐也是晁蓋舊部，和晁蓋一起出生入死，按說應該堅決執行「天王遺囑」的，然而卻在關鍵時刻「喪失立場」，成了「保宋派」，還要提供「理論根據」，道是「我們起初七個上山，那時便有讓哥哥（指宋江）為尊之意」。似乎只有宋江當寨主，才眞正是天王遺志，讓捉得史文恭者為首，反倒違背了晁蓋意願。林沖的態度也很曖昧。晁蓋在位時，他倒是願意幫晁蓋做些事情（比如攻打曾頭市，便是林沖相隨），但晁蓋死後，領頭請宋江就寨主之位的，卻也是林沖。可以肯定，如果宋江和晁蓋發生衝突，林沖多半會守中立。算來算去，和晁蓋最鐵的，也就是阮家三雄。可惜他們人太少，又常年在山下水寨，成不了什麼氣候。如此看來，晁蓋其實很孤立。

晁蓋是什麼時候感到這種孤立的？不大清楚。但曾頭市事件肯定是一個總爆發。梁山泊要打曾頭市，起因在於一匹「照夜玉獅子馬」。這匹馬是段景住盜來獻給宋江的。晁蓋是山寨之主，段景住要以此馬作為進身之階，上山入夥，理應獻給晁蓋才是，怎麼卻要「獻與宋公明哥哥」呢？任晁蓋再大度，心裏也不能不起疑。事實上，這種事情出得多了。早在宋江將上山未上山時，就有歐鵬等四籌好漢前來相見，道是「只聞山東及時雨宋公明大名，想殺也不能夠見面」。這話當著晁蓋的面就這麼說。好在大家「義氣深重」，又都是來救宋江的，也就不會介意。可是，後面上山的人，也都說是衝著宋江來的。李逵、武松、魯智深等人就更是喊得厲害，口口聲聲「江湖上只聞及時雨大名」，這就不能不讓晁蓋有了想法。我相信，晁蓋即便再愚鈍，也不會感覺不到，梁山好漢們對他的態度是客氣多於敬重，對宋江卻是實實在在的又敬又愛。

與此同時，晁蓋也一定感覺到宋江是在一步一步有意無意地架空他。自宋江上山，梁山泊的大半個家，便都是宋江當了。但有疑問，都是宋江拿主意；但有征戰，也都是宋江領兵下山。每到這時，眾頭領的態度，不是一片回應：「哥哥所言極是」；便是一片踴躍：「願隨哥哥前往」。晁蓋有什麼決定，總是被委婉地駁回；想要領兵下山，也總被客氣地勸阻。「哥哥是山寨之主，不可輕動」，宋江總是這麼說。結果，宋江的功勞越來越大，人馬越來越多，威望也越來越高。這就不能不讓晁蓋心裏有點那個。再說，晁蓋也弄不明白，他這個「山寨之主」，究竟是統帥全局的領袖，還是擺看的花瓶？究竟要什麼樣的事，才該他出面、出手、做主，才不是「輕動」？晁蓋心裏，眞是想不明白，好沒意思。所以這一回，晁蓋決計不聽宋江那一套，死活要帶兵下山去。不但「宋江苦諫不聽」，而且「晁蓋忿怒」。這「忿怒」二字值得玩味。忿怒什麼呢？顯然不僅僅是因爲曾頭市。

想當時晁蓋一定有一種緊迫感。他對宋江說：「你且休阻我，遮莫怎地要去走一遭！」同時晁蓋一定也有一種孤獨感。以往宋江下山時，只要說一聲：「小可情願請幾位弟兄同走一遭」，廳上廳下便會一齊都道：「願效犬馬之勞，跟隨同去」。就連打一個小小的芒碭山，吳用和公孫勝都要左右輔佐。這一回，卻似乎沒什麼人自告奮勇，得晁蓋自己點將。吳用和公孫勝都留下陪伴宋江。打先鋒和當軍師，全靠「梁山初結義」時的弟兄林沖一人。這就幾乎注定了晁蓋要失敗。而緊迫、孤獨導致的狂躁、冒進，則是晁蓋失敗的直接原因。

晁蓋戰死疆場，自然不失英雄本色，但也同時說明他確實不具備領袖資質，甚至缺少大將風度。凡爲人主、爲將帥者，必須能忍人所不能忍，爲人所不能爲。像晁蓋這樣沉不住氣，怎麼行呢？

其實，晁蓋不如宋江之處甚多。他既無遠慮，亦無近謀，而且往往意氣用事。比如楊雄、石秀兩個來投奔梁山，晁蓋卻要砍他們的腦袋，原因只在於「這廝兩個，把梁山泊好漢的名目去偷雞吃，因此連累我等受辱」。結果遭到眾人反對，人情也讓宋江做了。這豈非考慮欠妥？再說了，既然已經答應他兩個入夥，就該唯才是舉，好生安頓，晁蓋卻叫他們坐在楊林之下。想那楊林不過地煞星之十五，楊雄、石秀卻在天罡星之列，武藝本事相去何遠？可知晁蓋實在沒有識人之力用人之量，也實在不夠資格當領袖。

難怪晁蓋這領袖當得有點窩囊了。最窩囊的是，他明明看出了宋江有投降的意思，自己也很不贊成投降，卻又無可奈何。因爲投降對不對、好不好先不說，好歹也是一個綱領一條路線，晁蓋卻什麼綱領路線都沒有。他的上山，原本就稀裏糊塗；上山以後，又得過且過。依照他的想法，既不必像李逵嚷嚷的那樣，「殺去東京，奪了鳥位」（他自知無此能耐），也不要像宋江琢磨的那樣，招安投降，謀個一官半職（他明白那並非出路），最好就這麼混著，當一天強盜打一天劫。只要弟兄們日日在一處廝混，有肉吃，有酒喝，就不賴。當然，晁蓋並不蠢。他也心知肚明，清楚這終非長久之計，可惜又拿不出更好的辦法，只好過一天算一天，或者寄希望於來人。在他看來，有本事捉得史文恭者，一定有勇有謀。有勇，就不會投降；有謀，就能找到出路。

這當然是個辦法，可惜行不通。因爲那捉得史文恭者，如果是山寨中人，豈肯顛覆宋江的領袖地位；如果是山寨外人，又怎麼顛覆得了？顯然，不管是誰捉得史文恭，也仍得讓宋江去坐那頭把交椅。所以，晁蓋的如意算盤，幾乎注定要落空。

四　何不殺去東京

宋江想沒想過要當皇帝呢？不好說。

李逵是主張宋江當皇帝的。這話李逵公開說過多次，而且幾乎是一有機會就要說。比如，晁天王曾頭市中箭，一命嗚呼。宋江因爲有天王遺命在先，死活不肯就寨主位。

於是林沖等人只好請宋江「以大局爲重」，權作首領，以免群龍無首。然而李逵卻叫道：「哥哥休說做梁山泊主，便做了大宋皇帝，卻不好！」結果被宋江一聲斷喝：「這黑廝又來胡說！再休如此亂言，先割了你這廝舌頭！」李逵這話說得著三不著兩。林沖等人請宋江到聚義廳議事，原本是要討論寨主問題。或者說，是要讓宋江出來主持工作，怎麼扯到當不當皇帝上去了？即便要當皇帝，也得先當了寨主再說。但李逵是個急性子，巴不得一步到位，也有點看不慣宋江的扭扭捏捏，所以就不管合適不合適，只管喊將出來。

宋江其實也是有過這個念頭的。宋江江州遇難，危在旦夕，眾兄弟下梁山，劫法場，破無爲軍，殺黃文柄，救得宋江性命，一同上山聚義。喘息未定，宋江便迫不及待地說起「耗國因家木，刀兵點水工」的段子，還要一句一句地解釋，得意之情，溢於言表。李逵是個直人，一聽這話，便跳起來叫好：「好哥哥，正應著天上的言語。雖然吃了他些苦，黃文柄那賊也吃我割得快活。放著我們有許多軍馬，便造反，怕怎地？晁蓋哥哥便做大宋皇帝，宋江哥哥便做小宋皇帝，吳先生做個丞相，公孫道士便做個國師，我們都做個將軍，殺去東京，奪了鳥位，在那裏快活，卻不好？不強似這個鳥水泊裏？」這話雖然立即被戴宗喝斷，不過宋江的心思，卻也被李逵有意無意地捅了出來。

那麼，宋江有沒有這個條件呢？應該說，多少有一點。

宋江的軍事力量到底有多大，不好說。不過，直到投降之前，官兵和梁山交鋒，沒勝過一回。即便是高俅、童貫帶了兵來，也不中。可見如果要和宋徽宗那昏君逐鹿中原，也不是完全沒有可能。宋江自己，應該說也是具有領袖資質的。他文不如蕭讓，武不及林沖，謀不如吳用，勇不及劉唐，這些人卻心甘情願地團結在他周圍，唯其馬首是瞻，可見宋江確實具有個人魅力。所以，如果宋江果眞決定要「殺去東京，奪了鳥位」，眾弟兄一定是一片回應：「願隨哥哥前往」。想想看吧，宋江要投降，弟兄們儘管心裏一百個不願意，也還是跟著走了。要他們跟宋江去打江山，豈有不肯之理？

然而宋江卻不肯，因爲宋江是「孝義黑三郎」。

宋江的「孝」是有名的。因爲「孝」，他一而再、再而三地不肯上山落草，以免「教人罵作不忠不孝」。宋江的「義」也是有名的。因爲「義」，他不顧朝廷王法，放走「劫匪」晁蓋等人。正是「孝義」二字，使宋江在江湖上贏得了好名聲；但也正是這兩個字，使宋江在聽了「耗國因家木，刀兵點水工」的段子後，雖不免有些飄飄然，卻仍不敢有非分之想。

什麼是「孝」？「孝」的本質就是「恭敬順從」，因此又叫「孝敬」、「孝順」。不過，孝敬也好，孝順也好，都和「造反」格格不入。所以，孔子說，一個人，如果爲人孝悌，卻又犯上作亂，那可是從來沒聽說過。

那麼，什麼是「義」呢？義，有俠義、情義、正義、忠義。宋江救晁蓋，講的是情義；投降朝廷，講的卻是忠義。而且，在宋江心目中，忠義顯然是第一位的。所以，晁蓋一死，宋江還只是「代理寨主」，便立馬將「聚義廳」改爲「忠義堂」。甚至可以說，在宋江看來，忠就是義，義就是忠。搭救晁蓋，是忠於友誼；投降朝廷，則是忠於國家。這樣的人，要他在王法之外做點小動作，是可能的；要他「殺去東京，奪了鳥位」，則是不可能的。

事實上，歷史上那些靠暴力奪取政權的，都不是什麼講忠孝仁義的人。劉邦置生父和親子的死活於不顧，有什麼「孝」？朱元璋初登大位，便大開殺戒，屠戮功臣，又有什麼「義」？正如林語堂先生在《中國人》（又譯《吾土與吾民》）一書中所說，建立新王朝「需要愛好戰爭和混亂的天才——對費厄潑賴，對學問及儒家倫理都嗤之以鼻，直到自己穩穩地坐在龍位之上，再將儒家的君主主義撿起來，這可是個極有用的東西」。宋江還只是個「草頭王」，就把這東西當寶貝，行嗎？

所以，孝子也好，義士也好，都當不了造反皇帝。做得成的，都只有把「忠孝節義」四個字束之高閣，至少暫時束之高閣。宋江撇不開這四個字，就不可能「殺去東京，奪了鳥位」。既不肯當皇帝，也不肯當強盜，便只好選擇當「回頭浪子」，招安投降。

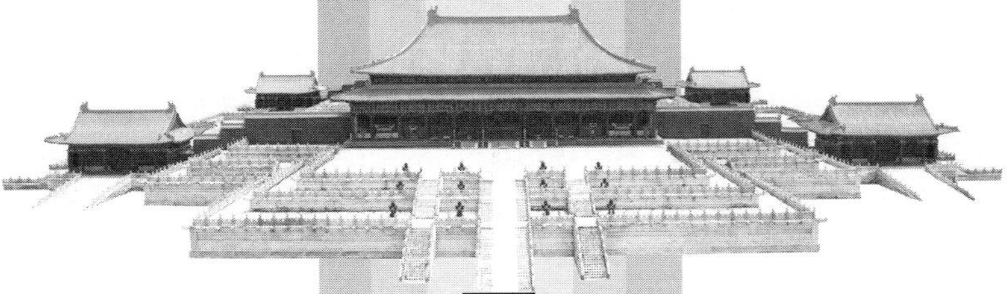

【荒唐的正義】

一 奸臣嚴嵩

嘉靖四十三年（西元一五六四年）十一月，是「一代名奸」嚴嵩傷心難過的日子。就在這個月，他的兒子嚴世蕃被人告發，以「通倭謀反」的罪名逮捕下獄。這個罪名如果成立，等待他的，將是身敗名裂、家破人亡。

嚴嵩是有明一代的異數，一個「不可多得」的奸臣。明代的奸臣不多。《新唐書》作《奸臣傳》，上下兩卷，另有《叛臣傳》上下兩卷，《逆臣傳》上中下三卷。《宋史》作《奸臣傳》，多達四卷，另有《叛臣傳》上中下三卷，《佞倖傳》一卷。《明史》的《奸臣傳》卻只有一卷。當然，這並不等於說，大明的奸臣就一定比大唐或大宋少，因爲《明史》還有《佞倖傳》和《閹黨傳》。入此二傳的，在一般人看來，也是奸臣。比如武宗（正德）朝的焦芳，身爲閣臣，卻與宦官劉瑾狼狽爲奸，沆瀣一氣，怎麼不是奸臣？然而入《閹黨傳》。又比如成祖（永樂）朝的紀綱，專一刺探官民隱私，打小報告陷害他人，「被殘殺者不可勝數」，又怎麼不是奸臣？然而入《佞倖傳》。《明史》認爲，不能把小人都名之爲「奸」。只有那些「竊弄威柄，構結禍亂，動搖宗祏，屠害忠良，心跡俱惡，終身陰賊」的，才是奸臣。像焦芳和紀綱那樣的，便只好算作「閹黨」和「佞倖」。

這也並非沒有道理。正如寵臣不等於權臣，小人也不等於奸人。小人，是從來就有的（世所恆有）。奸臣就比較罕見。「一代名奸」更是「珍稀動物」。審諸唐宋元明四代，堪稱「名奸」的，唐代只有一個李林甫。宋代多一點，蔡京、秦檜、賈似道。元代六大奸臣一個都不知名，明的「名奸」恐怕就是嚴嵩。不信隨便找個人問問，問他明代最壞的人都有誰，答案多半不是魏忠賢，就是這位嚴閣老（當時稱內閣大學士爲閣老），要不就是兩個人都榜上有名。要知道，在中國的戲曲舞臺上，嚴嵩從來就是大白臉。

當然，舞臺上的事並不一定靠得住，曹操的大白臉就很冤枉。曹操不是奸臣。即便站在漢帝國的立場上看，也不是。在那個東漢王朝氣數已盡，中央政權王綱解鈕，群雄並起逐鹿中原的時代，如果不是曹操頂住，眞不知幾人稱王幾人稱帝，那位末代皇帝也未必能有更好的下場。所以曹操不是奸臣，至多是奸雄，甚至是英雄。

嚴嵩卻不冤，也沒人替他翻案。據《明史．奸臣傳》云，嚴嵩其實並沒有什麼執政能力（無他才略），卻很懂得怎樣做一個奸臣（唯一意媚上，竊權罔利）。他踏入官場以後，實際上只做了四件事情：一是媚主，二是整人，三是弄權，四是索賄。早在他「入閣拜相」之前，就公然向宗室藩王索取賄賂。成爲「當朝宰相」後，更是結黨營私，賣官鬻爵，敲詐勒索，貪得無厭。嘉靖四十四年（西元一五六五年）八月，嚴嵩家產被抄，共抄得黃金三萬多兩，白銀二百萬兩，相當於當時全國一年的財政總收入，此外還有田地上百萬畝，房屋六千多間，以及無數的珍稀古玩、名人字畫。嚴嵩出身原本貧寒，這些財產是從哪裏來的？當然是他竊權二十年間，父子二人搜刮來的。所以張居正說，嚴嵩當國，其實是「商賈在位」。

被嚴嵩整垮整死的人也很是不少，《明史．奸臣傳》列了一個長長的名單，其中最有名的是沈煉和楊繼盛。這兩個人，都是因爲彈劾嚴嵩而被害死的。沈煉上書時，官職是錦衣衛經歷。經歷是個管文書檔案的「七品芝麻官」，錦衣衛則是明代著名的特務組織，相當於憲兵隊。沈煉雖然在特務機關工作，卻很正派，《明史》說他「爲人剛直，疾惡如仇」。沈煉的長官錦衣衛帥陸炳和嚴嵩父子關係很好，對沈煉也不錯（善遇之），常常帶他到嚴世蕃家去喝酒。然而沈煉卻不吃這一套。他痛恨嚴嵩父子爲非作歹禍國殃民，「時時扼腕」，終至忍無可忍，在嘉靖三十年（西元一五五一年）上書彈劾，痛斥嚴嵩「貪婪之性疾入膏肓，愚鄙之心頑於鐵石」，欺上瞞下，以權謀私，排擠忠良（忠謀則多方沮之），任用奸佞（諛諂則曲意引之），以至於「人皆伺嚴氏之愛惡，而不知朝廷之恩威」。這當然是捅了馬蜂窩。於是嚴嵩勾結死黨，捏造了一個「圖謀不軌」的罪名將沈煉殺害。

可惜沈煉並殺不完。一個沈煉倒下了，又一個沈煉站起來。嘉靖三十二年（西元一五五三年），楊繼盛再次上書彈劾嚴嵩。楊繼盛的官職是兵部員外郎，和沈煉一樣，也是一個「七品芝麻官」。而且，楊繼盛的攻勢比沈煉還猛。沈煉的奏疏，列舉了嚴嵩十大罪狀。楊繼盛則指出，嚴嵩不但有「十罪」，還有「五奸」。這「五奸」是：由於嚴嵩的奸詐狡猾蒙蔽聖聽，以至於「陛下之左右皆賊嵩之間諜」，「陛下之喉舌皆賊嵩之鷹犬」，「陛下之爪牙皆賊嵩之瓜葛」，「陛下之耳目皆賊嵩之奴隸」，「陛下之臣工皆賊嵩之心腹」。這當然又捅了馬蜂窩。於是嚴嵩在楊繼盛的奏章裏找了個岔子，慫恿嘉靖下令將其逮捕。不過嘉靖皇帝雖然將楊繼盛下獄問罪，卻並沒有要殺他的意思。嚴嵩就又搞鬼，在另一件死刑案的上報檔中塞進楊繼盛的名字，將其謀殺。

嚴嵩，是不是大奸臣？

不過嚴嵩的有名，除「罪大惡極」外，還因為他這個奸臣當得有點「不合時宜」。《明史》所列奸臣，其時代不是在開國之初（如胡惟庸、陳瑛），就是在亡國之際（如周延儒、溫體仁、馬士英），唯獨嚴嵩不三不四，是在嘉靖一朝。嘉靖朝是個什麼概念呢？明代十七朝十六帝享國二百七十六年，嘉靖是第十一位皇帝，登基的時候（一五二二年）上距開國一百五十四年，下距亡國一百二十二年，正好在王朝的中間偏後一段。開國之初出現奸臣是不奇怪的，因為那時制度還是草創，時局也不穩定。亡國之際出現奸臣也不奇怪，因為那時氣數已盡，弊端叢生。然而嘉靖一朝，即便從他老人家「駕崩」那年算起，距離亡國也還有七十八年。照理說，這可應該是「天下無事，安享太平」的時代，怎麼會冷不丁地冒出個大奸臣來呢？

何況明代的朝臣當中也不該出奸臣。事實上，有明一代的特點，是皇帝多混賬而朝臣無大惡。明代的皇帝，和歷朝歷代相比是最差勁的。太祖洪武皇帝朱元璋，心狠手辣，殺人如麻，和他一起打江山的功臣幾乎被他趕盡殺絕。成祖永樂皇帝朱棣，殘忍暴戾，也是草菅人命，殺人如麻，還動不動下令將人犯「拖出去著狗子吃了」，或者下令將女犯輪姦，簡直就是心理變態。仁宗洪熙皇帝朱高熾，宣宗宣德皇帝朱瞻基，這兩個算是不錯，因此有所謂「仁宣之治」。可惜仁宗在位只有一年，宣宗在位也只有十年，況且宣宗還因爲喜歡鬥蟋蟀而被稱爲「促織天子」。接下來，英宗朱祁鎮（他有兩個年號，正統和天順），就開始出問題了。最大的問題還不是做了俘虜，搞了復辟，殺了忠臣，而是開了宦官專政的先例，爲大明王朝留下無窮後患。英宗的兒子——憲宗成化皇帝朱見深也很夠嗆。此公寵信太監，迷戀佛道，熱衷於房中術，朝政頗爲穢亂，《正說明朝十六帝》一書總結爲三句話：一個貴妃（萬娘娘）、兩個宦官（汪直、梁芳）、三樁弊政（西廠、皇莊、傳奉官）。不過，憲宗的兒子——孝宗弘治皇帝朱佑樘，卻是難得的明君，被認爲可以和漢文帝、宋仁宗相提並論。可惜天不佑大明。這個最溫良恭儉讓的皇帝卻有一個最任性頑皮的兒子。他這個兒子——武宗正德皇帝朱厚照，堪稱「亙古第一頑主」。而且，正是因爲他的荒唐胡鬧，害得孝宗這一系斷子絕孫，世宗嘉靖皇帝朱厚熜和奸臣嚴嵩才得以粉墨登場。

以後便是一代不如一代。穆宗隆慶皇帝朱載垕，唯一的愛好是女人，最大的優點是無能。神宗萬曆皇帝朱翊鈞，酒色財氣，醉生夢死，最擅長的是耍賴和罷朝。光宗泰昌皇帝朱常洛，在位只有一個月，惹出的案子倒有三個：梃擊案、紅丸案、移宮案，此即所謂「明末三案」。熹宗天啓皇帝朱由校，其實是個文盲。他在位七年，玩了七年積木，鬥了七年蟋蟀，朝政全部交給另一個文盲——太監魏忠賢。等到他的弟弟——崇禎皇帝朱由檢來收拾局面時，局面其實已不可收拾，只好亡國。當然，亡國也不能都怪前人，崇禎自己也有責任。崇禎的勤政自律固然超過前人，他的剛愎自用、嫉賢妒能、苛刻猜忌怕也史無前例。這裏且不說他。

明代皇帝如此差勁，國祚爲何還能延續如此之久呢？這是因爲，自隋唐而宋元，經過七百多年探索，文官制度已經完善，官僚政治已經成熟，帝國的政權其實是由士大夫階層來支持的。這些人耕讀爲本，詩書傳家，滿腦子「忠君報國」，一肚皮「修齊治平」。一旦進入官場，大都能各安其位，各司其職，盡心盡責，因此國家機器甚至在君主缺位的情況下也能運轉自如。也因此，儘管皇帝多混賬，然而朝臣無大惡。正如《明史·奸臣傳》所說，明代作惡多端的主要是太監（有明一代，巨奸大惡，多出於寺人內豎），奸臣的出現竟成爲異數（求之外廷諸臣，蓋亦鮮矣），唯獨嘉靖一朝是個例外（唯世宗朝，閹宦斂跡，而嚴嵩父子濟惡，貪得無厭）。

於是就有了一個問題：爲什麼唯獨嘉靖一朝閹宦斂跡而奸臣崛起？或者說，爲什麼閹宦斂跡以後奸臣就要崛起？這當然與嘉靖其人有關。那麼，嘉靖又是一個什麼樣的皇帝？

依我看，是個混蛋。

二 混蛋嘉靖

嘉靖是明代一個繞不過去的皇帝，在位時間很長，四十五年，僅次於他的孫子萬曆（神宗朱翊鈞），在中國歷史上排名也很前。歷代皇帝在位的年頭，康熙最長，六十一年；乾隆次之，六十年；第三漢武帝，五十四年；第四明萬曆，四十八年；嘉靖排在第五名。

不過，嘉靖在位時間雖長，政績卻乏善可陳。嘉靖四十五年（西元一五六六年）二月，時任戶部雲南司主事的海瑞，向嘉靖皇帝呈上了轟動朝野的《直言天下第一事疏》。戶部主事官價正六品，相當於現在的司局級幹部，在當時則是一個不大不小、不上不下的職位。明代官制，戶部有尚書一人，正二品，相當於部長。侍郎二人，正三品，相當於副部長。這三個，都叫「堂官」，由皇帝直接領導。部以下，設司（戶部有十三個司）。司的官員，有郎中（正五品）、員外郎（從五品）和主事（正六品），都叫「司官」。再下面，則有一大群八品、九品的辦事員，比如照磨、檢校之類，是爲「吏員」。部裏的工作，大事有堂官做主，小事有吏員張羅，司官的任務並不重。何況自明孝宗弘治（嘉靖的伯父）以來，治理司務的只有郎中一人，員外郎和主事只在授官之日出席而已，實際上是閒差。然而海瑞雖然級別不高，責任不重，事情不多，卻「位卑未敢忘憂國」，對國家的命運前途充滿擔憂。他在戶部無所事事，就琢磨朝政。這一琢磨不要緊，海瑞發現，嘉靖一朝的政治，竟然可以概括爲十六個字：「吏貪官橫，民不聊生，水旱無時，盜賊滋熾」，堪稱一塌糊塗。而且天下的臣民，對嘉靖皇帝也極其不滿（天下之人不直陛下久矣），甚至用他的年號來挖苦他，說什麼「嘉靖嘉靖，家家皆淨」，堪稱民怨沸騰。

那麼，事情爲什麼會弄到這個地步呢？究其所以，就因爲嘉靖這個皇帝不好。怎麼個不好？昏聵多疑（心惑）、剛愎殘忍（苛斷）、自私虛榮（情偏）。隨便舉個例：嘉靖四十四年（西元一五六五年），老頭子病重，太醫徐偉奉旨前往診治。當時嘉靖坐在小床上，龍袍垂地，徐偉遲疑不敢前進。嘉靖問他爲什麼不走過來。徐偉說，皇上的龍袍在地上，臣不敢進。診視完畢，嘉靖就下了一道手詔給內閣，表揚徐偉。嘉靖說，徐偉的話，最能體現他對君父的忠愛之情。因爲他說的是「皇上的龍袍在地上」，而不是「皇上的龍袍在地下」。這又有什麼區別呢？嘉靖說，區別很大——地上，人也；地下，鬼也。徐偉聽到傳達，當時就嚇出一身冷汗。地上地下，這在一般人那裏是沒有什麼區別的。我們平時說話，也是地上地下不分，哪有那麼多講究？按照嘉靖的邏輯，臣下一言不愼，豈不是就要招來滅頂之災？

嘉靖要求臣下極其苛刻，對待自己卻極其放縱。他這個皇帝，在位四十五年，倒有半數以上年頭是不上朝的。他從嘉靖十八年（西元一四三九年）起就不視朝，從嘉靖二十一年（西元一五四二年）起就不進宮。幹什麼呢？躲在西苑，修齋建醮，整天和道士鬼混。而且，他聽信道士的鬼話，也不和皇后、太子見面，因爲據說他們父子二人命相相剋。所以海瑞認爲，嘉靖不但從政治的角度看不是好皇帝，從倫理的角度看也不是好父親、好丈夫。如果拿君臣、父子、夫婦這「三綱」來衡量一下，就會發現原本應該成爲全體臣民道德楷模的皇上，居然一綱都談不上：任意懷疑、謾罵、屠殺臣僚，是不君（以猜疑誹謗戮辱臣下，人以爲薄於君臣）；對親生兒子毫無教誨養育，連面都不見，是不父（二王不相見，人以爲薄於父子）；與皇后分居，躲在西苑煉丹，是不夫（樂西苑而不返，人以爲薄於夫婦）。這樣一個人，能把國家治理好，那才是咄咄怪事！

實際上嘉靖也無心治國。他最關心的只有兩件事情，或者說兩個問題。一是怎樣才能最大限度地活夠歲數，二是怎樣才能最大限度地玩夠女人。只要能夠實現這兩個目標，即便把整個帝國都押上去，他也在所不惜。

道士們據說就能夠幫助嘉靖實現自己的「理想」。因爲道教主張的，正是長生不老，甚至肉體飛升，而且「一人得道，雞犬升天」。更加妙不可言的是，道教「養身之道」的有機組成部分和重要組成部分之一，便正是所謂「房中術」。按照嘉靖寵信的道士邵元節、陶仲文等人的理論，養生是不必節欲的。相反，如果掌握了房中秘術，多次與童貞處女性交，還能起到採陰補陽、延年益壽的作用。這實在是太對嘉靖的味口了。對於他來說，長壽固然是重要的，但如果必須禁欲，活那麼長又有什麼意思？現在好了。縱欲和養生竟可以並行不悖相得益彰，這眞讓皇帝陛下心花怒放。

然而這種以少女身體爲煉丹鼎爐的「採陰補陽」，對於女性而言無異於身心摧殘。何況宮女們還要黎明即起，在日出時分採集甘露供嘉靖飲用；還要向嘉靖提供初潮的經血，供他煉丹。這種由少女經血、中草藥和礦物質煉成的「紅鉛丸」，其實是一種壯陽藥，內中含有從人尿（當然是童男童女的尿液）中提取的性激素。嘉靖服用以後，便要在這些少女身上發洩獸欲。這實在讓人忍無可忍，終於在嘉靖二十一年（西元一五四二年）發生了「壬寅宮變」。十月二十日晚上，以楊金英、邢翠蓮爲首，十餘名宮女決定謀殺嘉靖，而且差一點就用黃綾布把他在床上活活勒死。我們知道，謀反，是要滅九族的。弒君，也是要剕剮刑的。所以，許多公卿將相即便大權在握，也不敢輕易動此念頭，何況手無寸鐵的弱女子？不難想像，如果不是嘉靖太過荒淫暴戾，她們斷然不會鋌而走險。

謀殺皇帝的宮女都被凌遲處死，嘉靖卻也有了一個藉口，從此不回大內。皇上不住在宮裏，自然也不上朝。於是，他便在西苑萬壽宮安營紮寨，修齋建醮，做起道士來。

修齋建醮也叫齋醮。什麼是齋醮呢？就是建立道壇，齋戒沐浴，向神仙祈福。這時，必須向皇天上帝呈奉奏章祝詞。這個奏章祝詞通常用硃筆寫在青藤紙上，叫「青詞」，也叫「綠章」。這事道士是幹不來的，得靠詞臣。最好的詞臣自然是內閣大學士。我們知道，明清兩代是沒有宰相的。皇帝一人身兼國家元首和政府首腦，直接領導六部。這當然忙不過來，得有人協理。協理的部門就叫「內閣」，其實是秘書處；協理的人就叫「大學士」，其實是高級秘書。不過，久而久之，六部離皇帝越來越遠，內閣離皇帝越來越近。但有大事，皇帝往往向內閣垂詢，交六部執行，大學士就從制度上的秘書變成了實際上的丞相，因此也可以打一個引號，稱爲「宰相」。這事我在《好制度，壞制度》一文中已有說明，請參看。

內閣大學士既然原本是秘書，主要工作是替皇帝批閱奏章起草檔，文字功夫是沒有問題的。他們既然能夠替皇帝草擬詔書，自然也能夠替皇帝撰寫青詞。於是，以嘉靖的人生目標爲中心，道士和閣臣開始分工合作。道士炮製春藥，閣臣炮製青詞；道士煽風點火，閣臣舞文弄墨。如此這般，嘉靖一朝的政治豈能不烏煙瘴氣？

然而內閣大學士們心甘情願。這些傢伙比誰都清楚：要想青雲直上，就得討好皇帝；要想榮華富貴，也得討好皇帝；要想永保平安，還得討好皇帝。皇上既然就好這一口，咱們又有的是時間精力聰明才智，何不奉獻一點？所以，嘉靖一朝的閣臣，不少都是寫青詞的好手，甚至除了撰寫青詞，其實不會別的。比如袁煒、李春芳，後來還被稱作「青詞宰相」。總之，在嘉靖治下，要想出將入相、位極人臣，就必須是青詞寫手。

嚴嵩當然也不例外。

嚴嵩的青詞也是寫得極好的，曾經一度無人能夠望其項背。青詞並不好寫。那是一種賦體的文章，要求能夠以極其華麗的文字表達出皇帝對上天神靈的敬意和誠心。嘉靖求仙心切，性子又急，所以青詞總是供不應求，常常能把那些閣臣憋死。然而嚴嵩卻有求必應，得心應手。這並不奇怪。嚴嵩原本就是頗負盛名的詩人，文學修養很高，自然長袖善舞。嚴嵩又盡心，使出渾身解數，殫精竭慮，揣摩鋪張。結果一來二去，竟然只有嚴嵩一個人寫的青詞能讓嘉靖滿意（醮祀青詞，非嵩無當帝意者）。

於是嚴嵩「入閣拜相」，在嘉靖二十一年（西元一五四二年）八月（也就是「壬寅宮變」前兩個月）拜武英殿大學士，入直文淵閣，成了「宰相」。這時嚴嵩已經六十多歲，卻「精爽溢發，不異少壯」。入閣以後的嚴嵩當然還要撰寫青詞，但更重要的還是「揣摩聖意」。嘉靖雖然是個混蛋，卻不是昏君；雖然躲在西苑，卻沒有大權旁落；雖然整天求仙問藥，卻一刻也沒有放鬆對朝廷的控制。許多重大政治問題，嘉靖都是自己已有成見才去諮詢閣臣的。因此，閣臣的本事，就在於能夠摸清嘉靖的心思，說出皇帝想說的話，甚至皇帝想說而不方便說的話。嚴嵩正好就有這樣的本事。他和他的兒子嚴世蕃兩個，差不多每次都能把嘉靖的心思猜個八九不離十，所奏自然「甚合朕意」。這在嘉靖看來，是嚴嵩父子忠心耿耿，勤於王事；在別人看來，則認爲皇上對嚴嵩言聽計從。至於嚴嵩，當然不會說穿其中的秘密。他們父子正好趁機欺上瞞下，以售其奸。

但是，智者千慮，必有一失。奸者千慮，大約也難免一失。嚴嵩做夢也沒有想到，他這一生，是成也青詞，敗也青詞；成也揣摩，敗也揣摩。當然，他也沒有想到，自己竟然會遇到一個更厲害的對手，一個能夠「即以其人之道，還治其人之身」，用他對付別人的辦法來對付他，最後置他於死地的人。這個人就是徐階。

三 滑頭徐階

徐階也是會寫青詞的，而且寫得比嚴嵩還好。

徐階是松江華亭（今屬上海）人，從小就命大福大。一歲的時候，他掉進井裏，三天以後居然活了過來。五歲的時候，又掉到山下，居然掛在樹上不死。嘉靖二年（西元一五二三年），他中了進士，一甲第三名，是探花郎。《明史》說他這個人的特徵，是個子小，皮膚白（短小白皙），注重儀表（善容止），聰明過人（性穎敏），能謀善斷（有權略），城府很深（陰重不泄），似乎天生就是嚴嵩的剋星。

和嚴嵩一樣，徐階得寵，也是因為會寫青詞（所撰青詞獨稱旨）。他在嘉靖三十一年（西元一五五二年）以禮部尚書的身分兼東閣大學士，成爲「宰相」，排在嚴嵩（首輔）和李本（次輔）的後面。徐階的入閣，使嚴嵩本能地感到威脅，便多次加以傾害，「中傷之百方」。然而徐階每次都能從容對付，化險爲夷。這裏面的原因，固然有徐階的權術謀略，也有嘉靖的偏袒庇護。嘉靖實在是太喜歡徐階寫的青詞了，簡直就是愛不釋手，嚴嵩當然奈何他不得。等到嘉靖四十年（西元一五六一年）五月，李本離職，徐階升任次輔，嚴嵩就更是扳他不倒了。

何況嚴嵩這時也力不從心，自身難保。原來，嚴嵩揣摩聖意能夠百發百中，倒有一半以上要歸功於他的寶貝兒子嚴世蕃。嚴世蕃的長相，是脖子短，身體胖（短項肥體），還少了一隻眼睛（眇一目），是個獨眼龍。不過，他這一隻眼睛，比兩隻眼睛還厲害。嘉靖下的手詔，常常語焉不詳，不知所云（語多不可曉），唯獨嚴世蕃一看就懂（一覽了然），一答就對（答語無不中），眞可謂「一目了然」。可是就在這個月，嚴嵩的夫人歐陽氏去世，依禮，嚴世蕃要在家居喪，再也不能跟著嚴嵩去上班了。那時，嘉靖不住大內住西苑，爲了辦公方便，也爲了便於寫青詞，就在西苑爲閣臣設立辦公室，叫「直廬」。嚴世蕃不能跟到直廬，嚴嵩就沒了主心骨，只好一接到嘉靖手詔，就派人送回家徵求嚴世蕃的意見。這嚴世蕃也眞不是東西，居然當眞不問國事，整天在家和女人鬼混。嚴嵩派人來問對策，也不按時回答，只管自己淫樂，全然不顧老爸心急如焚。前面講過，嘉靖是個性急的人，哪裏能容忍嚴嵩磨磨蹭蹭？嚴嵩又不能說以前都是嚴世蕃參謀，只好自己硬著頭皮對答（不得已自爲之），自然是答非所問（往往失旨），讓嘉靖大爲不滿。

嚴嵩的青詞也越寫越差。這時的嚴嵩，畢竟是八十二歲的老人了，日薄西山，江郎才盡，哪裏還能寫得出好文章？也只能請人代筆，品質可想而知。嘉靖便越來越不喜歡他（積失帝歡）。等到半年以後，萬壽宮一場大火，就把嚴嵩的「聖眷」燒了個精光。

萬壽宮這場大火倒不是嚴嵩放的，是嘉靖皇帝自己和宮姬在貂帳裏玩火造的孽。但不管怎麼說，萬壽宮沒了，萬歲爺卻不能沒有地方住。一個辦法是重修萬壽宮。這是嘉靖的想法，但嚴嵩認爲不可能。因爲這時正在修建奉天、華蓋、謹身三大殿，國庫早已掏空，哪來的人力物力？第二個辦法是搬回大內。這是群臣的想法，嚴嵩認爲也不可能。因爲大內是皇上差一點被害的地方，至今心有餘悸，怎麼可能回去？嚴嵩的主張是既不回大內，也不住西苑，而是移駕重華宮。重華宮修飾完整，比現在臨時居住的玉熙殿舒服多了。

嚴嵩這一番謀劃自以爲得意，卻沒想到犯了更大的忌諱。重華宮是什麼？是當年景帝軟禁英宗的地方。因此嘉靖一聽便大爲惱火：這不是要把朕關起來嗎？也是合該嚴嵩倒楣。此公可是一向善於揣摩「聖意」的，這回卻把馬屁拍到了嘉靖的痛腳上。

這時，次輔徐階說話了。

徐階說，奉天、華蓋、謹身三大殿確實工程浩大，但正因爲三大殿工程浩大，所以能夠修復萬壽宮。爲什麼呢？三大殿工程有「餘料」呀！工程越大，餘料就越多。所以，修建三大殿和修復萬壽宮不但不矛盾、不衝突，反倒相得益彰。嘉靖一聽就高興了，問那要多長時間？徐階的回答是「可計月而就」。於是嘉靖龍顏大悅，准其所奏，還欽命徐階的兒子徐璠承包工程。徐璠也不負所望，百日之後就如期完工。嘉靖將其改名萬壽宮（原本叫永壽宮），給徐階加官少師，徐璠也由尚寶丞（正六品）破格晉升爲太常少卿（正四品）。

這下子嚴嵩知道自己不是徐階的對手了。於是擺酒設宴，款待徐階。席間，嚴嵩令子孫團團拜倒在徐階腳下，舉杯托孤道：嚴某日薄西山，這些小子就全仗徐公看顧了（嵩旦夕死矣，此曹惟公乳哺之）。徐階立即避席，連連說不敢當，不敢當！

徐階雖然一副受寵若驚的樣子，心裏卻在磨刀霍霍，暗暗盤算怎樣才能徹底整倒嚴嵩，出這多年所受的窩囊氣，也爲對自己有知遇之恩、又被嚴嵩害死的夏言報一箭之仇。他的辦法是請神仙幫忙。徐階知道，嘉靖身邊是不能沒有道士的。他最寵信的道士，先是邵元節，後是陶仲文。但邵元節早在嘉靖十八年（西元一五三九年）仙逝，陶仲文也在嘉靖三十九年（西元一五六〇年）升天，於是徐階便向嘉靖推薦藍道行。藍道行是山東道士，本事是會降紫姑扶乩。紫姑是何方神聖呢？是管廁所的。大家不要小看這廁所。內急的時候找不到廁所，比肚子餓了找不到飯館還嚴重。所以紫姑的乩語最靈。藍道行會降紫姑，自然本事不小。

其實藍道行哪有什麼本事。他的本事是和太監合夥作弊。扶乩的過程是這樣的：先由皇帝把要問的問題寫在紙上，然後由太監帶到扶乩的地方焚燒，請神仙用乩語回答。如果不靈，就要怪太監污穢不潔，神仙不肯降臨。太監當然不願意背這個罪名，就在焚燒之前先偷看皇帝的問題，然後告訴藍道行，這樣自然就靈了。藍道行的乩語一靈，徐階就可以做手腳。比方說，徐階知道嚴嵩有密摺呈奏，就讓藍道行扶乩說：「今有奸臣奏事」。嘉靖問天下何以不治，乩語就說：賢臣沒有得到重用，小人把持朝廷。再問誰是賢臣，誰是小人，答案也是不難想像的，自然說徐階是賢臣，嚴嵩是小人。

不過這種裝神弄鬼的把戲並上不了臺面。它只能讓嘉靖動心，不能讓嘉靖動手。堂堂大明天子，總不能公然下詔，說乩語如何因此必須如何吧！這就需要有機會，比如嚴嵩正好犯了什麼事，或者正好有人彈劾他。機會也是說來就來。嘉靖四十一年（西元一五六二年）五月某日，天降大雨，一個名叫鄒應龍的御史（監察部處長）因為避雨躲進一位太監家，聽到了「神仙」說嚴嵩是小人的事。鄒應龍一聽就明白，嚴嵩的好日子到頭了（帝眷已潛移），於是連夜修成《貪橫蔭臣欺君蠹國疏》，上奏朝廷。疏文指控嚴世蕃貪贓枉法、禍國殃民，應處死刑；嚴嵩溺愛惡子、受賄弄權，應予斥退。嘉靖也很快做出批覆：嚴嵩給米百石，退休回家，嚴世蕃發配雷州充軍。去年一場大火，燒掉了嚴嵩的聖眷；今年一陣大雨，又澆滅了嚴嵩的權勢。這可眞是「水火無情」。

嚴嵩倒了，但沒有死。嚴世蕃也活得很滋潤。他並沒有到雷州衛服刑，只在廣東南雄住了兩個月，就溜回家了。回家以後也不韜光養晦，反倒大興土木，修建私宅。這就引起了地方官員的注意。更糟糕的是，地方官注意嚴府，嚴世蕃卻不注意，氣焰十分囂張。有一次，袁州府推官（專管刑獄的官員，正七品）郭諫臣到嚴府公幹，嚴府家奴非常無禮，公然不把他這個朝廷命官放在眼裏。郭推官嚥不下這口氣，一狀告到巡江御史（監察部特派員）林潤那裏。林潤也是一個想把嚴家置於死地的，正好手上也抓住了嚴世蕃的把柄——與羅龍文過從甚密。羅龍文是什麼人？是倭寇王直的親戚，而且和嚴世蕃一樣，也是從流放地私自逃回的。於是林潤上奏朝廷，狀告嚴世蕃和羅龍文網羅江洋巨盜，私用違制車服，日夜誹謗朝廷，聚眾四千餘人，「道路皆言，兩人通倭，變且不測」。

這就是謀反了。於是，嘉靖四十三年（西元一五六四年）十一月，朝廷下令將嚴世蕃捉拿歸案。那時，嚴世蕃的兒子嚴紹庭還在北京當錦衣衛指揮，立馬派人通風報信。嚴世蕃聞訊本想逃回雷州，誰知早在林潤的監視之下，剛一出門，就被逮了個正著。結果，嚴世蕃被押解進京，交由三法司審理。三法司，就是刑部（公安部）、都察院（監察部）和大理寺（最高法院），其長官分別是刑部尚書、都御史和大理寺卿。像嚴世蕃這樣涉嫌謀反的大案，照例是要「三司會審」的。

嚴世蕃二進宮的消息轟動了京城。許多人額手稱慶，都認爲沈煉和楊繼盛的冤案這回總算可以平反了。林潤和郭諫臣是這麼認爲的，「三法司」長官黃光升、張永明、張守等人也是這麼認爲的。因此他們在判決書裏，便大講嚴嵩父子如何迫害忠良，而且重提沈煉、楊繼盛案。草稿送到徐階那裏，徐階問，諸位的意思，不是想救嚴公子一條性命吧？黃光升幾個都說，當然不是，恨不得立馬就殺了他。於是徐階不慌不忙拿出自己的稿子，上面一五一十列舉了嚴世蕃的「反跡」：什麼住宅私擬王府啦，什麼招募亡命之徒啦，什麼謀爲外投日本啦，什麼串通裏應外合啦，不一而足，而且說得有鼻子有眼。蠱惑嚴世蕃在南昌稱王的，是彭孔；挑唆嚴世蕃勾結黑社會的，是典楧；煽動嚴世蕃裏通外國的，是羅龍文；協助嚴世蕃誘致外兵的，是牛信。黃光升等人一看就明白了，立即照抄上奏。結果，皇帝在嘉靖四十四年（西元一五六五年）三月二十四日下詔，以「交通倭虜，潛謀叛逆」的罪名判處嚴世蕃死刑。而且，根據徐階的意見，並沒有「秋後處決」，而是「亟正典刑」。

沈煉和楊繼盛可以瞑目了，歷史也終於實現了「實質正義」，儘管方式是如此荒唐。

四 誰是禍根

嚴世蕃之死，當時就有人認爲是冤案。

當然是冤案了。這嚴世蕃惡貫滿盈不假，聚眾謀反卻是冤枉。林潤的奏摺其實說得很清楚：「道路皆言，兩人通倭，變且不測」。什麼叫「道路皆言」？就是路上的人都這麼說。實際上是捕風捉影，連匿名舉報都算不上。嘉靖皇帝也不相信，曾下令三法司「從公鞫訊，具以實聞」。然而徐階卻上奏說「事已勘實」，「具有顯證」，也不容嚴世蕃申辯，更沒有什麼取證、對質，硬是手忙腳亂地就把他的腦袋砍掉了。

這當然讓很多人不以爲然。張居正在主修《世宗實錄》時就說，嚴世蕃是該殺的，但罪名應該定爲「奸黨」而不是「反賊」。像林潤的奏摺那樣「指爲謀逆」，或者像三司的判決那樣「擬以謀叛」，都「悉非正法」。這也是後來一些人的觀點。比如談遷就說徐階他們的判決是「捨奸黨之正條，坐不軌之苟論」，支大綸更是質問：「內閣頤旨，法官惟諾，刑罰不中，伊誰之咎？」是啊，這種以冤案平反冤案的荒唐，究竟應該由誰負責？

恐怕不該是徐階。在我看來，沈煉和楊繼盛的死，是冤枉的；嚴世蕃背上謀反的罪名，也是冤枉的。但要說罪魁禍首就是徐階，同樣冤枉。

徐階不是糊塗蟲，也不是迫害狂。他何嘗不知道以「奸黨」之名定世蕃之罪，才是「正論」、「正法」、「正條」？他又何嘗不想光明正大地爲沈煉和楊繼盛平反昭雪？但是不行啊！因爲這些冤假錯案都是皇上欽定的。如果把沈煉和楊繼盛案翻出來，就是和當今聖上過不去了（是彰上過也）。當然，皇帝做錯的事，也不是不可以批評、糾正，但前提是那皇帝肯聽才行。嘉靖恰恰就是一個聽不得半點不同意見的人。《明史．奸臣傳》說：「帝英察自信，果刑戮，頗護己短。嵩以故得因事激帝怒，戕害人以成其私。」也就是說，嘉靖這個人，是剛愎自用自以爲是的。別人的性命一錢不值，自己的面子比天還大。所以，嚴嵩要想害人，非常容易，只要抓住嘉靖「護短」的心理煽風點火就行。難怪嚴世蕃聽說三法司把沈煉和楊繼盛的舊案翻了出來，竟然在獄中高興得手舞足蹈。因爲他知道，這必然引起嘉靖的猜忌、懷疑和憤怒。保不住的，就不是自己的腦袋，而是三法司的烏紗了。所以徐階對黃光升幾個說，按照你們這種寫法，嚴公子明天就可以出門了，諸位反倒可能被關了進去。

顯然，不冤枉嚴世蕃，沈煉、楊繼盛，還有許多人的冤情就無法昭雪。張居正說，定爲「奸黨」，也可以殺嚴世蕃，這當然不錯。但你要定得了才行呀！顯然，徐階製造新的冤假錯案，以「莫須有」的罪名除惡鋤奸，實在是嘉靖逼出來的。

其實就連嚴嵩這個「奸臣」，也是嘉靖「培養」出來的。嚴嵩是江西分宜縣人，所以又稱「嚴分宜」。《明史》說他身材高大，眉目清朗，聲音洪亮，才華橫溢，名重一時。

他在弘治十八年（西元一五〇五年）中進士，做過庶吉士、編修之類的小官，就因病回家了。嚴嵩在家鄉又讀了十年書，寫作詩文，「頗著清譽」，回到官場時也還正派，能和其他大臣一起反對嘉靖的胡作非爲。但是，嚴嵩很快就被嘉靖的「雷霆之怒」嚇破了膽，「盡改前說」，從此踏上了媚上、邀寵、弄權、謀私的不歸之路。

然而嚴嵩的道路並不平坦。

正如許多歷史學家所指出，嘉靖其實是最懂得怎樣做皇帝的人。正因爲精通帝王之術，所以，嘉靖不像高祖朱元璋那樣日夜操勞，也不像玄孫朱由校那樣大權旁落。他在位四十五年，二十七年不視朝，但朝廷裏哪怕飛過一隻蒼蠅他都知道，更不要說國家大事了。也就是說，大明帝國這四十五年其實是他當家的，儘管他每天的「功課」，不過是煉丹、祈福、讀青詞、泡女人。一般的說，一個皇帝，倘若如此的「不務正業」，恐怕是要「喪權辱國」的。但是嘉靖並不。他甚至不能說是一個完全不合格的皇帝。事實上帝國制度對後世君主的要求不高，只要守住祖宗基業、江山社稷就行。從這個角度看，嘉靖至少稱職。可以說，他是治國、玩樂兩不誤。結果，作爲男人，他玩得盡興；作爲皇帝，他還算盡職。他是盡職而不累（輕鬆自如），盡興而不廢（大權在握）。

這實在「聰明」。嘉靖的聰明，就在於他明白所謂「國家大事」，其實是要分析的。國家的事並不都是大事，也有小事。不但雞毛蒜皮是小事，就連財政、賦稅、軍事、工程、刑律，總之，一切可以交由臣工去處理的事情，對於皇帝來說都是小事。因爲它們不是綱，而是目。目，是可以也應該交給臣下的，皇帝要抓的是綱。而且，皇帝也只應該抓綱。只要皇帝抓住了綱，所有的目就帶起來了。綱舉目張嘛！

什麼是綱？綱就是權力，就是任命與罷免、提拔與處分、獎賞與懲罰官員的權力。國家的事務是由大小官員來打理的，而官員最想的是升官，最怕的是罷官。所以，抓住了官員的任免權，就抓住了官員的命根子；而抓住了官員，就抓住了天下。所以，只要抓住這個「綱」，就可以「垂衣而治」，將天下「運於股掌」。

皇帝自然有這個權力。因爲從理論上講，官員是皇帝的兒子（因此叫臣子）、奴僕（因此叫臣僕）、打工仔（因此叫臣工）。作爲父親（君父）、主子（君主）、老闆（君王），皇帝在制度上擁有對官員的生殺予奪之權。但是，有沒有這個權力是一回事，會不會用又是另一回事。嘉靖就是會用的。他甚至不必動用升遷獎懲的大權，只要「假以顏色」，就能收到事半功倍的效果。比方說，嚴嵩剛剛被重用時，曾經遭到官場的普遍攻擊。明代是實行「兩京制」的，南京和北京都有中央政府，而南京和北京的給事中（六部監察官員）和御史（監察部官員）彈劾貪官污吏，第一個提到的就是嚴嵩。因爲嚴嵩實在太不像話，居然向宗室諸侯勒索賄賂，他的兒子也四處活動，大走後門。然而嘉靖爲了包庇嚴嵩，便故意向他諮詢國事，而且故意表示欣賞（必故稱賞），哪怕嚴嵩的回答實在不怎麼樣（平無奇）。這樣連續多次以後，對嚴嵩的攻擊也就煙消雲散，正所謂「談笑間強虜灰飛煙滅」。可以說，正是由於嘉靖的縱容，嚴嵩才有恃無恐，日益驕橫，終於成爲天字第一號的大奸臣。

嚴嵩對於嘉靖，也堪稱肝腦塗地，馬屁拍足。嘉靖是喜歡做道士的，製有一種道士戴的香葉冠，賜給閣臣每人一頂。其他閣臣（比如夏言）認爲這不是正式朝服，不肯戴。嚴嵩卻不但戴了，還籠以輕紗，以示虔誠，讓嘉靖大感欣慰。嘉靖又常常把自己煉的「仙丹」賜給臣下。其他人知道那玩意有毒（內含鉛汞化合物），不吃。嚴嵩卻不但吃了，還要報告服用結果，比如「遍身燥癢異常，不可一忍」，或者「至冬發爲痔疾，痛下淤血二碗」，正是鉛汞中毒的症狀。一個七八十歲的老人，心甘情願充當實驗室「小白鼠」，要說他對皇帝不是「忠心耿耿」，還眞是冤枉了他。

然而嘉靖對嚴嵩卻既不放心，也不放手，時不時要敲打他。敲打也很容易。比方說，在朝野上下都認爲皇帝對嚴嵩言聽計從時，故意不問意見，乾綱獨斷，或者故意當眾表示反對，讓嚴嵩碰一鼻子灰。又比方說，在嚴嵩值班時，故意多次不召見他，把他晾在那裏。有一次，嚴嵩久等不得召見，卻見李本和徐階往西苑走，便也跟著走。走到西華門，李本和徐階進去了，嚴嵩卻被攔在外面。這時，嚴嵩在名義上還是首輔。次輔（李本）和三輔（徐階）昂首而入，首輔卻吃了閉門羹，嚴嵩無論如何也想不通。回到家裏，父子二人竟抱頭痛哭。

實際上嚴嵩終其一生，都只是「寵臣」而非「權臣」。他推薦的人選，並不一定能保住官位（吏部尚書缺，嵩力援歐陽必進爲之，甫三月即斥去）。他的心腹獲罪，也不一定能夠救援（趙文華忤旨獲譴，嵩亦不能救）。在嘉靖心目中，嚴嵩其實是自己手中一個可以任意把玩拿捏的玩意，一條「吧兒狗」和一隻「小白鼠」，高興時攬在懷裏，不高興就一腳踢開。事情都讓他去做，責任卻不替他擔。今天讓他青雲直上，明天就把他打入冷宮。最後，名垂青史的是嘉靖（因爲奸臣是他除掉的），背上罵名的是嚴嵩（因爲壞事都是他幹的），這難道公平，難道不荒唐？

嚴世蕃伏誅後，嚴嵩也被抄家。一無所有的嚴嵩只好「寄食墓舍以死」，也就是寄居在守墓人的房子裏，到處要飯吃。這離他最風光的時候也不過三四年光景。想當初，嚴嵩是何等地得寵啊！因爲年紀大，嘉靖特許他乘肩輿出入紫苑。見他的直廬簡陋，嘉靖「撤小殿材爲營室，植花木其中」，每天賜御膳，賜法酒。現在呢？寄食墓舍以死。看來，嚴嵩甚至連「寵物」都不如。因爲養寵物的人是很少會讓自己的小狗變成「喪家犬」的。

讀史至此，感慨良多，遂填得《採桑子》一闋云：

翻飛柳絮風中舞，
上也荒唐，
下也荒唐，
四十年來夢一場。

伴君如伴南山虎，
喜也無常，
怒也無常，
混賬專橫是帝王。

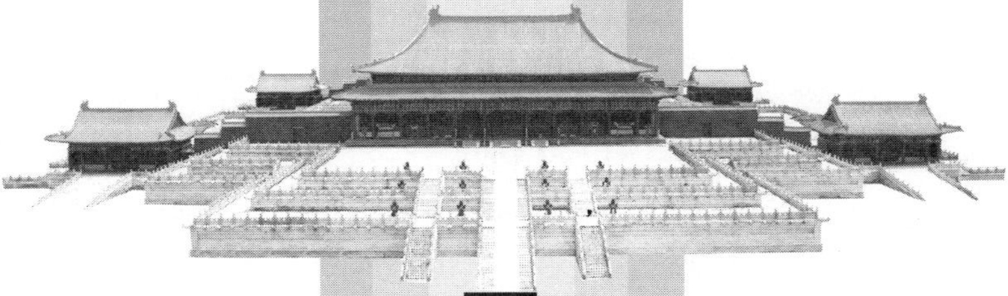

【人是要有一點精神的】

一「小人物」不小

前兩天重讀了夏堅勇先生《湮滅的輝煌》一書。我一直認爲，夏先生的「歷史大散文」，無論氣度還是識見，都在某先生的「文化大散文」之上，然而影響和銷量卻不可同日而語。這不公平。但正如夏堅勇先生自己所說，「世界上不公平的事太多了，歎息也沒用」。

還是言歸正傳，先說說爲什麼會有寫這篇文章的衝動。

夏堅勇先生書中的第一篇文章，叫《寂寞的小石灣》，講的是清順治二年即西元一六四五年的事。那時清軍已然入關，鐵馬金戈長驅直入所向披靡，「自京口（今鎮江）以南，一月間下名城大縣以百計」。那些守城之將和守土之吏，則「或降或走」，正所謂兵敗如山倒，降將如雲集，就連大學士領兵部尚書銜（相當於國務委員兼國防部長）史可法領導的揚州軍民實際上也只戰鬥了一天（史可法本人則以身殉國）。「古城揚州的屍山血海，不是由於慘烈的兩軍決鬥，而是由於八旗將士野蠻而瀟灑的殺人表演」。然而這支戰無不勝的鐵騎在江陰城下卻遇到了最頑強的抵抗。六萬義民面對二十四萬清軍，孤城困守八十一天，使清軍連折三王十八將，死七萬五千人。城破之日，義民無一降者，倖存者僅老幼五十三口。這眞是何等地驚心動魄，氣壯山河！而領導這次抵抗的，竟只是一個名不見經傳的「小人物」，——前任江陰縣典史（正科級公安局長）閻應元。

閻應元是被俘後英勇就義的。而且，因爲不肯向清廷貝勒（親王、郡王之下，貝子之上的第三等貴族）下跪，被刺穿脛骨，「血湧沸而仆」，卻始終沒有彎下膝蓋。另一位吳中義軍領袖孫兆奎的表現則令人拍案叫絕。他差點沒把「貳臣」洪承疇活活羞死。洪承疇是早期降清官員中職位最高也名氣最大的。他在松山被俘投降後，崇禎皇帝以爲他死了，曾下令爲他建「昭忠祠」，沒想到他根本就沒有「成仁」。孫兆奎被俘後，洪承疇來審問他，說：你從軍中來，可知在揚州守城的史可法是眞的死了，還是活著（當時謠傳史可法未死）？孫兆奎的回答是：你從北方來，可知在松山殉難的洪承疇是眞的死了，還是活著？洪承疇惱羞成怒，急忙將孫兆奎推出轅門問斬。閻應元不過卸任典史，竟使清人折三王損十八將；孫兆奎不過被俘義軍，卻視手握生殺予奪之權的督帥如行屍走肉，這眞是許多人想不到的事。

同樣出乎滿洲親貴們意料之外的是：在勝利者屠刀面前寧死不屈寧折不彎的，除了閻應元、孫兆奎這樣的錚錚鐵漢，還有許多手無縛雞之力、操著吳儂軟語的文弱書生，如絕食而死的浙江紹興人劉宗周，招募義兵的浙江餘姚人黃宗羲，起義抗清的江蘇昆山人顧炎武，還有以隆武朝武英殿大學士身分在江西抗戰被俘的福建漳州人黃道周。黃道周對付洪承疇的辦法更絕，根本就不給洪承疇開口勸降的機會。他在囚室門外手書一聯，道是「史筆流芳，雖未成名終可法；洪恩浩蕩，不能報國反成仇」。這是諧音、嵌字聯。「終」諧音「忠」，「成仇」諧音「承疇」。上下聯第一個字和最後三個字連起來，就是「史終可法，洪反成仇」，諧音「史忠可法，洪反承酬」，意謂「史可法忠，洪承疇反」，同時也表明史可法終究是可以而且應該學習的（史終可法），不像洪承疇這樣「不能報國反成仇」（洪反成仇）。按照當時的道德觀念，一個士大夫，「不能報國」已是奇恥大辱，豈能「反目成仇」，視故土為敵國？簡直就是忘恩負義，認賊作父！被罵作「洪成仇」的洪承疇無地自容，只得將黃道周處死。黃道周遙拜孝陵，然後端坐紅氈之上，神色自若，從容就義。

這又是何等地讓人震撼！

在我看來，自稱日月雙懸的「明」，乃是中國歷史上最黑暗和最沉悶的朝代。明代的皇帝也沒有幾個是好的，不是殘忍（如洪武），就是暴戾（如永樂），不是荒淫（如正德），就是迷信（如嘉靖）。最後一個皇帝（崇禎）算是勤政，卻剛愎自用，濫殺無辜（抗清名將袁崇煥即被他所冤殺），南明小朝廷更是昏庸腐敗得一塌糊塗（比如弘光帝最關心的事情就是發動群眾抓蛤蟆來給自己配製春藥，被稱作「蛤蟆天子」）。那麼，大明的子民們又憑什麼要為他們賣命？

事實上這裏面並沒有多少報恩的成分。正如夏堅勇先生所說：「要說這些人受了朱明王朝多少恩澤，實在沒有根據。在此之前，他們大多『處江湖之遠』，鬱鬱不得志。相反，倒是那些舊王朝的既得利益者，屁股轉得比誰都快。」這話是意味深長的，但夏先生做出的解釋，卻為我所不能完全同意。

二 為誰死節

夏堅勇先生的解釋是：之所以權貴者紛紛倒戈，而劉宗周、黃宗羲、顧炎武這些文弱書生卻奮起反抗，就因爲後者是文化人。他們捍衛和祭奠的「不僅僅是一個張三或李四的王朝，而是一種根深蒂固的文化，而江南又一向是文化人成堆的地方，當此舊王朝覆滅之際，江南的文化人自然成了送葬隊伍中最爲痛心疾首的一群」。

這其實也是相當流行的一種看法。比如王國維的死，便也被解釋爲殉文化而非殉清廷。在這些文化人看來，中華文化（或者說漢文化）是極其偉大並富於魅力的。不但本民族的人鍾情珍愛，他民族的人也仰慕崇拜，正所謂「引無數英雄競折腰」。爲了證明這一點，他們往往不約而同地舉出康熙爲例，說明「巍巍蕩蕩的漢文化」是如何地使一個征服者被征服。夏堅勇《寂寞的小石灣》和余秋雨《一個王朝的背影》都異口同聲地這麼說。夏堅勇說：當康熙皇帝津津有味地批閱江寧奏摺時，「那種對漢文化難以抑止的熱情也流洩得相當充分」。余秋雨則說，康熙親政時，大清朝廷「奇怪地流瀉出一種壓抑不住的對漢文化的熱忱」。這眞是何其相似乃爾！一個說「流洩」，一個說「流瀉」；一個說「熱情」，一個說「熱忱」；一個說「難以抑止」，一個說「壓抑不住」，簡直如出一轍。中華文化既然如此燦爛輝煌，舉世無雙，那麼，爲之傾倒，爲之獻身，爲之殉節，甚至因之而改變對一個政權的態度，也就不足爲奇了。

不能說這種說法沒有道理，更不能說它沒有根據。事實根據是：當康熙皇帝對漢文化那種「難以抑止」或「壓抑不住」的「熱情」或「熱忱」被文化人眞切地感受到時，他們當中的一部分開始放棄了對抗。曾經與清廷不共戴天的黃宗羲，甚至還讓自己的兒子黃百家進了皇家修史局，參加康熙布置的編修《明史》工作。這就反過來證明，黃宗羲他們當初反清，正是爲了捍衛漢文化。現在漢文化已安然無恙，而且康熙們對漢文化的熱愛甚至還超過了漢人自己，那又反他做甚？

理論根據則在孔子那裏。孔子是認爲文化高於種族，也高於政權的。比如孔子的兩個學生子路和子貢都認爲管仲「不仁」。因爲管仲輔佐的公子糾被殺後，管仲非但不像另一位師傅召忽那樣殉節而死，反倒投靠了有著「殺君之仇」的公子小白（後來的桓公），怎麼能算是「仁」呢？孔子卻說，要是沒有管仲，我們這些人只怕都早就披著頭髮，衣襟向左邊開了！可見在孔子這裏，衣襟向哪邊開（文化），至少比誰當國君（政權）重要一些。總之，文化是第一位的，王朝是第二位的。王朝的滅亡沒什麼要緊，只要文化不亡就好。

但我對這種似是而非的說法，向來就很懷疑。如果當眞如此，那麼，當漢民族政權交替的時候，是不是就沒有死節之士了呢？我看未必。想想方孝孺就知道。他可是因爲反對朱棣「篡位」而被「誅滅十族」的。還有陳迪、齊泰、黃子澄、茅大方、景清、連楹（這兩個甚至身藏利刃和朱棣以死相拼），多了！說起來，這還只是皇族內部自相殘殺，不管誰勝誰負，做皇帝的都姓朱（用朱棣的話說就是「此朕家事」），並非江山易主，也不關文化什麼事，然而照樣有人以身相殉。宮廷政變尚且如此，改朝換代那還得了？其次，劉宗周、黃宗羲、顧炎武他們熱愛自己的文化，難道洪承疇就不熱愛，是忍心看著這文化滅亡的？恐怕也說不通。洪承疇被俘後，一開始也是拒不投降的，還曾經以絕食相抗爭，但後來終於降了，我想這裏面應該沒文化什麼事。實際上那時抗清的文化人不少，降清的同樣多，比如錢謙益就是。說洪承疇不鍾愛漢文化已是不通，說錢謙益這樣「吃文化飯」的人也無所謂，只怕是更不通了。

第三，你說劉宗周、黃宗羲、顧炎武他們是爲捍衛和祭奠中華文化而抗爭和死節的，那麼，閻應元、孫兆奎他們呢？難道也是？不像吧？閻應元其實沒有多少文化，就連夏堅勇先生自己也認爲他的寺壁題詩「很可能是後人的假託或杜撰」，就像我們的記者總喜歡爲英雄人物編幾句「豪言壯語」一樣。他也不是應文化人之請而是應義民之邀回江陰主持大局的。在我看來，閻應元、孫兆奎他們起兵抗清，其直接原因，恐怕更多地是不願意看見大好河山落入異族之手，看見故鄉被踐踏，家園被蹂躪，親人被荼毒，沒文化什麼事。再說了，倘若他們果眞爲文化而死，而後來事實又證明清人其實是尊重並弘揚中華文化的，那他們豈不是死得冤枉，是死於自己的偏見或歷史的誤會？

文化當然是重要的，但不是根本；爲文化而死的人也有（劉宗周可以算一個），但不是全部。文化並不決定一個人是戰是降。就說法蘭西，不也有著燦爛輝煌的文化嗎？然而怎麼樣呢？法國作家皮埃爾·米蓋爾在《法國史》中對此有相當坦率的記載：二戰初期，兩名騎摩托的德國國防軍就足以使一座城市投降，而法國士兵向德國人開槍，群眾卻報以責罵。不久前電視臺播出的一段資料片也有一個場面：諾曼地登陸被俘的盟軍士兵被荷槍實彈的德國人押著遊街示眾，當地民眾則對來解放他們的被俘者報以謾罵、唾沫、拳腳相向，撲上去撕打的還有幾個婦女。這個時候，偉大的法蘭西文化到哪裏去了呢？

實際上，文化遠非如文化人說的那麼重要。一個民族並不因爲有了燦爛輝煌的文化，就能保證大家都爲捍衛這種文化而捍衛這個國家。伊拉克如此，法蘭西如此，我們也一樣。

這就需要挖掘更爲深層的東西

三 認死理的人

還是回到夏堅勇那《寂寞的小石灣》。

我相信，當夏堅勇先生寫下這樣一個標題時，他的心情一定是沉重甚至有些悲憤的。因爲對那場驚天地泣鬼神的江陰抗戰，洋洋大觀的《明史》和《清史稿》竟「不著一字」，典史閻應元的墳塋自然也是無處可尋，正所謂「被西風吹盡，了無塵跡」。官修史書總難免勢利，像閻應元這樣的「正科級幹部」命中注定只能身後寂寞，似乎「山河破碎，民族危亡，大人物能以氣節相許，便相當難能可貴，而小人物則合當提著腦袋去衝殺」。

然而具有諷刺意義的是：國難當頭時，挺身而出並以身殉國的，往往不是那些享受了這個國家種種好處的人，而是平時並不得志的民間人士，是那些「處江湖之遠」的尋常百姓和文弱書生。夏堅勇不無憤慨地說：「太平盛世，天下是達官貴人的，可到了國將不國的時候，天下便成老百姓的了。」這話說得眞好！我以爲，這才是所謂「天下興亡，匹夫有責」的最好注腳，——國家興盛可以分紅時，匹夫無份；國家危急需要救難時，匹夫有責。

說清這一現象的成因無疑是太費商量的事，但有一點似乎可以肯定，即達官貴人們多半是從利害關係去考慮問題的。林則徐說：「苟利國家生死以，豈因禍福避趨之。」但這只有林則徐這樣高風亮節的官員可以做到。其他人呢？對不起，恐怕是利則趨之禍則避之。這前提，則是官員與國家之間原本有利害，有禍福。匹夫們卻沒有。匹夫們既然原本就「無利可圖」，那麼，到了緊要關頭，所能考慮的（如果他們眞能考慮的話）也就只有一個字——義。

義，按照龐朴先生的解釋，就是「宜」，也就是「理該如此」或「理所當然」，因此也是「理」，合起來就叫「義理」。實際上，前面說的那些民間人士，那些莊稼漢和讀書人，之所以比某些大人物（如洪承疇）更有氣節，就因爲他們「認死理」。莊稼漢認的是這樣一個死理：「腦袋可以不要，但膝蓋是不能彎的」。讀書人認的死理，則是黃道周臨刑時咬破食指血書的八個字：「綱常千古，節義千秋」。正因爲認死理，他們不但和外族軍隊鬥，也和本朝皇帝爭。比如明萬曆年間，朝中大臣（主要是那些堅持儒家正統觀念的「方正之士」）就爲「立儲」一事和神宗皇帝進行了曠日持久的戰鬥，堅決不許他「立愛不立長」。烏紗丟掉了，屁股打爛了，仍前仆後繼不依不饒，直到最後冊立皇長子朱常洛爲儲君才罷休。

現在看來，這種爭論實在無謂甚至無聊。長子當又怎樣？次子當又怎樣？憑什麼就非得「有嫡立嫡，無嫡立長」？長子就一定聰明仁厚，利國利民嗎？次子就一定昏庸暴戾，禍國殃民嗎？沒道理麼！所以是「死理」。但「認死理」之所以可貴，就因爲認的是「死理」。如果是「活理」（比如「識實務者爲俊傑」之類），就沒什麼了不起。再說，當時他們可以認的，也只有這一條「死理」。

所以我們對於上述書呆子們（也包括同樣「呆氣」的其他人）的認死理，要有一個辯證的看法。「綱常」、「節義」之類的東西是必須評判和拋棄的，但在它們被認爲是「天理」的時代，對這種「非理之理」的堅持本身，卻是一種應該肯定的精神。也就是說，他們所認之理是不是「眞理」，是一回事；他們該不該堅持，則是另一回事。這和「服從眞理，修正錯誤」並不矛盾。服從眞理的前提是「服」，然後才是「從」，即「心悅誠服」，然後「從善如流」。明知是錯，仍不承認，是「文過飾非」，不叫「認死理」。明知正確，卻不堅持，也不是「服從眞理」，叫「隨風倒」。我們推崇的「認死理」，有一個本質特徵，就是那「理」必須是堅持者本人認定的，包括別人灌輸而他本人又眞誠地接受（比如綱常倫理）。至於這些東西是否合理，則另當別論。重要的，是精神。

不要小看這種精神的力量。實際上我們這個民族之所以歷盡苦難卻又屹立不倒，我們民族的文化之所以屢遭毀壞卻又延綿不絕，原因之一就因爲幾千年來總有人認死理。「秉筆直書」的太史公是，「執法如山」的強項令是，「倔頭倔腦」不肯投降的莊稼漢是，「呆裏呆氣」據理力爭的讀書人是，寧可得罪人也要「討個說法」的農婦秋菊，也是。其共同特點，是認準了的事，撞到南牆也不回頭。這是一種使任何正派人都會肅然起敬的精神，也是一種使侵略者和專制者最後都不能不卻步的精神。因爲「你這邊刀上的血還沒有揩去，他那邊又把脖子迎上來了」，你總不能無休止地殺下去吧？結果，強權政治雖能逞兇逞快於一時，最終卻只能被釘在歷史的恥辱柱上，或垂下自己手中滴血的屠刀。

的確，人是要有一點精神的。一個國家，一個民族，也是要有一點精神的。伊拉克之所以敗得那麼慘，原因之一，就因爲國家和軍隊的精神垮了；而所向披靡的清軍之所以在江南受阻，則因爲那裏民氣尚在，精神未垮。當然，大江南北最後終於全部落入清軍之手，這是因爲「批判的武器」終究不能代替「武器的批判」。但清廷對待南方士人態度的戲劇性轉變，難道僅僅只是因爲康熙皇帝對漢文化有一種「難以抑止的熱情」？恐怕這「熱情」當中也有對前述精神的敬重吧！惺惺惜惺惺，英雄惜英雄。康熙既然是一個有精神的人，他就不會不尊重這種精神。於是有對前明忠義的表彰，典史閻應元也進了江陰的「忠義祠」。這是大度的，也是聰明的，——作為一種抽象的精神，閻應元、黃道周們堅持的東西既然可以用於大明，自然也可以用於大清。

四 自掘墳墓是乾隆

康熙的明智，使中國歷史上這個最後的王朝很快就進入了它的全盛時期。按照這個勢頭，它似乎是可以長治久安的。然而大清最後還是亡了。滅亡的原因，有外因，有內因；而在我看來，其內因之始即肇於乾隆的文字獄。也就是說，當「乾隆爺」用文字獄來屠滅書生們的意氣時，大清王朝的喪鐘也就悄然響起了。

這個結論當然需要論證。

前面說過，在那個風雲變幻的年代，支撐著許多民間人士從事反清復明活動的，乃是一種不問恩怨（是否受了朱明王朝恩澤）只認死理（忠孝節義和華夷之辨）的精神，這才拼了命來維護那其實並不怎麼樣的南明小朝廷。所以，大清王朝如果也想擁有這樣一批忠貞之士，就先得保住那認死理的精神。可惜，乾隆他們卻只要「死理」（忠孝節義），不要「認死理」。結果，不到一百年，憂國憂民的有志之士就認準了另一個道理：

只有推翻清王朝，才能救中國。乾隆的文字獄並沒有能夠扼殺中華民族的精神，反倒為自己挖好了墳墓。

可見，只要「死理」，不要「認死理」，那就連「死理」也保不住。認死理是什麼？首先是「認」，即本人認可；其次是「死」，即始終堅持；第三是「理」，即自圓其說。自己認可，就不能強迫；始終堅持，就不能壓迫；自圓其說，就不能逼迫。這就要求社會有相對自由的空間，以保證讀書人有相對獨立的人格。為什麼這裏要說讀書人呢？因為讀書人最有可能認死理，是認死理的代表人物和帶頭人。讀書人的特徵是「知書達理」。知書，就有了「認」；達理，就有了「理」。而且，由於讀了點書，知道些故事，明白些事理，便總認為自己是對的（雖然事實上並不一定），這就有了「堅持」（死）。所以讀書人多半有些呆氣，叫「書呆子」，而呆氣也叫「書生氣」。書呆子者，因讀書（有知識）而傻呆（認死理）之謂也。不過，不呆的人，是不會認死理的。讀書人又叫書呆子，說明他們最愛認死理。

讀書人呆氣的表現之一，就是喜歡關心政治，議論朝政，以為這「天下興亡」，他們這些「匹夫」當真「有責」。這也是有原因和傳統的。第一，讀書人原本是「士」，而士人至少自春秋戰國起便以天下為己任。第二，在實行文官制度的朝代，做官的基本上都是讀過書的人。這就使讀書人認為，他們的關心國家大事，不但理所當然，而且責無旁貸。所以，但凡國家有事，他們就要出來插一嘴。嚴重一點的如東林黨人，還要定期組織了沙龍（每月一次，每次三日）來說三道四。

這著實讓人討厭，但並不可怕。其實讀書人除了認死理以外，也沒別的能耐，你讓他認就是。他說的不對，你可以不聽，何必不讓他說？這個道理很容易想明白。因此在那些實行開明專制的朝代，只要不指名道姓地罵皇帝，言論還有相對的自由，書生意氣也就一脈相承，不曾斷了香火。到了國家危亡的時候，這些呆子還會本著不問恩怨只認死理的精神挺身而出共赴國難。即便抵擋不住那「武器的批判」，至少也能振奮人心，不至於消弭了士氣。

然而乾隆卻容不得這些，他要讓所有的人都閉嘴。這倒也做到了。於是清代便只有乾嘉學派沒有東林黨人，但同時也就沒有了眞正意義上的讀書人。讀書人有什麼呢？不就是讀和說，以及與讀和說相關的「想」麼？你現在不讓他說，他的魂就去了一半。不能說，即等於不能想，他的魂，就又去了一半。剩下的，便只有「死讀書，讀死書，讀書死」了。所以我說，文字獄興，讀書人亡；乾隆皇帝萬壽無疆，書生意氣命若遊絲。

沒有了又怎麼樣呢？直接結果是：東林書院被毀（時在天啓六年四月，即西元一六二六年）後不到二十年，大明王朝就嗚呼哀哉了。不過明王朝的政策，還只是消滅肉體；乾隆爺的政策，卻是要閹割靈魂。因此有明一代，儘管自太祖洪武年間起就有毀滅書院殘害士人的紀錄（就連張居正都幹過此事），讀書人的那股書呆子氣卻沒有被消滅。非但沒有被消滅，反倒越來越猖狂。因爲書生意氣的特點就是認死理，自然是你越打他的屁股他越強。這才有拿雞蛋往石頭上撞的反清義舉（這也是歷史開的一個大玩笑）。清末則不然。革命黨起義、袁世凱逼宮的時候，有沒有史可法，有沒有黃道周，有沒有閻應元呢？好像沒有。

這一點都不奇怪。當整個社會都萬馬齊喑，所有人都噤若寒蟬，大家都不再議論朝政時，這個政權的興亡也就沒有人上心了。到時候，你想有人出來幫一把，對不起，沒門！何況想幫也幫不上，因爲魂沒有了，不計後果只認死理的精神沒有了。事實上，沒有了獨立思考，就只有人云亦云；沒有了書生意氣，就只有奴顏媚骨；所有人都不敢講眞話，就只好說假話。鴉片戰爭期間，清軍前方將帥幾乎沒有一個不撒謊，沒有一個不謊報軍情，道光皇帝就在一片謊言之中進行決策（請參看拙撰《鴉片的戰爭與戰爭的鴉片》）。這樣的軍隊，豈有不敗之理？這樣的國家，又豈有不亡之理？

更何況乾隆皇帝可以不讓人們說話，卻沒法不讓人們讀書。有人讀書，就有人認理，還會有人認死理。如果這個認死理的是曾國藩，就算他運氣；如果是孫中山，那他可就倒了楣。當然，宣統、隆裕們的不幸，恰是我們民族的大幸，——那個專制王朝終於垮臺了，那個維持了兩千多年的專制制度也終於垮臺了。

五　禮失求諸野

說到曾國藩，就覺得話還可以再說下去。

曾國藩是清王朝的救星。我們知道，金田起義以後，太平軍一路高歌猛進，所向披靡，打得清軍幾乎沒有還手之力，直到他們碰上曾國藩這個釘子。可以這麼說，沒有曾國藩，清王朝和中國的歷史眞不知會如何改寫（不過可以肯定，洪秀全如果成功，那一定是第二個朱元璋）。曾國藩之於清，其功勞和貢獻均遠勝於史可法之於明。

這就奇怪！按照前面的說法，這個時候，不是應該沒有什麼讀書人來幫忙了嗎？怎麼又冒出了一個曾國藩呢？

也只能用孔子的話來解釋：禮失求諸野。

曾國藩是湖南人。湖南這地方，古時屬於「荊蠻」，又叫「三苗」，歷來就是一片蠻荒之地。清代以前，除東漢出了個蔡倫（耒陽），唐代出了個歐陽詢（長沙），北宋出了個周敦頤（道縣）以外，文化方面幾乎乏善可陳。隋唐開科取士三百年，湖南舉人進京趕考每不及第，被稱作「天荒解」。後來好不容易有個名叫劉蛻的長沙人在唐大中四年（西元八五〇年）考中進士，才算破了天荒。以後幾百年，「湖南人物，罕見史傳」，直到明末清初出了王船山（王夫之）。衡陽人王夫之和浙江餘姚人黃宗羲、江蘇昆山人顧炎武一樣，也曾起義抗清。兵敗之後，竄身瑤洞，伏處深山，潛心治學，勤奮著述垂四十年，最後「完髮以終」（始終沒有剃掉頭髮改著清人服飾）。荒僻蠻野的湖南，開始挺起我們民族的脊樑。

但湖南眞正讓人刮目相看，卻是在晚清咸豐、同治之後。從此，中國就進入了一個「湖南人的時代」。陶澍（安化）、魏源（邵陽）是第一撥，曾國藩（湘鄉）、左宗棠（湘陰）、胡林翼（益陽）、郭嵩燾（湘陰）是第二撥，譚嗣同（瀏陽）、唐才常（瀏陽）又是一撥，黃興（長沙）、蔡鍔（邵陽）、宋教仁（桃源）、陳天華（新化）又是一撥，然後是毛澤東（湘潭）、劉少奇（寧鄉）、彭德懷（湘潭）、賀龍（桑植）、羅榮桓（衡東）、任弼時（湘陰）、李立三（醴陵），正所謂「湘省士風，雲興雷震，咸同以還，人才輩出，爲各省所難能，古來所未有」（楊昌濟先生語）。

這些影響了中國歷史的湖南人，觀念不同，主張不同，歸屬也不同，但都有一種精神，這種精神就叫「霸蠻」。曾國藩一介儒生，卻領兵出征，屢敗屢戰，是霸蠻；譚嗣同本可流亡海外，卻寧願選擇犧牲自己以喚醒國人，是霸蠻；蔡松坡以弱抗強，率兩千子弟兵和十萬袁軍死戰，是霸蠻；毛澤東帶領紅軍爬雪山過草地，深入不毛，扭轉乾坤，也是霸蠻。就連王船山居瑤洞四十餘年，寫成等身著作，沒有霸蠻的精神怕也不行。總之湖南人的精神就是霸蠻。聽聽湖南人的口號就知道：「若道中華國果亡，除非湖南人盡死」，是霸蠻；「自信人生二百年，會當水擊三千里」，也是霸蠻。

什麼是「霸蠻」？就是一件事，大家都說不能做，或不可能，他偏要做，而且把它做成。可見「霸蠻」也就是「認死理」，或以「認死理」爲前提，只不過不光是「認」，還要「做」。這也是湘省士人的一大特點——不僅「坐而論道」，還要「身體力行」。

但前提卻是「認」。曾國藩如果不認「綱常名教」這個「死理」，就不會在「正規軍」都打不贏的時候帶著「雜牌軍」去拼命，也不會極力維護那既非漢族政權又已經並不怎麼樣了的清王朝。同樣，毛澤東如果不是認準了「只有社會主義能夠救中國」，也不會在連林彪都懷疑「紅旗到底能打多久」時堅持「將革命進行到底」。實際上，曾國藩非常看重精神的作用。他在招募兵勇時曾特別強調：「年輕力壯、樸實而有農夫士氣者爲上，其油頭滑面，有市井氣者，有衙門氣者，概不收用。」

可見，在國難當頭民族危亡風雲突變的歷史時期，曾國藩、譚嗣同、宋教仁、毛澤東等人雖然選擇了不同的政治主張和救國道路，表現出來的卻是同樣的精神；而這種精神之所以在湖南尤爲彰顯，則部分地因爲這曾經是一片遠離中央朝廷的蠻荒之地。鴉片戰爭以前，湖南是較少有大官僚和大商賈的，有的只是老實巴交的莊稼漢和呆氣木訥的讀書人。他們較少受到官場和商界的薰染，乾隆皇帝的板子也較少打到他們的屁股上。這就爲後來的救亡圖存留下了一批「種子」，一批「讀書種子」和「革命火種」。所以，正如明末清初時，深受國恩的那些達官貴人紛紛轉向，平時鬱鬱不得其志的在野人士卻起而抗清，同樣，當八旗兵勇潰不成軍，滿洲親貴一籌莫展時，遠在湘省一口土話的曾國藩卻救了他們一把。這大約又是「乾隆爺」始料所不及的。

毫無疑問，曾國藩能夠帶領一批鄉勇挺身而出，最後打出「無湘不成軍」的局面來，土，是一個重要原因。土則蠻，蠻則勇，勇則霸，是爲「霸蠻」。但更重要的，還在於他是「士」。曾國藩是「士」，他身邊和手下的將領，左宗棠、胡林翼、彭玉麟等也都是「士」，或以「國士」自許。據羅爾綱先生統計，湘軍高級將領中書生出身的要佔到六成以上。其中如羅澤南，竟能創造出一種「上馬殺敵，下馬講學」的風範。也就是說，湘軍，是一支由文人士大夫率領的地方武裝。這是湘軍不同於其他軍隊的緊要之處，也是他們比清王朝的綠營兵和洪秀全的太平軍更有戰鬥力的根本原因。

當然，這也是所謂「湖南人的精神」形成的原因。

六　土氣與士氣

的確，使湘人在近現代「異軍突起」的，正是「土氣」和「士氣」。這並不奇怪，禮失求諸野嘛！求之於野，則「土」；求之者禮，則「士」。因此，山河破碎國難當頭之時，能夠挺身而出，擔負起天下興亡的，便多半是些以「國士」自許的人。他們可能是黃道周那樣的大儒，也可能是閻應元那樣的典史，還可能是孫兆奎那樣的義軍，但無不具有凜然之氣，是或有「土氣」或有「士氣」，甚至既有「土氣」又有「士氣」的人。

所謂「士氣」，就是「士人之氣」，也就是「書生意氣」。這是自曾（曾參）、孟（孟軻）以來充盈於天地之間的「浩然正氣」，也是自曾（曾國藩）、左（左宗棠）、蔡（蔡松坡）、黃（黃克強）以來迴盪於三湘大地的「霸蠻之氣」。毛澤東說：「嗚呼湖南，鬻熊開國，稍啓其封。曾、左，吾之先民；蔡、黃，邦之模範。」可見其心儀。事實上，當毛澤東寫下「指點江山，激揚文字，糞土當年萬戶侯」的詩句時，他的心中是充滿這種「士氣」的。畢竟，只有「恰同學少年，風華正茂」，才可能「書生意氣，揮斥方遒」。同樣，「士氣」也只可能存在於「萬山紅遍，層林盡染；漫江碧透，百舸爭流」這樣沒有污染的土地，在燈紅酒綠，觥籌交錯，「暖風薰得遊人醉」，「隔江猶唱後庭花」的地方，是沒有的。故士氣與土氣並存。

士氣的內涵是「自強、弘毅、求是、拓新」。《周易》說：「天行健，君子以自強不息。」曾子則說：「士不可以不弘毅，任重而道遠。」（《論語·泰伯》）可見自強與弘毅，是士人必有的品質。要自強，要弘毅，就非得有一股氣不可。這股氣，就是「士氣」。所以，眞正的士，必有「氣」。如果是「無雙國士」，則「氣貫長虹」。

自強和弘毅是士的歷史傳統，求是和拓新是士的現代精神。這一精神在前述湘省士人身上也表現得非常突出。毛澤東不必說，蔡松坡和黃克強也不必說，就連曾國藩、左宗棠，也不是守舊人物。曾國藩如果是守舊人物，就不會有一個後來成爲洋務派領袖的學生李鴻章。實際上，在當時的情況下，他們都是與時俱進的。拓新，是近現代士人的精神。

不過，最重要的還是「求是」。

求是，即「實事求是」。所謂「實事求是」，並非「實話實說」，而是通過實踐去追求眞理，即以「實事」（實踐）來「求」（追求）「是」（眞理）。實事，就非空談；求是，就有理想。既有理想，又務實際，是近代湘省士人的共同特徵。實事求是再加自強弘毅（也就是霸蠻），就使他們成爲影響中國近現代歷史進程的重要人物。

無疑，曾（曾國藩）、左（左宗棠）、譚（譚嗣同）、宋（宋教仁）、蔡（蔡松坡）、黃（黃克強）他們所求的「是」，是不是「是」（眞理），是可以討論的。包括曾國藩該不該打太平軍，救清王朝；譚嗣同該不該霸蠻去送死，宋教仁該不該霸蠻搞憲政，都可以討論。但霸蠻作爲一種精神，卻應該肯定。尤其是，當這種「霸蠻」（弘毅）是爲了追求眞理（求是）時，就更應該肯定。也就是說，你可以反對他們主張的「是」，但不能反對他們的「求」，更不該反對他們「求是」過程中的堅韌和執著。

誠然，一個人霸蠻去做的事，並不一定正確。但如果沒有這種精神，那他就什麼事情都做不成，或做不好，或不能做到底。同樣，讀書人（或知識份子）的意見不一定就對，正如民間的聲音並不一定就有價値。但書生意氣的可貴，並不在於掌握了知識，更不在於掌握了眞理，而在於堅持，包括堅持和你不同的意見。這些意見可能是錯誤的，可能是謬誤，卻並不因此而沒有存在的權利。事實上，眞善美是和假惡醜相對立而存在，相鬥爭而發展的。這就需要正誤兩方面的堅持。沒有這種堅持，最後也就不會有眞理。眞理並不是僵死不變的東西，它只能存在於不斷的探索、追求和堅持之中。從這個意義上講，探索、追求和堅持，本身就是眞理。

因此，要提倡堅持眞理，也要允許堅持謬誤。謬誤怎麼也要允許堅持呢？因爲沒有對謬誤的堅持，也就不會有對眞理的掌握。謬誤，當它已被實踐證明是謬誤，只會帶來禍害不會帶來效益的時候，是不會有人硬要堅持的（死要面子是另一回事）。倘若有人堅持，則或者說明謬誤尚未被證明是謬誤，或者說明眞理尚未深入人心。如果是後一種情況，除了耐心說服，沒有別的辦法。這就要允許對方堅持。你不准人家說話，人家心裏不服，對你堅持的眞理有什麼好處？如果是前一種情況，就更應該允許堅持了。因爲一種觀點倘若沒有或不能被證明是謬誤，則很可能不是謬誤。實際上，在追求眞理的過程中，常常會有這樣的情況，就是拿不準是對是錯。而且，正如大家都知道的，「眞理往往掌握在少數人手裏」。這時，如果沒有相對寬鬆的環境，則掌握在少數人手裏的、尚未被多數人認識和接受的眞理便可能被扼殺。甚至就算堅持錯了也沒有關係。事實上，沒有前人的「試錯」，就沒有後人的「成功」。所以，允許堅持謬誤，是我們獲得眞理所必須付出的代價。

那麼，如果有人利用這一點，興風作浪，妖言惑眾，怎麼辦？辦法也是有的。一是要相信眞理自身的力量，二是要畫清思想、言論和行爲的界限。也就是說，思想和言論可以自由，行爲不能自由。說得再白一點，就是你可以「胡思亂想」，可以「胡說八道」，不能「胡作非爲」。行爲，是要受法律制約的。如果這個人掌握了公共權力，則不但要受法律的制約，還要受民主的監督。民主和法治，才是防止動亂和禍亂的保證，但這已是題外話了。

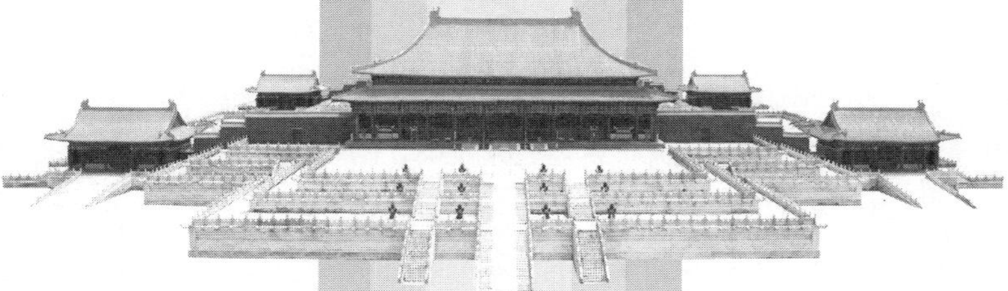

【鴉片的戰爭與戰爭的鴉片】

一 彈冠相慶的戰敗者

鴉片戰爭是中國人的錐心之痛。

不過，認眞說來，痛，是後來的事。當時好像不怎麼痛。不但不痛，相反，一八四一年的那個夏天，「戰敗後的廣州，並沒有像通常那樣死氣沉沉，而是上上下下都喜氣洋洋地互賀升遷。」（茅海建《天朝的崩潰》，第二九一頁，三聯書店一九九五年版。）首席指揮官奕山，被欽命「交部優敘」，賞白玉翎管。其他官兵人等，則優敘的優敘，升官的升官，補缺的補缺，換頂戴的換頂戴，正所謂「彈冠相慶，共沐天恩」。因爲負責這次戰役的奕山，在奏報「戰功」的同時，還一口氣保舉了「有功之臣」共五百五十四人，幾乎囊括廣州所有官員！

這可眞是「勝利者的歡宴」！

然而事實又如何呢？事實是，奕山和他的同僚，既打了敗仗，又公然違旨。

奕山的職銜，是「靖逆將軍」。「靖逆將軍」不是「撫遠將軍」。他只能「剿」（消滅英軍），不能「撫」（停戰言和）。道光皇帝給他下達的命令，也是「大兵兜剿」、「擒獲夷酋」，「務使該夷片帆不返」。爲此，皇帝下令調集湘、贛、鄂、桂、滇、黔、蜀七省大軍供其驅使，還慷慨地一次性撥款三百萬兩充作軍費。這次戰役的前敵指揮部也陣容強大：領侍衛內大臣、御前大臣奕山，軍機大臣兼戶部尙書隆文，湖南提督楊芳，四川提督齊愼，原刑部尚書、現任兩廣總督祁𡎴，一共五位大員。道光皇帝決心之大，期望之高，可見一斑。

可惜事與願違。「英夷」不但沒有被「一鼓蕩平」，清軍反倒一敗塗地；「夷酋」不但沒有「束手就擒」，反倒指名道姓地要奕山親自出面談判，而且開出的價碼中，竟然要求奕山等人率兵出城，駐紮在廣州城外二百里處。最後的結果是，奕山不但全部接受英方所開條件，還提前兩天繳清了六百萬元的「使費」，總算是從英軍的炮口下「贖」回了廣州城。至於兩國之間恢復通商，自然更是不在話下。

停戰是違旨的，談判是違旨的，同意通商也是違旨的，賠款就更是喪權辱國，然而卻獲得了嘉獎，天底下哪有這樣的荒唐事體，又哪有這樣的糊塗皇帝？

直接的原因當然是奕山向皇帝撒了謊。

就在廣州城降旗高掛的五月二十六日，奕山給道光皇帝上了一道奏摺，歷數清軍在五月二十三日至二十五日的「赫赫戰功」，宣稱擊沉、焚毀英軍輪船、兵船各一艘。六月四日，即停戰協定達成九天、英軍退離廣州之後，奕山等人又上一摺，聲稱英軍頭目（夷目）在城下「免冠作禮」，懇請「大皇帝開恩，追完商欠，俯准通商」。只要給他們這兩項「恩典」，「英夷」們就「立即退出虎門，交還各炮臺，不敢滋事」。其實所謂「商欠」，就是那六百萬元的「贖城費」，奕山等人早在五月三十一日就交清了。通商則早是事實，奕山和先期到達的參贊大臣楊芳等人早就默許，不聞不問，只不過道光皇帝還蒙在鼓裏而已。於是，這個冤大頭皇帝便在上諭中「寬宏大量」地說，那些野蠻人（該夷）原本「性等犬羊，不值與之計較」。現在，天朝已略示薄懲，英夷又作禮乞恩，你們辦事也不容易（朕諒汝等不得已之苦衷），那就恩准通商償還商欠吧！奕山一看謊言生效，又在七月十四日出奏，聲稱「英夷」聽宣，感恩戴德，「額慶歡忭，免冠感伏，聲言永不敢在廣東滋事」。這個結果，雖然離「片帆不返」、「一鼓蕩平」相去甚遠，但「永不滋事」還是皇帝願意聽的，奕山等人豈有不加官進爵之理？

同樣，謊言既然如此有效，大清帝國的官員們，又豈有不競相撒謊之理？

事實上，在整個鴉片戰爭史上，我們很難找到完全不撒謊的清廷官員和將領。兩廣總督鄧廷楨撒謊，兩江總督伊里布撒謊，欽差大臣琦善撒謊，參贊大臣楊芳也撒謊。楊芳官居從一品，爵封果勇侯，是戰功赫赫的清代名將，然而一到廣州就撒謊。而且，對英軍作戰毫無「果勇」之處，對皇帝撒謊卻「果勇」得驚人。一隻送照會的小船被手下發炮擊回（純屬誤會），竟被他誇張為「擊沉英三板船兩隻，擊斷英大兵船主桅一根，擊斃英軍多名」的大勝仗。當然，楊芳的撒謊，和奕山相比，還是小巫見大巫。結果，最敢撒謊也罪孽最重的奕山交部優敘，賞白玉翎管；撒謊水準次於奕山的楊芳「革職留任」（原因在於多少講了點真話）；相對誠實的林則徐（基本不撒謊）和琦善（後來才撒謊）處分最重，——林則徐遣戍伊犁，琦善判斬監候（死緩）。這可真是誰不撒謊誰倒楣！

當然，也有因撒謊而倒楣的。伊里布就是。不過伊里布的倒楣，並不是因為謊言被戳穿，反倒是因爲謊言被相信。一八四一年二月二十四日，英軍主動撤離舟山，伊里布不費一兵一卒就「收復」了定海縣城。而且，接收這座空城的，其實只有三個人，——伊里布的家僕張喜和兩個下級軍官。然而，在給道光皇帝的奏摺中，伊里布卻自吹自擂，大表其功，甚至不惜編造情節。伊里布說：「我兵丁於初四日（即二十四日）午刻齊抵定海（其實是直到二十六日才會合集齊開赴舟山），該夷半在城內，半在船中。是我兵到彼，胞祖（英軍指揮官）即繳納城池，城內各夷立即紛紛退出。我兵整眾入城，登陴看守，並將道頭地方該夷所蓋草房全行拆毀（其實是二十六日進城後就先爲爭功而吵架）。鄭國鴻等傳宣恩諭，將夷俘晏士打刺打厘（即安突德）等釋令領回（其實是早就被英軍救回），並飭趕緊起碇（其實城中並無一人）。胞祖等免冠服禮，聲稱伊等將城池交獻後，即於初五日全數撤退（其實早就走了）」。這可眞是彌天大謊，但編得很「圓」。有時間（還精確到時辰），有地點，有人物，有故事，有情節，還有細節。其中，我最欣賞的是「該夷半在城內，半在船中」一句。它給人的感覺，是誠非身臨其境者不能寫出，簡直就跟眞的一樣。伊里布如果改行寫小說，水準一定不差。

這當然不由人不信。但這「眞實的謊言」卻激起了道光皇帝的雷霆大怒：「伊里布著革去協辦大學士，拔去雙眼花翎，暫留兩江總督之任，仍帶革職留任處分，八年無過，方准開復，以觀後效」！

奇怪！伊里布雖然一派謊言，但好歹總算是「收復了失地」，奕山卻是「賠了夫人又折兵」，還倒貼六百萬元的「贖城費」。然而兩人卻一個升官一個罷官，這又是爲什麼？

這就必須首先弄清楚：他們爲什麼要撒謊。

二 逼出來的謊話

伊里布原本是可以不撒謊的。

伊里布不是等閒之輩。他血統高貴，其家世可追溯到努爾哈赤的父親塔克世；出身正途，是嘉慶六年的二甲進士，滿族官員中少有的科班出身；官運亨通，四年間升遷七次；聖眷正隆，是道光皇帝最爲看重的四大總督之一（其餘三人是兩江總督陶澍、直總督琦善和湖廣總督林則徐），並已由雲貴總督遷任兩江總督，且被看作善於鎮撫邊務之才，在雲南對付「蠻夷」很是得心應手。更重要的是，他的想法一開始和道光皇帝一樣，也是主「剿」的。君臣一心，他用不著做手腳。相反，在他看來，以欽差大臣的身分由兩江而至浙閩主持軍務，正是他揚名立萬的好機會。

然而一到浙江前線，伊里布就發現情況不對。不但此時非彼時，此地非彼地，而且此夷非彼夷。挾堅船利炮渡海東來的「英夷」，和本國的「蠻夷」（雲南少數民族）根本不是一回事，完全不是他連哄帶嚇就能鎮得住的。渡海舟山，收復定海，就更是談何容易！作爲長期在一線工作的封疆大吏，伊里布以其聰明狡黠很快就意識到，浙江戰事絕無可爲，萬歲爺交給他的任務，根本就無法完成！

可是這些話他不能說。不但不能對皇上說，也不能對滿朝文武說。但又不能什麼都不說，什麼都不做，也就只能打馬虎眼，做小動作。《天朝的崩潰》一書詳盡地記述了伊里布的這些煞費苦心的小動作。他一方面對皇帝虛與委蛇，一方面和英軍討價還價，甚至不惜放下「天朝大吏」的身分，把敵方當作同朝官僚來講價錢：「我們辦事，必令你們下得去，亦必令你們回得國，復得命。你們辦事須教我們下得去，教我們奏得大皇帝，教我們大皇帝下得去。」這就簡直等於說：你也不要打了，我也不要打了，我們兩個私下裏講個價錢，大家都讓點步，也都得點好處，各人回去糊弄自家皇帝好了！

這就使我想起廣州戰役中大黃窖炮臺守軍將領戰前和英軍的講價：「你也不要放炮，我也不要放炮，誰都不要放炮。我可以放六次沒有炮彈的炮，給皇帝留面子，然後走掉。」

可惜洋鬼子不吃這一套，萬歲爺也不像想像的那麼好糊弄，其他官員更並非都是吃素的。浙江巡撫劉韻珂、江蘇巡撫裕謙、閩浙總督顏伯燾等人紛紛上奏言兵，京城裏的言官更是奏章不斷。終於，一八四一年二月十日，道光皇帝下詔，免去伊里布欽差大臣差使，任命主戰最力的江蘇巡撫裕謙接任，「專辦攻剿事宜」！

這下子伊里布方寸大亂。他知道自己已經失寵，亟欲親手收復定海，以爲補救。碰巧，天上掉下來一個大餡餅，英軍居然主動同意撤兵。這樣的大功豈有讓給裕謙之理？

於是伊里布就立即由司令員變成了小說家，也就有了前面的那個故事。按照伊里布的想法，萬歲爺聽到企盼已久的「捷報」、「佳音」，總應該是「龍心大悅」吧？誰知這個自以爲是的小動作卻反倒激怒了道光皇帝：朕早就要你進剿，早就要你進剿，你他媽的卻遲遲按兵不動，總說時機未到準備不足。現在好嘛，讓這一小股本可「盡數全殲」的「逆夷」逃之夭夭，你伊里布不是混蛋是什麼！

對此，茅海建先生總結說：「在其開始，伊里布還是誠實的。後來奏報與英方交涉，雖不乏『天朝』的大話，但大體情節仍爲可靠。隨著道光帝一道道攻克舟山的嚴旨，他的奏摺越來越言不由衷，而獲知其已被免差後，竟滿紙謊言。」伊里布自然有伊里布自己的帳，但那種「容不得半點不同意見、強求一致的政治體制和君主作風」，難道不正是謊言的催化劑嗎？從這個意義上也可以說，伊里布的撒謊，其實是逼出來的。

楊芳和奕山也一樣。

楊芳和奕山被派到廣州之前，琦善已被罷免。這當然是楊芳和奕山的前車之鑒。何況同時還有一道「明發上諭」。在這道諭旨中，道光皇帝痛斥琦善的「辜恩負國」和「喪失天良」。道光皇帝說，琦善「被人恐嚇，奏報粵省情況，妄稱地利無要可扼，軍械無利可恃，兵力不固，民情不堅。摘舉數端，危言要脅，更不知是何肺腑！」事情很清楚，既然如實陳詞是「危言要脅」，實事求是是「辜恩負國」，實話實說是「喪失天良」，那麼，楊芳和奕山除了撒謊、編謊、捏謊，又還能有什麼別的選擇呢？

因此，楊芳和奕山幾乎是一到前線就撒謊。不像伊里布，挨到最後才撒起謊來，效果當然不好。楊芳和奕山的撒謊可以說是有計劃有步驟有預謀的，至少，也做到了穩紮穩打步步爲營。事實上楊芳剛到廣州，清軍就打了一個敗仗，琶洲、獵德、二沙尾炮臺淪陷。然而楊芳卻在奏摺裏隻字不提，僅虛筆帶過，道是英軍前哨「探至省城相距十餘里游奕」。然後筆鋒一轉，大談自己如何布防，宣稱「可以仰慰聖廑」。遠在北京的道光皇帝哪裏知道「省城相距十餘里」是什麼概念？又哪裏知道「游奕」是什麼意思？只是感覺情況尚好，於是在上諭中稱「覽奏稍紓憂念」。

這是一八四一年三月六日的事。三月十二日和三月十七日，楊芳又再次上奏，謊稱清軍「大捷」，殺敵無數，弄得道光皇帝興奮莫名，諭令正在途中的「靖逆將軍」奕山「一俟大兵齊集，即設法斷其歸路，痛加剿洗」。道光皇帝的上諭是四月二日發出的，而事實是，早在三月十八日，英軍便肆虐於省河，廣州城岌岌可危。於是，楊芳便只好在三月二十二日和廣州將軍阿精阿、廣東巡撫怡良聯名上奏，請求道光皇帝批准恢復通商，理由是「逆夷」在我痛擊之下，「今俱不敢妄圖」，只不過「希冀照常貿易」而已。因此不妨「將計就計，冀其墮入術中，於剿辦或有把握」。四月三日，等得心焦的楊芳、怡良又再次上奏，請求批准通商，「暫作羈縻，以便從容布置，可期計出萬全」。在楊芳等人看來，我軍既然打了那麼多勝仗，萬歲爺該給個面子了。

誰知道光皇帝覽奏勃然大怒。他的憤怒也不是沒有道理的：「若貿易了事，又何必將帥兵卒如此徵調？又何必逮問琦善？」是啊，何必呢？

楊芳等人沒有話說。因爲他們不能說：「我們根本就打不贏。不同意通商，別無出路。」

於是只好接受處分：革職留任，以觀後效。

三 一騙到底

相比較而言，奕山的運氣要好得多。當然，他撒謊的本事也大得多。

奕山也是一到廣州就撒謊的。而且，論膽量，比楊芳還大；論水準，比伊里布還高。奕山和伊里布一樣，也會編故事，但內容更豐富，情節更生動，文學性和可讀性也更強。和奕山相比，伊里布已不能算是「作家」，只能叫做「寫手」。

奕山的「代表作」是他六月四日的奏摺。這道奏摺的背景，前面已經講過，是五月二十四日英軍進攻廣州，二十五日全部登陸完畢，當日即佔領越秀山炮台，置廣州城於其野戰軍炮口之下，二十六日奕山向英軍求和，二十七日達成停戰協定，三十一日付清全部賠款。現在要做的，是如何誘使道光皇帝批准已成事實的賠款與通商。

於是奕山編了一個故事。

奕山說，據守城士兵報告，城外有夷人向城內招手，好像有什麼話要說。參將熊瑞探頭一看，見有夷人頭目數人，用手又指天又指心的。熊瑞不懂，叫來翻譯詢問。這才知道，這些夷人要求見大將軍，說是「有苦情上訴」。總兵段永福聽了，便大喝一聲道：我天朝堂堂大將軍豈肯見你？「奉命而來，惟知有戰！」該夷目一聽，就摘去軍帽，摒退左右，把所有的武器都仍在地上，望著城牆就行禮。我方翻譯官就下城去問他，說你們這些傢伙抗拒中華，屢肆猖獗，到底有什麼冤抑？原來，英夷是靠通商過日子的。如果不准貿易，貨物不能流通，「資本折耗，負欠無償」，那就沒法活了。只因「兩邊炮火轟擊，不能傳話」，只好跑到此地來，「求大將軍轉懇大皇帝開恩，追完商欠，俯准通商」，夷等保證立即退出虎門，交還各炮臺，再也不敢惹是生非。

這當然是無中生有，信口雌黃，顛倒黑白，勝敗戰和的關係完全反過來了。賠款求和的敗將成了擺譜端架子的，而且「奉命而來，惟知有戰！」手持利器咄咄逼人的強盜反倒成了苦苦求情的「冤民」，而且可憐兮兮。這可真是從何說起！

但那細節，卻又「真實」得不能再「真實」。又是「指天指心」，又是「免冠作禮」，又是「屏其左右」，又是「盡將兵仗投地」，其間還夾雜著諸如「向城內招手，似有所言」和「熊瑞不解，即喚通事（翻譯）詢之」的情境，不由人不相信。

當然，奕山的「成功」，主要還不在他的謊撒得有多「圓」（伊里布和楊芳的謊撒得也很「圓」），而在於道光皇帝的心思發生了變化。道光是一個資質平平，胸無大志，只想得過且過（即所謂「守成」）的人。他對這場戰爭，既無必勝的信念，其實也無必勝的要求。他最關心的，是戰爭何時結束（釁端何時可弭）；最擔心的，是不要沒完沒了。因為那樣太費錢。他曾對伊里布說：「試問內地之兵民，國家之財富，有此消耗之理乎？」所以，他原本是打算以通商為條件來結束這場戰爭的。在同一段朱批中，他還對伊里布說：「好在彼志在通商，又稱訴冤，是我辦理得手之機，豈非片言片紙，遠勝十萬雄師耶？」從這個意義上講，除了不該賠款外，奕山他們還眞沒什麼錯。

那麼，同樣是「設法羈縻」，同樣是「懇請通商」，伊里布和楊芳怎麼就錯了呢？原來，道光皇帝的底線，除了「志在通商」以外，還有「又稱訴冤」一條。然而「英夷」的表現卻讓皇帝陛下失望：不但沒有苦苦求情，反倒十分囂張，簡直就是「桀驁不馴」。如此「不識好歹」，豈能不狠狠教訓、迎頭痛剿？所以，伊里布「收復」失地，他不喜反怒；楊芳奏請「以通商換和平」，他不依不饒。但等到奕山簽訂城下之盟時，他似乎心灰意冷，不再在意「剿」得「痛快」不「痛快」了。只要「剿」過一回的，也就對付。何況奕山的謊撒得多麼好啊！萬歲爺不是很在意「又稱訴冤」嗎？那就讓該夷好好訴一回「冤」就是！反正那些「逆夷」也看不到自己的奏摺。可見，撒謊也不容易，一要有技巧，二要碰運氣。奕山運氣好，對上了皇帝的心思，所以他「成功」了。

然而謊言畢竟是謊言。「英夷」既然並非是來「申冤訴苦」的，當然不會因此就像奕山說的那樣安分守己、「不敢滋事」。相反，他們更加囂張猖狂，趾高氣揚。一八四一年四月三十日，原先一直代表英國政府和中方打交道的「駐華商務總監督」義律被內閣免職（八月八日接到通知）。八月十日，英國新任「全權公使大臣」璞鼎查到達廣東，駐節澳門（同船到達的還有新任遠征軍海軍司令巴加），當日即發出照會，要求重開談判，並聲稱在英方感到滿意之前，英軍將不停止進攻。八月二十一日，英軍主力果然向北開進，璞鼎查本人也於二十二日登上戰艦由粵北上，一副戰爭不但沒有結束，而且剛剛開始的架式。

這就離奕山所奏「永不滋事」相差太遠了。奕山的辦法是繼續撒謊。奕山等人說，義律之所以獲罪，是因爲「連年構兵」（事實只好相反，義律被免職，是因爲英國外相巴麥尊認爲他過於「軟弱」和「謙卑」）。義律心懷不滿，便故意不把我大清皇帝已恩准通商之事告訴璞鼎查。璞鼎查不明眞相，又不等待我方的復照，便匆忙「出洋北駛」。這是上了義律的當。義律的鬼心眼是：璞鼎查倘若北上懇求碼頭，很可能開炮啓釁。戰爭一旦打起來，他就犯了和義律相同的錯誤，義律也就正好「爲己卸職」。好在廣州知府余保純已向「副領事」（其實是秘書）麻恭傳達聖諭，並行勸阻，該麻恭聽宣後也頻頻「點頭稱善」，表示如能中途趕上璞鼎查，「定當遵諭傳知」云云。

這又是連影子都沒有的彌天大謊，然而道光相信。因爲他自己御下的那些文武大臣就是這麼勾心鬥角的。何況在奕山等人的筆下，義律、麻恭等「夷目」無不「情詞恭順」，當然也就不會把這十萬火急的軍情太當回事了。

奕山等人又一次蒙混過關。

事實上奕山他們不撒謊也不行，因為謊言掩蓋不住眞相。於是他們就只好用新的謊言去彌補舊的破綻，然後再用更新的謊言去做手腳。至於這個謊撒到什麼時候是個頭，大約他們心裏也沒有底，也就是做一天將軍撒一天謊吧！

四　謊言與高調

奕山的謊言騙得了皇上，騙不了他的鄰居。就在廣州城大小官員彈冠相慶的時候，一省之隔的閩浙總督顏伯燾，便出奏彈劾奕山謊報廣州戰況。這一回璞鼎查北上時，顏伯燾也沒有上奕山的當。他並沒有相信奕山的鬼話，也沒有放鬆對英軍的警惕，而是在廈門嚴陣以待。

但即便這個顏伯燾，也同樣是個撒謊的。當然，是在戰敗以後。

廈門戰役可謂慘敗。因為這一回，清軍是有足夠準備的。一八四一年二月十七日，顏伯燾來到福州任所，即全力以赴投入戰備。三月二日，顏伯燾抵達廈門，便立即著手改造防務。到八月下旬開戰之前，歷時五個月，耗銀一百五十萬兩，終於將廈門建成大清帝國疆域內最強大的海防要塞之一。

然而這個最強大的海防要塞卻不堪一擊。

戰爭是在八月二十六日打響的。下午一時四十五分，港內風起浪湧，英艦紛紛起錨進攻。顏伯燾則坐鎮城中，親自指揮廈門島南岸、鼓浪嶼、嶼仔尾守軍「三面兜擊」來犯之敵。經一小時二十分鐘炮戰，鼓浪嶼三座清軍炮臺被敵打啞。下午三時四十五分，即開戰兩個小時後，英軍在廈門本島登陸。十五分鐘後，石壁陣地陷落。未久，全島各陣地均告失守。顏伯燾這一回可是親身體驗到什麼叫「灰飛煙滅」了。只不過，「灰飛煙滅」的不是「強虜」，而是他精心構造的防線！

絕望的顏伯燾和興泉永道（管轄興化、泉州、永春二府一州的道台）劉耀椿「同聲一哭」，然後率領文武官員連夜逃往同安，守城士兵也都逃之夭夭。次日清晨，英軍不費一槍一彈就佔據了廈門城。此戰，清軍戰死總兵一員，副將以下軍官七員，士兵難計其數，英軍則僅戰死一人，傷十六人，然而顏伯燾的戰報卻說他擊沉英輪一艘、兵船五艘！

顏伯燾也開始撒謊了。

事實上，廈門戰敗後，顏伯燾「便與其曾彈劾過的奕山之輩同流合污，在謊言中消磨日子」。當然，謊言只是對皇帝、對朝廷說。私下裏，則「暢論英夷船堅炮利，紀律禁嚴，斷非我師所能抵禦」。聽到這話的人都暗中竊笑：他怎麼「前後如出兩人」？

的確是「如出兩人」。因為顏伯燾原本是唱高調的。

顏伯燾曾是鐵桿的「主剿派」。一九四一年初，顏伯燾剛剛就任閩浙總督，就和浙江巡撫劉韻珂聯名上奏，要求啓用已被罷免的「鷹派」官員林則徐，「會同伊里布籌辦一應攻剿事宜」。這等於是指責伊里布「剿賊不力」。伊里布是顏伯燾在雲南多年的老上司。顏伯燾如此翻臉不認人，只能解釋爲他對伊里布按兵不動的「鴿派」傾向不滿，同時也說明他確有一片「忠君報國」之心。這時，他和劉韻珂、裕謙（江蘇巡撫）這些「鷹派」（主剿派）的態度是一致的。同樣，這些「鷹派」官員也都是一片「忠君報國」之心的。

但是，廈門戰役以後，他不再唱高調了，改爲撒謊。不唱高調的原因很簡單。作爲敗軍之將，他比誰都清楚：「英夷」「斷非我師所能抵禦」。但這話不能說，至少不能公開說，不能對皇帝說、對朝廷說，也就只好撒謊。

和顏伯燾相類似的官員將領不在少數。比如接替顏伯燾繼任閩浙總督的廣東巡撫怡良就是。怡良曾是林則徐的密友，一紙彈劾琦善的奏章使他名滿天下。但是很快他就不唱高調了，還和楊芳一起向英軍妥協。就職閩浙後，道光皇帝曾下令要他進攻鼓浪嶼，怡良卻陽奉陰違一再敷衍。他對手下說：你們只許嚴防死守，不許貪功挑釁。如果我們這邊開火，「英夷」一定會「撤浙省之兵船來與我對抗」，這樣我們福建就等於是替浙江受禍了。怡良的官職是閩浙總督，浙江也是他的轄地。只因爲浙江軍務此刻不歸他管，便如此以鄰爲壑。借用道光皇帝痛斥琦善的話，眞不知「是何肺腑」！

怡良其實是把事情看透了。他在一封私函裏說：「夷務不可爲，閩事更不可爲，兵不可撤又不可留，眞無如何！」

但也只是在私函中說說而已。

實際上，幾乎所有親身接觸前方戰事的官員都有一個由「剿」而「撫」、由「鷹派」而「鴿派」的過程。怡良如此，顏伯燾如此，琦善、伊里布、楊芳、奕山，以及後來出場的耆英、牛鑒，也如此。耆英在盛京將軍任上、牛鑒剛剛出任兩江總督時，也都是唱高調的。但等到耆英行至浙江、牛鑒兵敗吳淞後，兩個便變成「主撫派」的頂尖人物了。

對此，茅海建先生有一個總結。他說：「在粵、閩、浙、蘇戰區四省中，負有實際責任的官員都變成了主『撫』者，再也找不到主『剿』者了，就像我在非交戰省區也同樣找不到主『撫』者一樣。」其原因，他認爲是戰區的地方官負有實際責任，由不得他們像非戰區的官員那樣可以不負責任地大唱高調（《天朝的崩潰》，第四二四頁。）我認爲還有一點也很重要，就是戰區的地方官身臨其境，比誰都清楚「夷務不可爲」，大清帝國在這場戰爭中根本就沒有取勝的希望！

問題是他們誰都不說。因爲誰說誰是「漢奸」，誰說誰是「奸臣」，誰說誰是「賣國賊」！要知道，他們畢竟是帝國時代的人。帝國是一種沒有言論自由的制度。它在每個人的頭腦裏都設定了一個哪些話可以說哪些話不可以說的程序，也設定了一個保持「輿論一律」的基調。在當時的情況下，這個基調就是：大清帝國是蓋世無雙的，大清江山是固若金湯的，大清軍隊是戰無不勝的，而大清皇帝是永遠聖明的。因此，一切來犯之敵都是應該而且可以「迎頭痛剿」的。是啊，大清帝國是「天朝上國」，那英吉利則不過「蕞爾島夷」！「夷」已不足畏，何況乎「島夷」？所以，誰要說「夷務不可爲」，那他就必是「漢奸」無疑！

那麼，誰又敢拿自己的腦袋開玩笑？

於是，不負實際責任的就唱高調，負有責任的就說謊話。可見，謊言與高調，是一枚硬幣的正反兩面。謊言之前必是高調，高調之後必是謊言。謊言往往是高調逼出來的。由此得出的結論也很簡單：要想杜絕謊言，必先從杜絕高調始！

五　小曲好唱口難開

在這樣一個前提下，劉韻珂這個人物就很有點意思了。

劉韻珂在當時的封疆大吏中是個「另類」。他不是滿人，不是親貴，甚至不是科班出身（連舉人都不是，只是國子監中的拔貢生）。他家境平常，關係不多，既無顯赫家世，也沒有後臺老闆，然而官卻升得很快，十四年間（其中包括因父親去世在家丁憂守制三年）由七品小京官而主事、員外郎、郎中、知府、道員、按察使、布政使拾級而上，直至一八四〇年八月出任浙江巡撫，成爲地地道道的「方面之員」。茅海建先生認爲，這是因爲他「辦事結實」又「爲人乖巧」。（《天朝的崩潰》，第四一一頁。）辦事結實，皇帝欣賞；爲人乖巧，同僚喜歡。這自然是不錯的。但劉韻珂的一路青雲直上應該還有一個原因，那就是他的「特別用心」。

劉韻珂的「特別用心」在這場戰爭一開始時就表現出來了。作爲巡撫，劉韻珂雖然名義上是浙江戰區的最高軍政長官，但實際上卻是當不了家的。因爲在他之上，還有三位欽差（伊里布、裕謙、耆英）一位將軍（奕經）。然而劉韻珂卻並不因此而袖手旁觀。相反，他積極主動地做了很多工作，又絕不居功，因而頗得皇帝和長官的喜歡。關於這一點，《天朝的崩潰》一書中多有描述，此處不贅。這裏要說的是，正是他的這種「特別用心」，才使他講出了別人想講又不敢講的話，而且成功。這正是劉韻珂「另類」的地方。

前面講過，在這場戰爭剛剛開始的時候，朝野上下基本上是只許言「剿」不許言「撫」，只許言「勝」不許言「敗」的。由此便逼出了許多謊言。等到前方「戰事糜爛」，許多人都意識到「事不可爲」的時候，卻又三緘其口，噤若寒蟬。每個人都顧慮著自己的頂戴和腦袋，沒有人敢出來說眞話。

這個時候，劉韻珂說話了。

劉韻珂說話並不容易。他沒有後臺沒有背景，一條小命晃晃悠悠，隨時都可能因爲「出言不遜」而被拿掉。更重要的是，他和顏伯燾一樣，曾是鐵桿的「主剿派」，而且曾爲浙江防務殫精竭慮。要他主張由「剿」改「撫」，不要說別人，他自己就通不過。

然而不可收拾的戰局使劉韻珂再也不敢心存幻想。定海、鎭海、寧波接連失陷，葛雲飛（定海）、王錫朋（壽春）、鄭國鴻（處州）三鎭總兵相繼戰死，欽差大臣裕謙兵敗自殺，這一連串的噩耗猶如晴天霹靂，打得劉韻珂大驚失色，目瞪口呆。驚駭之後是反思。他想不明白，如果連定海、鎮海這樣的防禦工事都檔不住「英夷」的凌厲攻勢，裕謙、三總兵這樣的忠臣良將都壓不住「逆賊」的囂張氣焰，那麼，我們還能指望什麼？尤其是，當所謂「揚威將軍」奕經兵敗浙東，倉皇出逃，夜奔杭州時，劉韻珂的熱情降到了零度，頭腦也清醒起來。出於憂國，也出於憂民，他決定上書朝廷，調整政策。

不過，僅僅敢說還不行，還得會說。劉韻珂恰恰就是一個「會說」的人。在這道奏摺中，他完全避開了「剿撫之爭」，甚至隻字不提「撫」或「羈縻」，而只是提出繼續進行戰爭的十項「深屬可危」的因素。這就是他一八四二年三月二十一日那道「十可慮」的奏摺。其中，最有可能打動道光皇帝的，可能是第九條：浙江去年雪災，春糧多未布種，物價與日俱增，小民度日艱難，人心浮動，盜賊四起，而地方官又忙於戰事，無暇兼顧。在這樣一種動亂時期，誰能保證沒有「不逞之徒乘機而起」？

這是有道理的，也是很能讓道光驚心的。對於一個專制君王來說，頭等重要的，是保住皇權。「英夷」雖然可惡，但畢竟只是要求通商、賠款、割地，並無滅清亡國之意，也動搖不了國本。然而一旦民眾造反，則很可能就是皇冠落地。這可是大意不得的。「清朝統治者們儘管在諸多事務上糊塗昏瞶，但在這一根本大計上十分清醒。」（《天朝的崩潰》，第四一九頁。）道光皇帝看了他這段話，很可能會心裏打個激凌。

劉韻珂的這個觀點很容易遭到今人的詬病：這完全是爲了維護滿清王朝的統治嘛！在我看來，這種批判也完全是唱高調！劉韻珂畢竟是大清帝國的官員。他不維護大清王朝的統治，難道維護大英帝國的統治不成？再說了，他的話，是要講給道光皇帝聽的。如果他的立場不是維護大清，道光皇帝會聽嗎？

現在看來，道光皇帝是聽進去了的。朱批曰：「所奏不爲無見。另有旨。欽此。」茅海建先生總結說：「講眞話，需要點勇氣，也需要點正氣。」（《天朝的崩潰》，第四一〇頁。）我想補充一點：在專制制度下，也需要點技巧和心眼。劉韻珂就是證明。他在朝野上下不是唱高調就是說假話的氛圍下，唱了「反調」講了「眞話」（眞實的想法），卻不但沒有得咎，反倒升了官職，——由浙江巡撫升任閩浙總督。順便說一句，他也是交戰省份督撫中唯一未獲咎處反得升遷的人。這不能不歸結爲他的「爲人乖巧」。

不過，劉韻珂的技巧和心眼也給他帶來了麻煩。他擔任閩浙總督後，繼續用對付皇上的辦法搞「曲線救國」，用「陰柔之策」對付「英夷」。表面上，他遵守條約讓福州通商，背地裏卻做盡手腳，讓英美商人無利可圖，以致一八五五年福州的貿易額僅爲三十七萬元，一八五六、一八五七年竟無一艘「番船」光顧。劉韻珂對此十分自得。他在給道光皇帝的奏摺裏洋洋得意地說：「福州竟不通商，數年後，該夷灰心而去，則省城根本之地，不令非我族類實逼處此。」

可惜他這一套到了咸豐朝就吃不開了。登基未久的咸豐皇帝要的不是這種鬼鬼祟祟的伎倆，而是堂堂皇皇的勝利，而朝野上下對劉韻珂的「媚夷」姿態也久爲不滿。劉韻珂混不下去了，稱病請假。咸豐皇帝看穿他的把戲，將計就計，打發他回老家「調理」，而且一「調理」就是十二年。等到同治朝他再復出時，已經不可能有所作爲了。

這可眞是「聰明反被聰明誤」。

劉韻珂的「悲劇」是時代的悲劇，制度的悲劇。作爲專制制度中人，劉韻珂輩做人的最高境界不過就是「乖巧」。「乖巧」之人想得出來的「制敵方略」和「錦囊妙計」，大約也只能是些「陰招」。劉韻珂靠著這一套在官場上混，也許還能如魚得水。一旦置身於一個全新的國際大環境，就總有一天會混不下去。即便咸豐皇帝不讓他「回家養病」，他遲早也會在別的什麼地方崴了腳。

六　笑臉與鬼臉

如果說倡言「撫事」已屬不易，那麼，操作「撫局」就更是爲難。

事實上，當欽差大臣耆英接受了「撫夷」的使命後，他就立即發現自己其實處於一種兩難的境地：一方面，桀驁不馴的「逆夷」不肯「就撫」；另方面，自以爲是的皇上又不願讓步。兩邊的來頭都很大。「前者以兵勢迫之，後者以權勢壓之」，夾在中間的耆英等人兩頭受氣，也就只好如茅海建先生所言，對「鬼子」扮笑臉，對「主子」做鬼臉了。（《天朝的崩潰》，第四四五頁。）

耆英等人如何對「鬼子」扮笑臉，《天朝的崩潰》一書中多有描述。但我認爲其中最可笑的，是兩江總督牛鑒在一八四二年八月六日發給英國「全權公使大臣」璞鼎查的照會。牛鑒在照會中說，這一次「和好通商之事」，不但江南帶兵之員，便是「揚威將軍」奕經，也都不敢上奏的。是我牛鑒不顧後果，「三次冒死據實陳奏」，我們萬歲爺才恩准了。然而，當此「講和之際」，「貴國大邦兵船忽然來到，是使本部堂一番好意，反啓兵端」。於是牛鑒質問道：「試問貴國信在何處，義在何處？」

牛鑒的話說得振振有詞，然而今天看來卻極爲可笑。按照牛鑒的邏輯，如果不是我牛某人「三次冒死據實陳奏」（其實並無此事），你們這些「逆夷」想要「講和」，原本是講不成的。那麼，不看僧面看佛面，看在我牛鑒「冒死陳奏」的面子上，也該客氣一點吧？你們倒好，恩將仇報，把兵船都開來了！這豈不是太不夠哥們，太不夠意思，太不給「本部堂」面子，存心要破壞和談的「大好局面」嗎？豈不是把我的一片好心全都當成了驢肝肺嗎？

聽聽，聽聽，這都是些什麼話！這哪裏是「天朝大吏」辦外交，簡直就像是江湖黑幫「吃講茶」！至於譴責對方破壞和談的「大好局面」，則更是中國人的思維方式，「鬼子」是不吃這一套的。牛鑒此言，豈非「對牛彈琴」？

更不像話的是，牛鑒把皇上和同僚都給「賣」了。按照他的說法，皇上不肯言和，同僚又不敢具奏，朝野上下都不是什麼好鳥，只有他牛某夠哥們。這又是什麼話！幸虧當時無人深究，要不然，他牛鑒有幾個腦袋？

看來，牛鑒實在是被逼急了。急不擇言麼！

耆英則一開始就欺上瞞下，兩頭哄騙。一八四二年五月十七日，英軍重兵逼進乍浦，耆英聞訊大驚失色，也顧不上什麼請旨不請旨，即派伊里布前往，「體察情況，設法羈縻，宣布天威，示以大義」。可惜「逆夷」並不害怕什麼「天威」，也不講什麼「大義」，反倒發來一份照會，態度惡劣，語氣強硬，公然要求大清皇帝表態願意按照他們的條件辦理。耆英一夥既不敢答覆對方，也不敢如實上奏，反倒繼續撒謊，在二十九日的奏摺中專挑好聽的話說，道是「該酋深知感激，只求通商（其實根本不是英方的條件），言詞尚爲恭順（其實是咄咄逼人）」。至於自己的對策，耆英的說法是：「當此逆焰方張、戰守兩難之際，固不敢輕言攻剿，亦不敢專恃羈縻，惟有恃以鎮靜，殫心竭力，相機辦理」，全是一派空話！

其實哪有什麼「鎮靜」，又哪裏「鎮靜」得起來。乍浦失陷，吳淞告急，耆英、伊里布火燒屁股，屁顛屁顛地由杭州而嘉興而王江涇而江蘇昆山，「一路尾追英軍講和」。

然而「鬼子」卻不跟他們講，萬歲爺也不同意。七月九日，道光皇帝下旨，道是「若再事羈縻，不特與事無益，且恐有傷國體」。於是下令：著耆英、伊里布與牛鑒等人「專意剿辦，無稍游移」。

耆英等人這次決計抗旨。他們很清楚，什麼「專意剿辦」，「逆夷」不再進攻就是好事！什麼「無稍游移」，皇上本人就一再「游移」。果然，在耆英等人接到旨意的第二天，道光皇帝就「游移」了，因爲他看到了一份材料，一份據說是英軍「大元帥吳夏密」張貼在寶山縣城裏的「告示」。

現在可以肯定，這份「告示」是僞造的，只不過不知是何人僞造而已。因爲「大元帥」一詞向爲英軍所不用，「吳夏密」則實在不知是爲何人。因此可以斷定是僞造。日本學者佐佐木正哉先生甚至認爲就是耆英僞造的，茅海建先生則認爲不是。但無論是何人僞造，都可以肯定這是耆英等人對皇帝扮的一個鬼臉。

這份「英軍大元帥吳夏密」的「告示」說：五年前，「因本國商船誤傷廣東商人三名」，故「清國不許通商」。爲此，我國「命我求和」。又因有人（暗指清朝「奸臣」）「詐我」，「不肯保奏朝廷」，只好發兵扣關，意在「殺盡奸徒」，並不干你們百姓的事。爾等只管安居樂業，「毋得驚慌亂竄」。十日之內，本帥將「整頓三軍，再扣北闕，直抵京師，自行講話」，爾等百姓，大可不必庸人自擾云云。

顯然，這是一份完全按照中國人思維方式寫出的「安民告示」。尤其是那個「只反貪官，不反皇帝」的說法，十分符合中國邏輯，也十分符合朝廷對這場戰爭定下的調子。事實上，這場戰爭一開始，那些領兵上門前來要脅訛詐的敵凶，就被看作和說成是受了「委屈」來「告御狀」的「外藩」。比如一八四〇年英國外相巴麥尊挑起戰爭的照會，就被譯成「求討皇帝昭雪申冤」（其實意思是「要求皇帝賠償並匡正」）。這次也一樣，也是來「告御狀」。既然是來「告御狀」，當然要「討個說法」。如果地方官「不肯保奏朝廷」，也就只好「直抵京師，自行講話」了。這就不由得道光皇帝不信。何況，「命我求和」，是他喜歡聽的；「奸臣詐我」，也是他相信的；而「直抵京師，自行講話」，則是他不願意看到的。於是決定：既然如此，那就還是「設法羈縻」，「撫賊」了事！

不過，道光皇帝還是留了一手。他指示耆英等人：「應守則守，應剿則剿，斷不可稍存畏葸，致懈軍心，是爲至要！」對於英方的條件，他也一再討價還價，不肯批准，而要耆英他們去講道理。他天眞地認爲：「該逆既來訴冤，經此推誠曉諭，當可就我範圍。」

這下子牛鑒急了，只好說出實話：「危迫實不可言！伏求皇上速決大計，以拯民命！」

大概這一回道光皇帝總算是明白了。什麼「訴冤」，什麼「求和」，都是扯淡；什麼「恭順」，什麼「感激」，都是假的。只有咱們打不贏了才是眞的。但他還是不明白：我堂堂「天朝上國」，怎麼就打不贏那「蕞爾島夷」呢？（在批准「南京條約」的「聖旨」上，道光皇帝悲憤地寫道：「覽奏忿懣之至！朕惟自恨自愧，何至事機一至如此！」見《天朝的崩潰》，第四六二頁。）

這當然說來話長，但其實只說一條也就夠了：「島夷」們戰也好，和也好，都不用千里迢迢來回請旨的。不像咱們，事無巨細，都得您老人家「恩准」。

因此，他們也用不著撒謊。

七 鴉片還要吃到什麼時候

我讀茅海建先生《天朝的崩潰》一書，感觸最深的，就是整個戰爭過程中前方將帥的不斷撒謊。作爲最高統帥的道光皇帝，其實是在謊言中度過這一艱難歲月和做出決策的。這又焉有不敗之理？可以說，在這場「鴉片的戰爭」中，謊言成了麻痹和麻醉清廷君臣的一劑鴉片。這場戰爭之所以失敗，甚至大清帝國之所以垮臺，原因之一就在於朝野上下都變成了鴉片鬼，一天不吃就無法生存，最後終因吸食過度中毒而死。因此，要想「救亡圖存」，唯一的出路是「戒毒」。

但這並不容易。

不容易的原因也很多。首先是積習難改。一個吃慣了鴉片的人，一天不吃就沒法過日子。一個撒慣了謊的人要他不撒謊，也比登天還難。再說，前面撒過謊了，後面說實話，就會露出馬腳，也就只好一騙到底。奕山等前方將帥就是如此。

那麼，奕山等人一開始就不撒謊，就說實話，不行嗎？不行。專制制度決定了，一個官員只能看著萬歲爺的臉色說話，甚至看著頂頭上司的臉色說話。他們想聽什麼，就說什麼。不想聽的就不說，瞞著。實在瞞不住，就撒謊。再瞞不住，就再撒謊，惡性循環。

所以，奕山等人不但要撒謊，而且只能朝著一個方向撒，即掩蓋敵方武力的強大和氣焰的囂張，而不是相反。按說，打了敗仗，爲了推卸責任，是應該誇大敵情的。但奕山等人並沒有這樣做，反倒一再說「逆夷」如何「情詞恭順」，如何「訴冤叫屈」，如何「卑躬屈節」。因爲萬歲爺就好這一口。而且，不明眞相的朝野上下也都好這一口。

於是問題就比較明朗了。這就是：大清王朝的君臣爲什麼都喜歡聽這種話呢？

答案也只有一個，就是他們吃慣了鴉片，有鴉片癮。只不過，他們不認爲是鴉片，也不管它叫鴉片，而叫做「天朝體面」。有時候，也叫「愛國主義」或「英雄氣概」。

眾所周知，在相當長的一段時間內，我們民族都沉浸在一種「天朝大國」的良好的自我感覺之中。在我們看來，人類居住的這個地方，叫「天下」。天下的中央住著我們，叫「中國」。中國的皇帝是天的兒子，叫「天子」。天子的王朝是最偉大的，叫「天朝」。天朝的臣民是最優秀的，叫「華夏」。周邊那些國家因爲離天子太遠，無法接受天朝的禮樂教化，因此不開化，是野蠻人，叫「蠻夷」。「蠻夷」和「華夏」之間，是「君臣」關係，或「文明人」與「野蠻人」的關係，根本就不平等。「蠻夷」到「中國」來，要麼是來「朝貢」的，要麼是來「觀禮」的，要不然就是來「乞恩」或者「喊冤」的。因此「天朝」無「外交」，只有「理藩」（即打理「中國」與「藩國」的事務）。直到耆英等人簽訂城下之盟時，使用的也仍是「恩准」字樣（比如「恩准」五口通商）。明明是人家強迫我們訂立不平等條約，還要說是我們「恩准」，這不是自欺欺人是什麼？

然而不說「恩准」是萬萬不行的。不說，就是「大不敬」，就是「賣國賊」。同樣，不說「逆夷」「聞風懾服」，「實無能爲」也是不行的。不這樣說，就是「膽小鬼」，就是

「助夷氣焰」，就是一屁股坐到敵人那邊去了，誰敢擔這個罪名？也就只好說「夷不足畏」。

當然，誇大敵情的時候也有，比如說到一八四一年第二次定海之戰時就是如此。在許多論著中，這次戰役往往被描述成一個激動人心英勇壯烈的故事：定海三總兵（定海鎮總兵葛雲飛、浙江處州鎮總兵鄭國鴻、安徽壽春鎮總兵王錫朋），率孤軍五千，奮力抗擊英軍萬餘人的圍攻，血戰六天六夜，終因寡不敵眾而陣亡。

這當然感人至深，可惜並不完全是事實。三總兵率軍抗戰是眞的，英勇奮擊也是眞的，以身殉國就更是眞的，但據茅海建先生的考證，敵軍並沒有萬人之多（更沒有二、三萬），而是只有四、五千；也沒有「血戰六天六夜」，而是只有不到一天時間，從一八四一年十月一日早晨開始，至下午二時許結束。整個戰鬥中，「英軍並未遇著堅強的、有效的抵抗」，「只付出了戰死二人、受傷二十七人的微小代價」（《天朝的崩潰》，第三五六——三六一頁。）。敵情，或者說我方的壯烈程度顯然被誇大了。

誇大的原因也很多，比如「清方官員在報告中僞諱粉飾已成風氣」就是。所謂「僞諱粉飾已成風氣」，也就是吃鴉片吃慣了。但這種尚待核實的說法在當時和後來卻幾乎視爲信史，一些以「嚴謹治學」爲標榜的人也寧信其眞不疑其僞，就値得深思了。

我認爲，這只能說明鴉片的毒素已滲入我們民族的骨髓。從至尊天子，到尋常百姓，都喜歡聽謊言。或者說，喜歡聽好話、「吉利」的話、歌功頌德和「鼓舞人心」的話。至於這些話是否眞實，或者有幾分眞實，則是第二位的事。於是，我們聽到的，便是經過了處理的信息，其中不好聽不順耳的部分已被過濾，好聽順耳的部分則被放大。這樣的信息，即便有一定的眞實性，歸根結底也是不眞實的。老話說，知己知彼，百戰百勝。如果靠不眞實的信息來指揮戰爭，你說是該勝還是該敗呢？

戰敗之後，能做的事情也就是道德的譴責了，包括將一八四〇年的這場戰爭稱之爲「鴉片戰爭」。其實，英國人發動那場戰爭，絕非爲了走私鴉片。相反，英國外交大臣巴麥尊在其對駐華使節的訓令中一再表示：「女王陛下的政府絕不懷疑中國政府有權禁止將鴉片輸入中國，並且有權查獲和沒收那些外國人或中國臣民不顧適當制定的禁令而輸入中國領土內的任何鴉片」。他還訓示：「女王陛下的政府對於這件事情不提出任何要求」。事實上在《南京條約》中也沒有開放鴉片貿易的條款。因爲在英國人那裏，這原本是一場「通商戰爭」，而不是「鴉片戰爭」。正如費正清先生《中國：傳統與變遷》一書中所言：「其實英國在要求外交平等及商業機會等方面代表了西方各國的願望。如果不是英國，那麼別的國家也會這麼做的。至於英國在華貿易的重點是鴉片而非茶葉或其他什麼商品，這只是歷史的巧合罷了。」

但即便是要求外交平等及商業機會，爲此發動戰爭也不得人心。因此英國政府提出的戰爭議案最後只能以二百七十一票對二百六十二票的微弱多數勉強通過，而且被「反戰派」在議會辯論中稱之爲「鴉片戰爭」。可見這個說法是英國人用來諷刺自己政府的。

我們跟著英國的反對派這樣說也沒有什麼不可以，但如果當眞以爲那就是「鴉片戰爭」，並由此獲得了一種道德上的優越感，那恐怕就反倒有點吃鴉片的味道了。

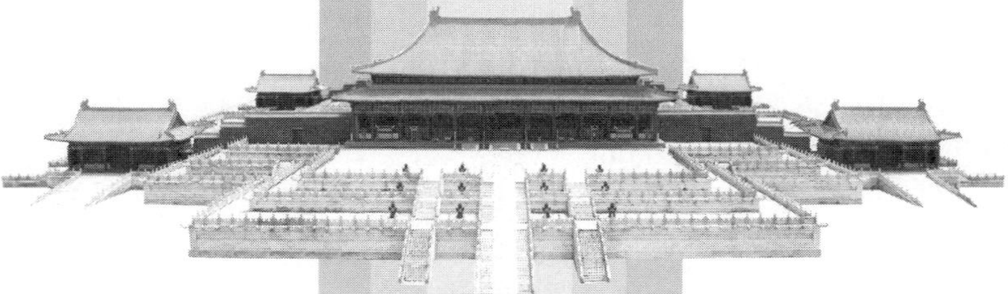

【非典型腐敗】

一 病例

這是一個被人講過的老故事。

西元一八三九年，即清道光十九年，山西官場出了件怪事。介休縣一位姓林的縣長（當時的正式稱謂是「知縣」），向省政府遞交了一份報告，告發一系列官員的違法亂紀行為，並請求省府轉呈中央。揭發的內容有二十二條，幾乎涉及本省所有主要官員，還涉及到一個大學士（湯金釗）和一個尚書（隆雲章）。明清兩代，有內閣，無宰相，身為閣臣的大學士地位很高，實際上被官場和民間視為宰相。尚書當然就是部長。那時中央政府只有六個部，即吏部（管官員）、戶部（管財政）、禮部（管教化）、兵部（管軍事）、刑部（管刑律）、工部（管建設），所以尚書的地位也很高。清代官階，內閣大學士正一品，尚書從一品，都是「位極人臣」。涉案官員的級別如此之高，範圍如此之廣，一旦上報朝廷，驚動聖聽，立馬就會引起軒然大波，不知多少人身家不保。

山西藩台張澧中接到報告，頓時嚇出一身冷汗，一連幾個晚上睡不著覺。他太知道這裏面的利害了。林縣長的報告是正式公文，壓是壓不住的。林縣長的舉報證據確鑿，賴也是賴不掉的。賴，只會越描越黑；壓，則犯了欺君之罪。當然，就這麼交上去也不行。因為這些事他自己都有份。思前想後，只好硬著頭皮向新任巡撫楊國楨彙報。

這裏我們要稍微交代一下清朝的官制，因為這點知識我們總歸用得著。清制，省一級的地方官和府、州、縣不同，是兩個，即藩台和臬台。藩台和臬台同爲省長，只是職權範圍不同。藩台的正式官名是承宣布政使，簡稱布政使，主管一省的民政和財政。另外，省內官員的升遷調動，理論上也歸布政使管。臬台的正式官名是提刑按察使，簡稱按察使，主管一省的司法和監察。另外，也管郵政和監考。布政使和按察使都有自己的衙門，也都有相當於現在廳、局、科、辦的下屬職能部門，是地地道道的一級地方政府。布政使的衙門叫布政使司（藩司），按察使的衙門叫按察使司（臬司），號稱二司。二司是平級單位，平時各行其政，遇到大事則要由二司會議，所以藩司和臬司合起來才是省政府，藩台和臬台也都是省長。

不過藩台和臬台並不是省裏的一二把手，因爲他們之上還有巡撫。巡撫才是眞正的封疆大吏。有人因爲巡撫統領一省事務，就說巡撫相當於省長，其實是不準確的。實際上巡撫和總督一樣，是中央政府派駐地方的「省之上級官員」。他們是中央官，不是地方官，因此也都有中央政府的職銜。總督例兼都察院右都御史銜，是名義上的監察部部長。巡撫則例兼都察院右副都御史銜，是名義上的監察部副部長。中國歷朝歷代都有監察部，起先也都叫「御史台」（漢初也叫「御史府」），明太祖洪武年間改爲「都察院」。都察院長官叫都御史，副長官叫副都御史，都分左右。左職留在中央，主持監察部（都察院）日常工作；右職派到地方，作爲代表中央監察地方的大員。所以，總督和巡撫，原本不是地方官，而是特派員。

總督和巡撫不但是監察官員，還是軍事官員。除兼任監察部的部長、副部長外，總督同時還要兼領兵部尙書銜，是名義上的國防部長。巡撫則兼領兵部侍郎甚至兵部尙書銜，是名義上的國防部副部長甚至部長。巡撫和總督既然是中央派駐地方的「監省之官」，他們的衙門也就只有一些普通工作人員和私人聘請的「幕友」（秘書），沒有下屬職能部門（廳、局），因此不算一級地方政權或政府。從法理上說，省政府只能是藩司和臬司。

總督和巡撫作爲中央派駐地方的官員，開始是非常任的，有事情才指派的。但久而久之，就變成常任的了。清代的情況，大體上是巡撫管一省，總督管多省（二個或三個），只有直隸和四川例外。直隸和四川是只有總督沒有巡撫的，他們也只管一個省。於是巡撫就成了省裏的一把手，藩台（布政使）變成二把手，臬台（按察使）變成三把手。巡撫正二品，藩台從二品，臬台正三品，清代省裏面負領導責任的官員，主要就是這三個。

現在省裏出了這樣的大事，作爲二把手的藩台張澧中不敢擅自作主，便向一把手巡撫楊國楨彙報。楊國楨剛剛調到山西不久，正在雁北地區（當時叫朔平府）視察。看了林縣長的舉報，大爲驚詫。林縣長說，我們山西，每當欽差大臣（比如大學士湯金釗和尙書隆雲章）駕到時，總要由太原府出面，以辦公費的名義向山西藩司（省政府）借二萬兩銀子做招待費，事後再向下屬層層攤派。每次攤派的數目，總在三五萬上下。這當然是明顯的違法亂紀。因爲朝廷三令五申，各級官員務必奉公守法，不得鋪張浪費，更不得索賄受賄。欽差大臣代天巡狩，就更應該以身作則，怎麼可以這樣驕縱奢靡？招待一下就是二萬兩銀子，吃工作餐難道要用這爲多錢？剩下的錢到哪裏去了？是不是落進了欽差大臣的腰包？這是一。其二，招待欽差用了二萬兩銀子，收上來的攤派費卻是三五萬，多餘的錢又到哪裏去了？是不是落進了張灃中之流的腰包？要知道，三五萬兩銀子可不是小數。據吳思先生計算，它相當於一千萬人民幣，在江南一帶可以購買二三百處有正房有偏房的院子，在福建一帶則可以買下上千條人命。如果用當時官員的俸祿來計算，則相當於一個一品大員二百年的薪水。所以，這兩條要是深究起來，張灃中也好，湯金釗和隆雲章也好，不掉腦袋，也得掉烏紗帽。

問題在於，張灃中他們這樣做，並不是他們膽大妄爲，更不是他們的發明創造。全中國各省各府都是這爲做的，只不過因爲各地貧富不均，銀兩的數字有些出入罷了。大清帝國的官員們心裏都很清楚，他們的前程並不掌握在老百姓手裏，甚至也不掌握在皇上手裏，而是掌握在上級官員手裏。我們知道，當時全國共有十八行省。每省一個布政使（藩台），一個按察使（臬台），就是三十二員。此外，一省一個巡撫（直隸、四川的撫職由總督兼領），共十六員。直隸、兩江、閩浙、湖廣、陝甘、四川、兩廣、雲貴，各總督一員（山東、山西、河南三省沒有總督管），共八員。這樣，僅省與省之上級官員就有五十六人。皇帝能看住這些人，就算不錯。省以下的地方官，他其實是管不了的，得靠總督、巡撫、藩台、臬台他們來管。這個道理，道、府、州、縣們都明白。

問題是，上級官員雖然權力很大，油水卻不多，因爲他們並不直接和老百姓打交道。而且，官越大，離老百姓就越遠，搜刮民脂民膏就越困難。這就要靠下級官員來「孝敬」。我們知道，帝國的官員包括中樞官員（京官）和地方官員（外官），其中地方官員又可以分爲兩大類，即「牧民之官」和「牧官之官」。州官、縣官是「牧民之官」，是管老百姓的。總督、巡撫、藩台、臬台、知府是「牧官之官」，是管下級地方官的。「牧民之官」地位低、權力小、油水大，「牧官之官」則相反。因此管官的官要靠管民的官巴結，中樞官則要靠地方官孝敬。地方官都有自己的地盤。這地盤上不但長莊稼，也出銀子、出女人。地方官要拿一點來用，是很便當的（州官和縣官則尤爲方便）。老百姓是「羊」，地方官是「牧」。牧人要從「羊」身上拔幾根「羊毛」，還不是小菜一碟？

但地方官能夠當上牧人，全靠上級官員關照（總督、巡撫、藩台、臬台們則要靠京官關照）。那麼，難道不該貢獻一點「羊毛」？所以，作爲一個地方官，招待來地方視察的上級官員，是他們的本份。下級地方官爲自己的上級招待上級「出血」，也是他們的本份。比如省裏招待中央來的領導，當然要由縣裏出錢。中央來的領導雖然不會領縣裏的情，但省裏會領。作爲一個縣長，這也就夠了。縣長只要哄得省長高興，前程就有了保障。要他出點錢，他不會有意見。至於省裏在計畫外多要了一些，也不值得大驚小怪。縣裏向鄉里、向百姓收稅收費的時候，不也是要多收一些的嗎？

因此張澧中他們的做法並不標新立異。他們遵守的，是官場中一條雖不成文，卻約定俗成彼此心照不宣的規矩，當時的說法叫做「陋規」，也叫「規禮」。反倒是林縣長的揭發有些「出格」，讓人覺得不可思議。大家都在做的事你也告，你這官還想不想當了？所以，楊巡撫看了張藩台彙報，便對陪同視察的朔平知府張集馨說：你們山西的吏風怎麼如此荒謬？

荒謬自然有荒謬的原因。原來，前次省裏派一位姓虞的知府到介休縣查案子的時候，林縣長卑躬屈膝百依百順，要什麼給什麼。就連虞專員要泡妞，林縣長都幫著找人，臨了還讓他腰包鼓鼓，滿載而歸。然而虞專員回到省裏卻沒有說林縣長的好話，反而攛掇張藩台把林縣長的一個小岔子上報中央，害得林縣長雞飛蛋打，丟了烏紗帽。你想，知縣巴結知府、藩台，不就是想落點好處麼？即便不能青雲直上，至少也得保住頂戴。現在倒好，林縣長不但沒了升官的希望，連一個小小的縣太爺也做不成了，那他憑什麼還要巴結你？他又豈能不報這一箭之仇，豈能不設法把自己的「損失」補回來？林縣長心裏很清楚，張藩台斷然不敢將材料上交。那好，老子就狠狠敲你一筆，讓你們知道七品芝麻官也不是好惹的！俗話說，光腳的不怕穿鞋的。林縣長現在成了光腳的，他怕什麼！

這件事最後由二品大員張藩台向林縣長低頭，重金買回舉報材料了結。具體的價碼，是現銀一萬（可以買三個縣職），並將林縣長任期內的虧空一筆勾銷，由後任承擔。作爲知情人之一，時任朔平知府的張集馨在他的《道咸宦海見聞錄》一書中記錄了此案的全過程。吳思的《潛規則：中國歷史中的眞實遊戲》（以下簡稱《潛規則》）一書也引用了此案。根據這個案例，也根據其他證據，吳思先生得出一個結論，那就是：歷史上的中國官場其實是靠一系列雖不成文卻約定俗成、彼此心照不宣且行之有效的規矩來維持的。這樣一種規矩，吳思先生稱之爲「潛規則」；而在我看來，由此表現出來的腐敗，就該叫做「非典型腐敗」。

二 所謂陋規

所謂「非典型腐敗」，就是看起來不像是腐敗，或不被認爲是腐敗的腐敗。上述由「潛規則」導致的腐敗，就是不被認爲是腐敗的腐敗。你想吧，楊巡撫接到張藩台彙報以後的第一反應，不是「山西的腐敗怎麼如此嚴重」，而是「山西的吏風怎麼如此荒謬」，可見這種腐敗在楊巡撫的眼裏，是不能算作腐敗的。相反，揭發這種腐敗，才是荒唐。一種腐敗到了誰揭發誰可笑的地步，就不好算是「典型腐敗」了。因爲明也好，清也好，或者別的什麼朝代也好，並非什麼腐敗都不反。比如科場舞弊洩露考題，或者貪贓枉法草菅人命一類，就不會有人認爲不該揭發，也不會有人膽敢隱瞞包庇，除非與自己有極大的干係。但即便隱瞞包庇，也要擔天大的風險，而且事發以後也很少有人同情，幸災樂禍的倒大有人在。這類腐敗，就是「典型腐敗」。

前面說的借款集資招待欽差一類則不同。如果不是虞專員自己不守規矩，碰巧林縣長又是一個並不好惹的奸滑老吏，這事就根本不會有人揭發。而且揭發以後，大家還不以林縣長的做法爲然，可見大家都不把這事看作腐敗。不過，這種做法雖是成規，畢竟犯了王法，也加重了人民的負擔，敗壞了社會的風氣，因此又不能說不是腐敗，只是不夠「典型」而已，所以叫「非典型腐敗」。

非典型腐敗的表現很多，其中最典型的就是所謂「陋規」，也就是吳思所謂「潛規則」。陋規也是老早就有隨處可見的。不但上級來了要招待，要請吃，要送禮，要送錢。

（正式的名稱叫「程儀」，也就是「路費」的意思）；下級到上級衙門辦事，也要送禮送錢。送給地方政府的叫「使費」，送給中央部院的叫「部費」。這裏我們必須說清楚了。這些下級官員到上級部門去辦的事，可都是公事。給公家辦事還要自己另外掏腰包，天底下哪有這樣的道理？中央設立各部，地方設立各司，原本就是辦公的。這些「公務員」拿著國家的薪水不辦事，要辦還得另收費，天底下又哪有這樣的道理？送路費就更沒有道理。上級官員離境時，地方上早就備好了車船，也不用交住宿費，要什麼「程儀」？

但是地方官都想得通。就說「部費」和「使費」，便交得不冤。照理說，地方上到中央去辦的是公事，甚至是對中央部門有利的事，比如是去交稅。這就不該刁難，至少也該公事公辦。但誰都明白，在傳統中國，「公辦」往往等於「不辦」。當然，公然不辦是不行的。但事情多，忙不過來，得慢慢辦，就沒什麼錯。就算給你辦，發現你手續不全，謄寫有誤，公文不合格式之類的毛病，打回去要你重做，也稀鬆平常。這樣來來回回，一拖一年半載，並不算稀罕。可惜地方官拖不起。下級找上級要辦的事，一般都有時限，誤了時間是要受處分的。就算沒有時限，沒完沒了地待在省城京城，也不是個事。怎麼不是個事呢？第一時間耽誤不起，第二開銷負擔不起，第三久離轄地，心裏放心不下。如果有人趁機做小動作，那麻煩就大了。所以，爲了順利地把事情辦下來，只好送禮送錢。這就好比寄特快專遞，當然要比寄平信貴，這個大家都能接受。

給上級官員送路費，也能想通。首先，上級官員肯來，是看得起你，豈能給臉不兜著？其次，上級官員肯走，則是體恤你，照顧你，豈能不表示戀戀不捨？第三，上級官員平時深居簡出日理萬機，你想見一面都難，想送禮都不知道門在哪裏，現在人家自己上門來了，豈能錯過機會？何況，你招待得盡心，安排得周全，程儀送得豐厚，上級官員一高興，升你一級，或者到皇上、到你的上級那裏說你的好話，誇你懂事，有能力，豈不是前途無量？所以，招待上級官員雖然費時耗力花錢不少，卻未必是賠本的買賣。

地方上想得通，上級官員和中樞部門呢，也心安理得，甚至理直氣壯。沒錯，地方上來辦的，多半是公事。比如是來交稅，或者是來報銷，要不就是來申請補助。但正因爲是公事，反倒難得公平。爲什麼呢？因爲大家辦的都是公事呀！你說你是公事，難道別人的不是？那麼，誰先誰後，誰多誰少，誰易誰難，就不好說了。當然也不是一點章程一點原則也沒有，不過那多半是一種原則性的意見，要靠具體辦事的人來掌握的。那麼好了，你是災區，人家難道不是？你有困難，人家難道沒有？財政撥款是有的，但只有那麼多。辦公時間也是有的，也只有那麼多。憑什麼給你不給他，或者先給你辦後給他辦？我又沒什麼好處。不像你們，收稅的時候可以多收一點，報銷的時候可以多報一點，經費批下來以後愛怎麼花就怎麼花。我可是白給你們辦事。這個道理你們地方上要想明白。

地方上當然明白。你是中央，是上級麼！你又不是我們省我們縣的機關，豈能要求你只管我們省我們縣的事？又豈能要求我們省我們縣的事一報上來就給辦？能照顧照顧就很好。既然是照顧，那就不好說是「公辦」，至少也有點「私情」了。這就要私下裏做工作。比方說，找熟人幫忙，找老鄉說情，找上級官員批條子。但不管什麼辦法，最後還得「落實」到具體辦事人員那裏。因爲你總不能讓熟人、老鄉、上級官員自己去辦吧？與其繞那麼大個彎子，不如直接和有關部門打交道。

再說了，你找熟人、找老鄉、找上級官員，要不要花錢要不要送禮？恐怕還不少花不少送。那還不如直接送給有關部門來得便當花得値。有關部門也很坦然。因爲他很清楚這筆錢你反正是要花的。花在他身上，你還節約一些。何況你花的這點錢，和你要辦的事，是很不成比例的。你們地方官在飽餐饕餮之餘送一盤白切雞給我們吃，這不能算是行賄，也不能算是腐敗，而簡直就是天經地義。中央部門和上級機關雖然每次抽成不多，但他的下級多呀！這樣積少成多，也有相當可觀的「規模效益」，因此雙方便都很平衡。

剩下的事情就是要立個規矩。比方說，到哪一級部門辦事，辦多大的事，就該送多少「部費」或「使費」，必須大致上有個一定之規。這在下級，是害怕上級索要無度；在上級，則是擔心同級心理失衡。你想，比如同爲司官，你每次的部費是一百兩，我卻只有二十兩，我心理會平衡？能不找個岔子鬧將起來？大家都在做遊戲。一個人心理不平衡，遊戲就做不下去。所以非有個規矩不可。而且，也不光是數目要有規矩，節目也要有規矩。要不然，不管什麼時候，有事沒事的亂送，也不成體統。求人辦事的時候當然要送，但平時不燒香，臨時抱佛腳，也不好意思。所以也有個約定俗成的規矩，大體上是冬夏各一次，分別叫炭敬和冰敬，是給上級官員買木炭和冰水的，也就是取暖費和降溫費。再就是「三節」（春節、端午、中秋）、「兩壽」（領導和領導的太太過生日），照例也要送。這是常規的。非常規的則根據臨時要辦事情大小難易隨行就市。但重要的是這個常規。有了這個常規，下級知道什麼時候該送，上級知道什麼時候有收，下級不怕多出，上級不怕歉收，大家心裏都有數，是一種官場上的「計劃經濟」。

更重要的是，只有把「陋規」變成「成規」，陋規才不再是陋規。因爲既然是成規，那麼，不管你願不願意，都得這麼做。你不這樣做，就是不懂規矩，也就別想在官場上立足。所以就連林則徐這樣的好官，也按照官場陋規收紅包。他在擔任陝西巡撫時，單單陝西督糧道每年孝敬他的常規性紅包，就是紋銀五千二百兩，還不包括三節兩壽的節禮和門包雜費之類。我的印象中，完全不按此規矩做事的沒有幾個，而且都沒什麼好下場。比如海瑞，是絕對不收不送的，但他在官場上也極其不得人心。只是由於非常特殊的原因，他才被當作樣板供在廟堂上（請參看拙著《品人錄》）。其他官員，大約便都只能「入鄉隨俗」了。

這就保證了「非典型腐敗」的暢通無阻。因爲大家都是這麼做的。大家都這麼做，也就合情、合理、合法。這是咱們中國文化的定律（請參看拙著《閒話中國人》）。收受「規禮」既然是大家都在做的事情，那就不能算是腐敗。就連算作「非典型腐敗」，恐怕也會有許多人不以爲然。

陋規一旦變成了成規，還可能把壞事變成好事。比方說，變成生財之道。道理也很簡單：雖然誰都知道孝敬上級官員和上級部門是非做不可的事情，但誰也不肯自己掏腰包，再說也掏不起。因此辦法也只有一個，就是向下級攤派。下級雖然並不願意，但因爲是常規，是成例，是大家都在做的事，沒有話說，只好照交。當然，下級也不會自己掏腰包，而是再向下級攤派。而且，攤派的時候，還可以多要一點，多餘的便據爲己有。比如山西省招待欽差，需要的只有二萬，收上來的卻是三、五萬，豈不是賺了？這些地方官之所以如此膽大妄爲，就因爲這種做法已是成規，誰都不會出來檢舉揭發說三道四。所以，太原府的官員便大大咧咧滿不在乎地親自給各縣寫信要錢，結果把柄落在林縣長手裏，而且鐵證如山。

事實上如果不是虞專員壞了規矩，林縣長也不會翻臉不認人。他並不反對攤派，也有辦法對付。至少，他（也包括其他縣長）並不擔心常規的孝敬，因爲他們也有合法的、常規的額外收入，這就是所謂「耗羨」。我們知道，帝國的財政收入，主要靠納稅完糧。這種稅收通常有兩種繳納方式，一是交錢，一是交糧。運到國庫裏的，也既有銀子，也有糧米。但從地方到中央，千里運糧，豈能不損耗？老百姓交上來的碎銀子要鑄成元寶，損耗也是有的。然而戶部收繳的銀糧，卻要求足銀足米。那麼，這當中的虧損算誰的？當然不能算各級官員的，只能在收銀收糧的時候多收一點，叫「米耗」和「火耗」，統稱「耗羨」。地方官在計算損耗的時候，當然不會有多少算多少，而是會再多算一點。這就有了一筆額外收入。這筆額外收入，只有州縣才有。因爲在明清兩代，只有州縣才是直接和老百姓打交道的「牧民之官」。州縣作爲「一方父母」，在徵收常規稅費之外再加派一點什麼，只要地方上能承受，問題也不太大。州縣有此「合法」的額外收入，就可以孝敬府道；府道有此額外收入，就可以孝敬撫督；撫督有此額外收入，則可以孝敬京官。這樣一來，非典型腐敗的實行，就有了經濟保障。而且，由於它的源頭是被視爲「合法收入」的「耗羨」，因此，以後的一連串孝敬，也就不能算作賄賂，頂多只能算是「陋規」。

三 逼良為寇

現在想來，「陋規」這個兩個字，實在是妙不可言。一方面，它是「陋」（腐敗），另方面，它又是「規」（常規）。事實上至少在明清兩代，陋規已成爲官場中一種「常規性腐敗」。即便一些比較正派、尚有天良的官員，儘管內心深處很不以爲然，也不得不照此辦理。能不在「耗羨」之外再加攤派，或不在「規禮」之外再出新招，便已是「愛民如子」、「體貼下官」，火耗、米耗和各種規禮則還是要收的。因此我們便很想知道，這究竟是爲什麼。

有人說，這是給逼出來的。

這話並非沒有道理。我們知道，官場陋規，主要盛行於明清，而明清兩代，則是官員俸祿最低的時期。縣長的月薪，據吳思《潛規則》的計算，只合人民幣一千一百三十元。我們要搞清楚，他們這個俸祿和我們現在的工資並不是一個概念。明清官員的俸祿是要用來給別人開工資的。比如總督、巡撫，沒有下屬職能部門，要靠自己聘請「幕友」來幫忙。這就要自己掏腰包，朝廷是不管的。州縣雖有政府，有僚屬，有吏員，但那不頂事，還得靠自己請「師爺」，而且至少要請兩個（一個刑名師爺，一個錢糧師爺，分別負責處理司法治安和財政賦稅方面的具體事務）。師爺和州官縣官，是雇傭關係。師爺管州縣叫「東家」，州縣管師爺叫「先生」。他們不是上下級，師爺也不是朝廷命官或政府雇員。他們的薪水，當然得州縣自己出。除了刑名和錢糧這兩個最重要的師爺外，州縣還要聘請一些其他的私人秘書，比如「書啓」（負責書寫信函和起草公文）、「掛號」（負責管理公文）、「賬房」等等。他們的薪水，當然也得由州縣自己出。這就是一筆相當可觀的開銷，且不說還要贍養父母，供養妻兒，周濟親友，置辦產業，你說這千把塊錢怎麼夠？

另外，官員朝覲、調差、上任，朝廷是不出路費的，得自己想辦法。那時實行迴避制度，主官不能在家鄉就職，常常一走就是千里之遙。這就不能不靠沿途的地方官招待。不招待也是不行的，因爲大家都有這個問題。你今天不招待別人，明天別人就不招待你。當然，招待也是對等的。督撫來了督撫招待，州縣來了州縣招待。但不管是誰來了，只要過境，州縣都要招待。因爲他們官最小，見了誰都得叫首長。這也是一項不輕的負擔。據張集馨《道咸宦海見聞錄》所記，道光二十二年，已被革職的前閩浙總督顏伯燾卸任回粵途經漳州，漳州縣蔣縣長就花了一萬兩銀子的招待費，最後只好虛報兵勇名額，領取糧餉來塡補虧空。明清時代的地方官，並不那麼好當。

何況還有種種應酬、陋規，比如三節兩壽的水禮，冬天的炭敬，夏天的冰敬，請長官門房代爲通報的「門敬」，送給首長跟班的「跟敬」，走馬上任之前酬謝京官打發親朋的「別敬」等等。比如張集馨從朔平知府調任陝西督糧道（主管西北地區軍糧的地方官）時，光是在北京的「別敬」就花了一萬七千兩，至少是他年薪的一百倍（當時一個總督的年薪才一百八十兩）。收支出入如此之大，不去盤剝百姓，就只有自殺。

那麼，不送這個敬那個敬的行不行？不行。首先是京官不答應。明清兩代的京官是很窮的。那些職位低權力小的，差不多也就是靠小米粥窩窩頭過日子。大官們的薪水也不多，開銷卻很大。比如要買房子、養僕人、置儀仗、請客吃飯、給皇上和太后送壽禮等等，而明代一個正二品的六部尚書年薪才紋銀一百五十二兩，清代的一品大員也才一百八十兩，你說夠做什麼？也就全靠地方官的這個敬那個敬了。當然你硬不敬也可以。只是到了考核的時候，你的問題肯定不少。來部院辦事的時候，所有的文書肯定都過不了關。別人舉報你的時候，當然沒人替你說話，揭發材料倒是很快就會送達御前。最後的結果是什麼，你自己也清楚。所以，除了那個連皇帝都敢罵的海瑞，沒有哪個地方官不給京官送這個那個的。比如抗倭名將戚繼光，據說就曾購買美女送給當朝宰相（首輔）張居正。這事雖然查無實據，但他送過重禮，卻是有案可稽。

總督、巡撫們要給京官送禮，他們當然也要接受下級的孝敬，要不然錢從哪裏出？何況他們的開銷也大。光是進京朝覲一次，銀子就得花得跟流水似的。這些錢朝廷是不管的，也沒有別的生財之道（比如辦企業什麼的），正所謂「非從天降，非由地出」，不接受下級的孝敬，又能從哪裏來？京官吃督撫，督撫吃州縣，州縣沒有下級，就只好吃百姓。等到百姓身上再也長不出肉來給他們吃時，整個帝國也就崩潰。

那麼，爲什麼要把官員們一個個弄得都跟餓狼似的呢？

低薪自然有低薪的道理，這個道理就是所謂「道德原則」。在中國古代社會，道德是至高無上的。它不但是「立國之本」，而且是「治國之方」。也就是說，國家政權既靠道德原則來建立，國家政令也靠道德原則來執行。這樣，作爲國家政令的頒布者和執行者，各級官員在理論上就應該是道德的楷模。他們應該帶頭勤儉節約，廉潔奉公，當然也就不能拿過高的薪水，以免玩物喪志，浪費奢靡。相反，如果他們能夠克勤克儉，縮衣縮食，以爲君父分憂，以爲小民垂範，則可保國富民強，天下太平。

何況，官員們的俸祿雖然低，精神上卻有補償。我們知道，在中國，當官是一件很風光的事情。有句話說，萬般皆下品，唯有讀書高。爲什麼唯有讀書高呢？就因爲唯有讀書，才能做官。所以「唯有讀書高」，其實還是「唯有做官高」。做官既然高人一等，那麼，薪水低一點又算什麼。你嫌低，那你不要做，有的是人願意來。

有了上述一個「大道理」（以德治國）一個「小道理」（精神補償），朝廷就覺得可以理直氣壯地只給官員們發放極低的俸祿，甚至還要拖欠克扣。我們多半只知道現在有些地方會拖欠民工的工資，教師的工資，鄉鎮幹部的工資，大約誰也不會想到這事古代也有，而且拖欠克扣的對象，不僅是地方官員和低級官吏，也包括朝中大臣。古代官員的俸祿，常常是發實物工資的。領回家的並不都是銀子，也有大米，布匹，甚至胡椒。你說這胡椒怎麼當錢用？而且，不管發給你的是什麼，統統都要折算成大米。至於怎麼折，自然是朝廷說了算。比如明代成化年間，戶部就曾把在市場上只值三四錢銀子的一匹粗布，折成了價值二十兩銀子的三十石大米。僅此一項，朝廷就近百倍地克扣了官員的工資。這他媽的是什麼狗屁朝廷？簡直就是強盜！

朝廷做強盜，官員就只好當土匪。當然，也不是所有的官員都能當土匪，能當的只有州官縣官。州縣雖然能夠直接向老百姓巧取豪奪，但他這個土匪是要「掛牌上崗」的，他的「營業執照」還得上頭批。結果，州縣們的各級上司，就變成了抽成收保護費的黑社會老大。州縣攔路打劫，督撫坐地分贓，京官敲詐勒索，整個官場變成了一個土匪窩子，這不是逼良爲寇是什麼？

當然，也不是所有的地方官一上任就當土匪。一般的說，科舉出身的新官，一開始還是比較廉潔的。他們並不想當土匪，因爲這和他們的人生理想不符。這些人，飽讀儒家經典和史書，懂得「水能載舟，也能覆舟」的道理，滿腦子都是忠君愛民、富國強兵、平治天下的理想。但是，當他們有了一些所謂「官場歷練」以後，這些理想就不見了。因爲理想並不能當飯吃，而朝廷又沒有提供足夠的糧草讓他們去爲理想馳騁。那些不能解決任何實際問題的道德說教便只好束之高閣，而代之以能夠讓他們在官場上左右逢源的非典型腐敗。好一點的，也許只不過對這些「耗羨」、「陋規」不再大驚小怪，甚至心安理得，壞一點的，則很可能變成窮兇極惡的盜匪和貪得無厭的竊賊。

道理也很簡單：批判的武器不能代替武器的批判。當你拿著可憐兮兮那麼一丁點被拖欠被克扣的俸祿，連老婆孩子都養不活的時候，能有幾個人願意像海瑞那樣，靠吃自己在衙門裏種的蘿蔔白菜過日子呢？何況你要改善一下生活並不困難。你只要在收稅收糧的時候稍微多收那麼一點點就行了。甚至你只要對你的下屬在多收稅糧的時候睜隻眼閉隻眼就行了。什麼都不用你親自動手，一切都會有人幫你打理好，而且你還不用擔心受到指責和處分，因爲大家都是這麼做的。那麼，又有幾個人能擋住這樣的誘惑呢？

難怪朱元璋要感歎官員墮落之多了。他說「朕自即位以來，法古命官，布列華夷」，誰知道「擢用之時，並效忠貞；任用既久，俱係奸貪」，「以至內外官僚，守職維艱。善能終是者寡，身家誅戮者多」。吳思的《潛規則》一書，把這個現象稱之爲「新官墮落律」。原本清清白白的新官、清官一個個墮落爲貪官、半貪官，自然有複雜的原因。但朱皇帝的低薪制，卻不能不說是原因之一。

事實上，無論低薪制度有沒有道理，或者有多少道理，它在實際的執行過程中都不具備可操作性，而一個不具備可操作性的制度在政治上是注定要失敗的。爲什麼不具備可操作性呢？因爲它缺少一個支撐系統。當然，在朱元璋他們看來，這個支撐系統是有的，這就是道德和道德教育。但是，道德雖然必須，也有用，卻不萬能。倉廩足然後知榮辱，貧窮才是萬惡之源。你不能指望一個叫花子有足夠的人格尊嚴，你也不能指望官員們餓著肚子爲帝國效勞。沒錯，無論古代還是國外，都有安於低薪，甚至有貼錢做官的。不過我們得弄清楚，這些人一般並不缺衣少食。他們或者有田租，或者有家業，或者有遺產。他們出來做官，或是爲了實現政治理想，或是爲了實現人生價值，總之不是爲了謀生。

咱們的情況可就兩樣。大多數官員，是要靠這個吃飯的。尤其是來自農村的那些貧寒之士，他們頭懸梁錐刺股，囊螢映雪，刻苦功讀，不僅是爲了「一舉成名天下知」，也是爲了能夠改善生活。至少，在他們金榜題名、走馬上任之時，對那些曾經千難萬苦地支持過他們的父母妻子、親朋好友，總得有所回報吧？貧困潦倒時借下的種種債務總要一一償還吧？作爲一個官員應有的最起碼的體面，也總得維持吧？然而朝廷之所發放，竟是杯水車薪。那麼好了，朝廷的俸祿既然不能指望，能指望的，便只有手中的權力；而權力，我們知道，那是可以換錢的。

四　高薪未必養廉

權力可以換錢，這個道理大家都知道。權力如何換錢，大家知道的可能比我還多。那就不說也罷。現在要考慮的，是解決的辦法。

這是很有現實意義的。因爲不但明清，就連時下的腐敗，也部分地與低薪有關。我們的省長、縣長雖然不必自己掏錢雇「幕友」、「師爺」（也不允許），調動工作時也不必自己掏路費，更不必四處打點，逢人便送別敬，但工資單上的那點薪水，也實在不能算是很高。當然，他們還有工資以外的許多無法準確估算的福利，比如住房，比如醫療，比如用車，比如不需要自己花錢的吃喝玩樂，正所謂「工資基本不動，飯菜基本不弄，煙酒基本靠送」。可惜這些好處只有在職的時候才有。一旦離職，就什麼都沒有了。另外，也不是所有的官員都有上述好處。地方有貧有富，官缺有瘦有肥。某些非重要部門（也就是北京人所說的「蒸餾水衙門」）的幹部，日子就相當清貧；而某些重要部門（比如紀檢部門）的幹部，因爲紀律嚴明，日子也過得緊緊巴巴。

因此，類似於明清官場陋規的非典型腐敗，便在不少地方和部門死灰復燃。當然，公然地收受「使費」、「部費」、「門敬」、「跟敬」是不大可能，到地方上視察，臨走時也不會有什麼「程儀」。如果有，那是要被視爲「典型腐敗」的。但非典型腐敗之所以是非典型腐敗，就因爲它總能找到恰當的方式，讓大家無話可說，或者無法可查。所以，內容千古不變，花樣卻不妨翻新。比方說，花鉅資給你裝修房子，卻只象徵性地收一點「材料費」，就是一個辦法。用考察的名義請你出國旅遊，也是一個辦法。此外，還有請打麻將和請打高爾夫球的（贏家是誰自然不言而喻），有請題字、寫文章然後送潤筆、稿酬的。此類「辦法」數不勝數，我們以後有機會再說。

同樣，公然地收取「耗羨」，也是不可能的了，而亂收費、亂攤派、亂集資，則是明顯的違法亂紀。但「跑部進京」之類的事情還是要做，而且開銷也不小。這些錢不能完全由地方政府出，更沒有由地方官自己出的道理，再說也出不起。這個也有辦法，就是讓企業出，然後將跑來的項目交給這家企業去做。這很「公平」，也很「合理」，大家都沒有話說。企業因爲出了錢，當然該得這個項目；地方官等於給這家企業跑來了生意，當然也該附帶地享受一些好處，比如吃滿漢全席，住總統套房，以及將一些不便報銷的款項交由企業解決等等，便等於是收取「耗羨」了，只不過並不裝進官員的腰包而已。實際上，招待重要客人，請吃飯，請跳舞，甚至請洗桑拿，然後「找個老闆來埋單」，已是某些地方官的常規做法，也是公開的秘密。總之，由於官員們的薪資實在太低，要用錢的事情和地方又太多，這就使他們不得不「曲線救國」，想些並不明顯違法亂紀的辦法，而非典型腐敗也就應運而生。

於是便有人主張，應該高薪養廉。

高薪養廉並不是什麼新主張，早就有人提出並實行過了。這個人就是清代的皇帝雍正。雍正皇帝即位不久，就做了三件與反腐倡廉有關的事，這就是耗羨歸公、高薪養廉和取締陋規。雍正是一個了解下情的皇帝。他很清楚，「耗羨」這種正常稅收外的附加稅，是收得沒道理的，但又取消不得。當眞取消了，官員們就沒法過日子；而如果一仍舊例，又等於姑息縱容。雍正的辦法是「耗羨歸公」。具體地說，就是將過去由州官縣官私徵私用的耗羨，統統上繳省庫，然後再由省裏發給州縣。這項改革的意義是很大的。首先，耗羨歸公，國家便可以名正言順地進行規範（主要是規定提取的比例），而州縣因爲多收無益（反正只能從省裏領到規定的數額），就不會再亂攤派。這就堵住了亂收的口子。其次，耗羨歸公以後，州縣徵求耗羨，不過是完成任務；上司發還耗羨，也不過是發放津貼。雙方都不是送「紅包」。既然不是紅包，也就沒有人情。州縣既不敢藉口孝敬上司而加重盤剝，上司也可以理直氣壯地管理下級。這就堵住了腐敗的口子。第三，歸公的耗羨，除塡補虧空和留作公用外，統統用來發放「養廉銀」。這筆錢，雖然還是從官員們那裏來的，但比起這個敬那個敬來，畢竟公平合理多了。這就在「反腐」之外又有了「倡廉」。

雍正時期養廉銀的數字相當可觀。比如總督的年薪是白銀一百八十兩，而浙閩總督的養廉銀則是一萬八千兩，一百倍。縣官的年薪是四十五兩，而其養廉銀至少也有四百兩，多的可達二千兩，倍數也很不小。吏、戶、兵、刑、工五部尙書（部長）、侍郎（副部長）和管部務的大學士（國務委員）則發雙俸。因爲他們沒有養廉銀可領，手上又有權，難免地方官來和他們搞權錢交易。其他京官，也都有所津貼。比如一品大員年俸一百八十兩，恩俸則有二百七十兩，比例雖不及外官大，但京官的應酬開銷要小得多，大體上也能平衡。

有了養廉銀，雍正便認爲可以取締陋規了。那時的陋規是很嚇人的。比如山東的州官縣官拜見巡撫一次，衙門裏就要收門包（也就是開門費和通報費）十六兩。繳納一千兩稅銀，則要另交三十兩手續費。下級拜見上級，本來是談公務，卻要先用銀子作敲門磚；納稅人交稅是盡義務，卻要另外拿錢答謝收稅人。這是什麼規矩？混帳規矩！因此雍正勒令取締，並通令全國：「倘有再私收規禮者，將該員置之重典，其該管之督撫，亦從重治罪」。

應該說，雍正的這一系列舉措，是既有道理又可操作的。可惜其收效卻甚微。西元一七三五年，雍正去世，乾隆繼位。就是從他這個寶貝兒子開始，大清帝國又重新走向腐敗。各種陋規死灰復燃，且愈演愈烈。比如前面說到的那個張集馨，道光二十七年調任四川臬台時，在北京就又送了一萬五千兩銀子的「別敬」。其中軍機大臣（實際上的宰相）每人四百兩，六部尚書每人一百兩，侍郎每人五十兩，軍機處秘書每人也有十六兩。至於使費、部費、門敬、跟敬之類，各地方、各衙門、各官員也都照收不誤。這還是「非典型腐敗」。典型的腐敗就更是駭人聽聞。乾隆朝大學士和珅，家財竟達八萬萬兩，相當於當時政府十年的財政收入，法王路易十四私產的十四倍；也相當於雍正五年國庫儲銀的十六倍，康熙末年國庫儲銀的一百倍。看來，高薪也未必養廉。

高薪爲什麼就未必養廉呢？因爲高薪之外的誘惑，要遠遠大於養廉銀的數額。誰都知道，「三年清知府，十萬雪花銀」，一年千把兩銀子怎麼抵得住？這還是「清知府」。如果是和珅那樣的大貪官，這點養廉銀哪會放在眼裏？所以，高薪養廉只可能對那些操守較好的官員起一點補償作用，幫助他們堅守下去，對眞正的貪官是不起作用的。它也不能遏制腐敗，頂多不過揚湯止沸而已。

問題在於，即便那些操守較好的官員，在高薪養廉的條件下，也只能做到自己不搞典型的腐敗，無法抵制非典型腐敗。比如張集馨，就是操守較好的。林則徐當然也是。

但他們也都既收規禮，也送規禮。爲什麼？就因爲那「禮」是「規」，是規矩，是規約，是遊戲規則。你要想在官場上混，就不能破壞規則。何況，陋規雖然「陋」，但它的名目並不醜陋，反倒很有人情味。比如冬天送的叫「炭敬」，夏天送的叫「冰敬」，也叫「瓜敬」。送點木炭送點瓜，總不好說是行賄受賄。這實在是一種有中國特色的政治智慧，明明是行賄甚至勒索，卻弄得溫情脈脈。結果，你不能不送，也不能不收。不送，是不通人情；不收，是不近人情。一個不懂人情的人，在中國是連做人都做不了的，何況做官？

還有，就算你不愛錢，也不在乎升遷，你總不能不爲屬下著想。你的家丁、童僕、跟班等等，千里迢迢跟著你到外地做官，圖個什麼？你的書吏、衙役、門子，爲你鞍前馬後東奔西走，又圖個什麼？他們可不是什麼「聖人之徒」，沒讀過四書五經，也沒什麼平治天下的理想。他們除了想跟著你風光風光，吃香的喝辣的，也就是想多撈幾個。你自己不要，還能不讓人家要？如果你這裏總是兩袖清風一貧如洗，他們就會跟別人去了。不要以爲中國人就沒有市場經濟的觀念，擇木而棲他們還是知道的。

況且，你可以不爲自己的屬下著想，卻不能不敷衍上級的屬下。所以，長官的門房那裏，你要送「門敬」；長官的跟班那裏，你要送「跟敬」。如果不送，那好，你就別想見到長官，而關於你的流言蜚語卻總是會飄到長官的耳裏。因此，就連位極人臣的軍機宰輔們，有時也不得不攏絡得寵的太監。因爲太監雖不入流，卻是皇上身邊的人。身邊的人，總是比別的人親近，也比別的人方便。想幫你或是想害你，有時只不過是一句話的事情，豈能「小看」？同樣，長官身邊的人，你當然也馬虎不得。

好了，你既然要敷衍上級的屬下，也就不能不讓自己的下級來敷衍，不能不准自己的門房、跟班接受「門敬」、「跟敬」。那就太不近人情了。何況這也很難說就是腐敗。國外酒店的門童也收小費的麼！只不過，他們的小費是根據服務的好壞來定的，而在咱們這裏，門敬、跟敬的多少卻取決於長官的官階，也算是一種中國特色吧！

其實這也不奇怪。因爲種種陋規，雖然範圍有大小，數額有多少，但都無不圍繞一個中心。這個中心就是權力。總督巡撫爲什麼要孝敬軍機宰輔？下級官員爲什麼要結交首長秘書？就因爲他們接近權力中心。所以，規禮的數額雖然一般以官階的高低爲準則，卻又並非一成不變。比如張集馨當陝西督糧道的時候，送給巡撫的規禮就比總督多。巡撫的規禮按季送，每季一千三百兩，一年四季共五千二百兩。總督的規禮按節送，每節一千兩，一年三節（春節、端午、中秋）共三千兩。這是因爲，總督的官雖然比巡撫大，但隔了一層，不是直接領導，也不同城（陝甘總督駐節蘭州，陝西督糧道則和陝西巡撫同在西安），權力和影響力反倒小一些。這就叫「縣官不如縣管」。所以，哪怕你面對的只是一個科員，但如果你的案子正好歸他管，你就得意思意思。部長那裏，倒未必一定要打點。也就是說，在這裏，眞正起到作用的不是別的，正是權力，尤其是那些能夠直接爲生影響的權力。

五　有監督就行嗎

腐敗確實與權力有關。據我自己的經驗，凡是存在著權力關係的地方，就至少同時存在著非典型腐敗的可能性。我曾在西北的一個軍墾農場待過十年。那時，我們每年只有在春節的時候才能吃到一頓大米飯。這樣，米飯的分配就成了一種權力。當然，這頓米飯是憑票定量供應的，理論上「人人有份，大家一樣」。但你碗裏的是否足量，卻往往在於炊事員的一念之差。所以，那些特別愛吃米飯的南方知青，便會在這時格外討好炊事員，比如在打飯時臉上堆滿了笑容。某些更乖巧的，則提前做好了公關工作，送足了諸如餅乾糖果之類的小恩小惠。這樣，在米飯分配完畢尚有少量節餘的時候，他們便可在廚房裏再吃一碗蛋炒飯。

諸如此類權力與利益的交換，咱們中國人幾乎無師自通，並不用讀多少書。就連一個農民工都知道在攬活的時候，要先給包工頭遞一根煙過去。有一年秋天，我們幾個人在一起聊天。一個女知青忽然歎了一口氣說：今年冬天讓我剝棉桃就好了。軍墾農場冬季的農活主要有兩種，一個是剝棉桃，一個是拉沙子（也就是將沙丘裏的沙子拉到地裏以改良土壤）。拉沙子要在零下數十度的嚴寒中出工，又苦又累；剝棉桃卻不必出門，可以邊烤火邊聊天。所以當時就有人插嘴說：那你探親回來的時候就該給連長帶包醬油膏。那時，農場裏吃不到醬油。要吃，就只能靠知識青年從城裏帶固體醬油。這當然也不算什麼，更談不上是腐敗，但事不同而理同。在那些軍機大臣、吏部尚書眼裏，州縣們一張幾百上千兩的銀票，不就是一包醬油膏嗎？分配工作的時候，是打發你到貧困縣，還是安排你到富裕縣，不就是拉沙子和剝棉桃之別嗎？知識青年送給連長們的醬油膏，不也可以看作一種「孝敬」，不就是「醬油敬」嗎？一個懂得給連長、排長送「醬油敬」的人，當了州官縣官以後，當然會懂得給巡撫、總督送「冰敬」、「炭敬」。培育「非典型腐敗病毒」的溫床，是到處都有的。

實際上，只要存在著權力，只要這權力能給別人帶來好處或者造成傷害，權力的擁有者和這權力的受益（或受害）者之間，就很容易爲生一種權與利的交換關係。然而，權力又是不可能取消的，除非你能回到「小國寡民」的原始氏族社會。我們能做的，只能是對權力的監督和限制。

因此有個說法：「沒有監督的權力是腐敗的根源」。但我對這種說法總是心存疑慮。因爲按照這種說法的邏輯，只要有了監督，也就不該有腐敗了。可惜事情並沒有那麼樂觀。

中國是世界上最早建立監察制度的國家之一，自秦漢始就有了專門的監察部門。它在西漢時叫「御史府」，東漢以後叫「御史台」，明清改稱「都察院」。不論御史台，還是都察院，都是直屬天子的獨立部門。不但不受其他官員和部門的制約，反倒有權監督一切部門和官員。同樣，不論叫御史台，還是叫都察院，監察幹部都叫御史。兩漢至元，御史台的官員依次有御史大夫、御史中丞和監察御史。明清都察院的官員，則依次有都御史、副都御史、僉都御史和監察御史。御史大夫和都御史是正長官，御史中丞和副都御史是副長官。清代的巡撫之所以又叫「中丞」，就因爲他例兼都察院右副都御史銜。

監察部門的地位很崇高。漢代，御史大夫兼任副宰相。元代，御史大夫官居一品，而且例由皇太子或貴戚兼任。當然，官位高的，只有御史台或都察院的正長官，其他監察官的品級並不高。比如明清的監察御史只不過正七品，按吏、戶、禮、兵、刑、工六部業務進行對口監察的「六科給事中」，也是正七品。但監察御史和六科給事中的品級雖然不高，職權卻很大，地位也很崇高。首先是許可權大。上至親王宰輔、重臣勳貴，下至督撫州縣、司官道員，甚至包括其他監察幹部和監察部的領導，都可以彈劾。這些人貪污腐敗固然可以彈劾，即便只是疏忽怠慢工作不得力，也可以彈劾。其次是責任輕。監察御史和六科給事中都有一個特權，叫做「風聞奏事」，也叫「風聞彈事」，就是只要聽到風吹草動，甚至流言蜚語，就可以舉報，不必負核實的責任，也不受反坐的處分。第三是獨立性強。御史彈劾官員，不必通知照會有關部門，也不必經自己的長官批准。唐代長安四年（西元七百〇四年），監察御史蕭至忠彈劾一個名叫蘇味道的三品官。事後，御史大夫批評他說，這麼大的事也不和長官說一聲，不太合適吧？蕭至忠卻回答說：「台中無長官」。也就是說，監察部門和別的部門不一樣，是沒有領導被領導關係的。每個人都獨立辦案，直接對皇上負責。蕭至忠還反問：如果御史的彈劾每次都要請示，那麼，批准了倒沒什麼，不批准又該怎麼辦？這就說出監察工作的特殊性了。御史大夫聽了覺得很有道理，就讚許蕭御史實在是忠於職守，剛直不阿。

爲了支持御史獨立行使監察權，朝廷甚至還規定了嚴格的程式和隆重的禮儀。但凡重大的彈劾案，御史要頭戴一種名叫「獬豸冠」的法冠，身穿內白外紅的法袍，當著皇帝和百官的面在朝堂上宣讀「起訴書」，被彈劾的官員則必須立即站出來等待處分。所以，上朝的時候，一見有人身著這樣的冠服昂然而入，那些不知情的官員便會心裏打鼓，不知這回又有誰要倒楣。

這樣的監察力度，不能算小吧？

但是效果如何呢？也不過揚湯止沸，甚至連揚湯止沸都做不到。一任一任的官員依然前「腐」後繼。更嚴重的是，對官員的監察還發展成爲一種新的腐敗。我們知道，監察御史也好，給事中也好，權力是很大的。另外，朝廷還會臨時指派一些監察官員，比如巡按御史或者欽差大臣到地方上查案子。這些人的權力也是很大的。將犯事官員就地免職固然不在話下，調動軍隊來拘捕官員也不是不可能的事情。這原本是爲了保證監察工作的雷厲風行，卻使監督本身就變成了一種特權，一種更不受限制和監督的權力。這樣一種權力是沒有人不害怕的。道理也很簡單：人非聖賢，孰能無過？大案子沒有，小毛病還挑不出來？介休縣那個林縣長被挑出來的就是一個小毛病。結果怎麼樣呢？烏紗帽丟了。

所以，只要監察官員一來，地方上就會忙成一團亂成一團。因爲誰都知道，無風不起浪。地方上要是一點事情都沒有，上面就不會派人來。監察官如果一點問題都查不出，回去也不好交代。最好的結果，是查出了一點小問題，且都已解決，或「事出有因，查無實據」，也就皆大歡喜。這就要做工作，也就要花銀子。至少，飯是要吃的，而且要吃得好；戲也是要看的，而且要演得好。如果巡按大人和欽差大臣寂寞，那麼，女人也是要安排的，而且要長得漂亮。至於常規的禮儀，比如「別敬」、「程儀」之類，自然一文不能少。巡按和欽差的跟班門房，也都要一一打點到。總之，上面來監察一回，下面就受難一次。監察次數越多，下面越倒楣。比如前面說過的那個林縣長就很倒楣，一個並無實據案子，由於監察部一位姓汪的處長向皇帝「風聞奏事」，竟被反覆查了好幾回。先是張道台查一回，然後是隆尚書查一回，最後虞知府又查一回。三個來回，不知多少銀子賠了進去。這些錢，當然最後都要攤到介休縣老百姓的頭上。這還只是一個案子。實際情況是，差不多地方上每件事情都有可查的理由。結果，每查一次，百姓就被魚肉一回。因此我想，老百姓要是有發言權，一定會對朝廷說：求求你們不要反腐敗了。你們越反，他們越腐敗。也求求你們不要關心我們了。你們越關心，我們越倒楣。

其實，就算這些監察官員都很廉潔，也很努力，恐怕也只能監察典型腐敗，監察不了非典型腐敗，因爲根本就沒法管。比如請客吃飯，你管不管？管？每天都有人請客吃飯，你一桌一桌地查，一席一席地管，管得過來嗎？不管？那好，我們用公款吃滿漢全席，一次吃掉黃金萬兩，管不管？你說太不像話了就要管，那麼，請問什麼叫像話，什麼叫不像話，什麼叫太不像話？不好定標準吧？就算定出標準，官員們也有辦法。你說只能四菜一湯？那我就一道生吃龍蝦，一道東北熊掌，一道南海鮑魚，一道西藏松茸，再加一道霸王別姬，算是湯。何況還可以上拼盤。每盤拼四道，把盤子弄大點就是。你說每席不得超過多少銀子？那好，我一人一席。你說不得收紅包？我從來就沒收過，收禮也只收工藝品、土特產。再說我也還過禮了，我給他們寫了字呀！什麼？你說我收的工藝品是文物，土特產是國寶？我的字還價值連城麼！反正，上有政策，下有對策，總有辦法對付。

不過這種辦法在國外恐怕就不靈，因爲弄不好媒體就會把你們大吃大喝的照片登出來，或者把你寫的字登出來，讓大家看看是不是價值連城。可見，問題並不在於或不完全在於有沒有監督，還要看由誰監督和怎樣監督。像歷朝歷代這樣監督肯定不行。因爲歷朝歷代都是官員監督官員，等於是自己監督自己，哪裏監督得了？自然是越監督越腐敗。如果硬要監督，除了大幅度增加監督成本直至國家無法承擔以外，別無出路。但如果交給老百姓監督呢？事情恐怕就會兩樣。至少，辦案的成本要低得多，因爲這錢是要由老百姓自己出的。如果他們也趁機大吃大喝，豈非蜻蜓咬尾巴，自己吃自己？

不過就連這，我也不敢盲目樂觀。中國的老百姓當眞能監督嗎？且不說他們有沒有監督權，也不說我們有沒有這樣一套可操作的監督制度，就算有，也未必能有成效。我在最新版的《閒話中國人》（上海文藝出版社二〇〇三年版）一書中說過，中國人對待腐敗的態度，其實是一貫採取雙重標準的。別人搞腐敗，他痛恨；自己搞，或者自己家裏人搞，就不痛恨了。他們的義憤塡膺，往往是因爲自己沒有份。比如公款吃喝，是大家都痛恨的，但如果你邀請他一起去，則會欣然前往，且面有得色。這是一。第二，中國人也一般只反對典型腐敗，不反對非典型腐敗。不但不反對，還要積極參加。比如給醫生送紅包，就屢禁不止，因爲病人不同意禁止。你越禁，他越要送，那你還能指望他們監督醫生？

六　制度不能保證一切

我們不妨就拿醫生的紅包這件事來做個分析。

憑良心說，我對醫生收受紅包，是持同情態度的。老話說，黃金有價醫無價。又說人命關天，救人一命，勝造十級浮屠。生命畢竟是最可寶貴的東西。所以，一個醫生，如果醫德醫術都好，起死回生，妙手回春，就該拿高薪、得重獎。可惜現在還做不到，也就只好由病人來獎勵了。但是，另一方面，病人已經按照規定繳納了醫療費用，再送紅包，豈不是在完糧納稅之後再交「耗羨」嗎？再說了，獎勵應該是在事後，紅包卻必須送在事前，這和送「冰敬」、「炭敬」又有什麼兩樣呢？因此，它又是一種非典型腐敗。問題在於，儘管官方三令五申，媒體也再三披露，但只要自己家裏有人要上手術臺，病人家屬就會千方百計地給醫生、護士、麻醉師送紅包，擋都擋不住，這又是爲什麼？

說白了，是不放心。

誰都知道，當一個病人走上手術臺時，他就把命交給醫生了。手術的結果，他自己是完全不能把握的。從理論上講，一個手術，有三種可能：成功、失敗、基本成功但有後遺症。造成這三種結果的原因當然是多方面的，但在那些不懂醫術的病人心裏，則認爲全在醫生的「一念之差」。這是他們千百年來和官府打交道得出的經驗。在他們看來，病人做手術和草民打官司，是一個道理，即都是把自己的小命交給一個素不相識、卻又握有生殺予奪之權的人去擺布（只不過病人交的是肉體生命，草民交的是政治生命）。擺布的結果，他自己是不知道的，也是不能控制的，你讓他怎麼放心？

事實上官府的斷案，也有極大的隨意性。所謂「官斷十條路」，也就是在相當寬泛的範圍內，左一左，右一右，寬一點，嚴一點，都合法。反正怎麼判都是官有理。上級考核下級，就更是如此。「說你行你就行，不行也行；說不行就不行，行也不行」。一個官員管事多，可以說他勤勉，也可以說他無事生非，擾民；一個官員管事少，可以說他懶惰，也可以說他無爲而治，高明。反正嘴是兩張皮，咋說咋有理，而且是誰有權，誰有理。

這就不能不事先提防。實際上許多人的送禮，並不一定就是想攫取更大的利益，多半還是爲了避免傷害。在中國傳統社會，一個手中握有權力的人，如果要想傷害一個並無權力的平民老百姓，那是很便當的，有時甚至不過舉手之勞。關於這一點，吳思的《潛規則》裏面舉了許多生動的例子，我就不重複了。我認識一位裴響鈴老人，原先在一家報社當記者，只因爲領導看他不順眼，就趁「反右鬥爭」之機把他送去勞改，連手續都沒有辦，也沒有送審和報批。相反，這位受害者要爲自己討個公道，卻費了九牛二虎之力。後來，裴老寫了一本書，叫《我這一生》，由燕山出版社出版，有興趣的讀者可以去看。

其實，只要看過幾齣古裝戲，多少有點歷史知識，便都會知道「民告官」有多難。攔轎喊冤，要先「掌嘴」（也就是打耳光）；上堂擊鼓，要先打五十大板；告御狀（也就是向最高法院申訴），要滾釘板（也就是趴在釘滿鋼釘的木板上背訴狀，而且要背得一字不差）。所以，如果不是有天大的冤情，幾乎沒有人願意去告官。何況，就算民告官不那麼難，該走的程序總還要走。等你把所有的程序走完，很可能人已經殺了，牢已經坐了，所有該受的罪也都已經受了，甚至你已經傾家蕩產家破人亡了。比起送紅包來，哪個合算？相反，如果只要送了紅包，就能解決問題或者不受傷害，又有多少人會不送？

可見，紅包，是用相對較少的代價換取公正和安全的經濟手段，也是中國人（包括老百姓和地方官）在千百年歷史中付出血的代價才換來的人生經驗。在整個社會尚未得到合理的改造之時，我們不能單純地譴責紅包。

既然紅包反正要送，那麼，有個「例」，有個「規」，總比沒有好。至少，大家心裏不會一點底都沒有。也就是說，人們並不指望不送紅包，而只希望能有個規矩。這個規矩應該包括以下內容：第一，它能規定一個大致「合理」不太離譜的價格，並能有一個方便的渠道把這個價格告訴我們；第二，應該能讓當事人知道如何送，保證能送到，對方不會嫌少或拒收；第三，紅包送達以後，自己的權益能夠得到保障。如果大家都能按照這三個標準做事，那就謝天謝地阿彌陀佛了。取消紅包？想都不要想！

那麼，能不能建立一種制度，讓我們的人民（也包括下級官員）不用送紅包，自己的權益就能得到保障，或者就能得到公平的待遇公正的評價呢？這當然是應該努力去做的事，而且應該說也做得很努力了。這些年許多人都有一個共識，就是認爲腐敗之所以「野火燒不盡，春風吹又生」，是因爲制度不健全，讓人鑽了空子。因此應該加快制度的健全和完善。這當然並不錯。但如果以爲只要有了完善健全的制度就萬事大吉，卻未免過於樂觀。在我看來，再好的制度也只是「術」，不是「道」。「道」不變，變「術」是沒有用的。而且，說得悲觀一點，只怕是制度越嚴密，腐敗就越嚴重。

這不是危言聳聽，也不是杞人憂天，而是我自己的切身體會。就說學術界，這些年建立的制度可以說是夠多的了。評職稱、評博導、評博士點、評重點學科、評獎，都有種種繁瑣的、細緻的、量化的、可操作的規定，還建立了諸如「匿名評審」之類據說是很「科學」的制度。結果怎麼樣呢？依我看，照樣還是「該上的上不了，不該上的上了」，而且比先前有過之而無不及。比如評職稱，以前是開教授會議，由教授們決定誰上誰不上。後來說這是「人治」，要不得，要改成「法治」，定出種種條條槓槓，對號入座。比方說當教授要權威刊物論文多少篇，核心刊物論文多少篇。這樣一來，學校評職稱，就變成了刊物評職稱。於是這些刊物的行情大漲，大家都到他們那裏去拉關係走後門。一旦獲得這些「硬體」，學術水準再差的人也變得牛皮哄哄，拿著這些論文理直氣壯地要職稱，誰不同意他說誰腐敗。至於這些所謂「論文」水準到底如何，甚至是不是「槍手」捉刀，則是沒有人管的事。因此，自從實行了這些制度以後，學術界的整體水平不但沒有提高，反倒降了下來。

同樣，所謂「匿名評審」也不管用。不錯，送材料的時候，申請人的名字是匿去了。材料寄回來的時候，評審人的名字也匿去了。但材料寄給誰，寄的是誰的材料，負責寄送的人知道呀！這樣一來，申請人和負責人關係的好壞，就起到決定性的作用了。結果，常常是這邊材料還沒有寄出，那邊就接到了說情或者告狀的電話。如果是評博士點、評重點學科、評獎，還可能會有人拎著大包小包登門造訪。老實說，這事我也幹過，既託過人，也受過託。中國社會是一個人情社會，你不能一點面子都不講。如果是你的老朋友、老熟人、老同學，甚至是先前於你有恩的人找上門來，你能不大開方便之門？至少，在不太離譜的情況下，你不會太堅持原則吧？

所有這一切，都不違反制度（向評審人說情或者告狀除外，但你永遠查不出）。尤其是發表論文達到多少篇就可以當教授，更不違反制度。如果評審不能通過，還會有人打抱不平。結果，我們就「合法」地評出許多根本不合格的教授、博導。我不知道他們是該叫「眞的假教授」，還是該叫「假的眞博導」，也許該叫「非典型教授」吧？這可比做假文憑還可怕。假文憑總歸可以查出，這些「眞的假教授」和「假的眞博導」卻可以堂而皇之地招搖撞騙，不知廉恥地誤人子弟，直至把我們的學術界搞得烏煙瘴氣。

或許有人會說，這還是因爲制度不夠完善和健全。這話沒錯。但是，再完善再健全的制度，也是靠人來執行的。人不變，制度再好也沒有用。最後的結果，恐怕還是「上有政策，下有對策」，防不勝防。中國人在這方面，可是積累了上千年的經驗。因此，根本的問題在於改造社會，改造國民性，這可是比經濟體制改革和政治體制改革重要得多，也艱難得多的事情，正可謂任重而道遠。

所以，非典型腐敗和非典型肺炎一樣，是不好對付的。甚至我們還可以說，非典型腐敗比非典型肺炎更難對付。因爲這場病，我們民族已經得了很多年，也治了很多年，卻一直治不好，以至於弄得幾乎人人都是帶菌者，時時都是潛伏期。其原因，就在於以前開出的藥方，多半治標不治本，反倒弄得那病毒有了抗藥能力。治標不治本的原因，則又在於沒有找到病根。因此，要根治非典型腐敗，就必須對它進行病理分析。

實際上，只要稍加分析，我們就不難發現，所謂非典型腐敗，其實是一種區域性歷史現象。原始社會沒有，發達國家也不太多（他們那裏有腐敗，但很少有非典型腐敗）。它的疫區，主要在發展中國家，尤其是那些有著東方專制主義傳統的發展中國家。如果再縮小檢索範圍，則又不難發現，無論典型腐敗，還是非典型腐敗，都無不發生在權力關係之中。腐敗這東西，戰場上沒有球場上有，商場上沒有官場上有。戰場上靠的是武力，商場上靠的是財力，它們都不靠權力。商場上如果也要搞腐敗，則這種商業活動必與權力機構有關，比如和政府做生意，或需要政府的批文。此爲國際之通例，故西方發達國家也頻頻爆出此類醜聞。戰場上如果也搞腐敗，則必非眞正的戰爭。所謂並非眞正的戰爭，是指戰爭的一方根本無心作戰，作戰雙方是非對抗性的（比如美國與伊拉克）。至於球場上出現腐敗，則因爲賽事原本可以看作一種帶有表演性和商業性的「虛擬戰爭」，當然很容易被收買。

顯然，腐敗是與權力和利益有關的事，是權力與利益之間的一種交易。因此，但凡存在權力關係的地方，就有腐敗的可能。如果這種權力關係比較隱秘，則表現爲非典型腐敗。同樣，只要這種權力是可以贖買的，腐敗就必然發生；而當這種可贖買的權力滲透到社會的各個領域，以至於原本通過正常渠道就可以解決的問題也要進行權力的贖買，一些原本正常的人際交往也有了權力贖買的性質，權力的贖買已成爲人們的一種習慣時，非典型腐敗就會成爲社會難以根治的頑疾。

七　並非不治之症

的確，非典型腐敗是一種「習慣性腐敗」或「常規性腐敗」。它不但是腐敗的隱蔽形式（典型腐敗則是其公認形式），也是對權力的「習慣性贖買」。也就是說，只要一發生權力關係，就立即想到要進行贖買，或必須進行贖買，哪怕對方履行的只是份內職責，自己的提出的也是正當要求。這就和典型腐敗不一樣。典型腐敗往往有特殊的要求，比如網開一面，或者通風報信，甚至指鹿爲馬，總之是徇私舞弊。非典型腐敗卻不是。它不是要走後門，而是走前門，只不過請你按照規定把門開一下。但因爲開門的權力在你那裏，開不開，我說了不算，便只好意思意思，疏通疏通，其實並無「非分之想」。它甚至只是一種「習慣動作」。一看見有人把門，就習慣性地把紅包遞過去。習慣成自然。久而久之，它也就成了慣例，成了規矩，因此也叫「規禮」、「陋規」（即所謂「潛規則」）。陋而成爲規，腐敗而成爲習慣，可見問題之嚴重。所以，諸如此類的做法和規矩雖然不是典型腐敗，也不是什麼大案要案，卻是社會風氣敗壞的典型表現。

其實，養成這樣一種「習慣」也並不容易，它需要有三個條件。第一，整個國家已成爲一個權力至上和權力蔓延的社會。第二，權力的可以贖買和必須贖買已成爲全民的共識。第三，對於不造成典型腐敗的權力贖買，大家已習以爲常，不認爲是腐敗。中國二千多年的專制主義政治制度便恰好滿足了這三個條件。

首先是集權。二千多年前由秦始皇創立的政治制度，是一個中央集權的帝國制度；由此產生的社會，則是一個典型的專制社會，也是典型的權力社會。在這個社會中，包括政權、產權和人身權利，也包括榮譽、地位和生存條件，一切都是由權力來決定的。皇帝有權殺大臣，父親有權賣子女，丈夫有權休妻，縣官有權加稅。反正誰有權誰是大爺，誰沒權誰是孫子。於是，有條件的就攫取權力，沒條件的就贖買權力，既無法攫取又無法贖買的就只好任人宰割和魚肉。權力，不可能不成為人們的嚮往。

有權力的是官員。皇帝的權力雖然最大，但和老百姓隔得太遠，感受不到。最能讓老百姓感受到權力利害（施惠能力和加害能力）的，還是各級官員，尤其是地方官。老百姓從自己的切身感受中不難深刻地體會到，一個官員如果要施惠或者加害於自己，是何等地輕而易舉，有時簡直就是一句話的事情。官員的權力雖然只是皇帝授予的代理權，但用在老百姓身上，卻威力無窮。而且，正因為是代理權，才格外可怕。一方面，官員可以動用國家力量來對付你，足以使你傾家蕩產，家破人亡；另方面，皇帝又不可能對所有的代理人進行監控，也不可能受理所有的冤曲。你能做的，只能是設法贖買官員們手中的權力，而這又等於說誰當官誰發財。當官，也不可能不成為人們的嚮往。

何況皇帝也不是人人都能當的。有可能當他一當的是官。因此，只要有可能，當官都是許多人職業選擇中的首選。儘管並非所有的人都能圓這個夢，但這絲毫也不妨礙他們把官場當作仿效的對象，把官職、官位、官銜和官員的級別當作社會價值的計算標準，按照官場的規矩和做派來決定自己的行爲。這就是「官本位」。

官本位其實就是權力本位，它同時也就是倫理本位。因爲倫理治國的原則是：兒子服從老子，妻子服從丈夫，下級服從上級，全國服從皇帝。這其實是把所有的倫理關係都解釋成了權力關係。或者說，把道德關係（君仁臣忠，父慈子孝）轉換成了權力關係（父要子亡，子不得不亡）。實際上正如兒子不能反抗老子，民眾也不能反抗官員，因爲官員也是他們的父母。於是權力本位和倫理本位便可以集中表現爲官本位。

官成了本位，官場也就成了榜樣。因此，如果官場中的權力是可贖買的，那麼，社會生活中所有的權力也就都能贖買。如果官場中權力的贖買已成爲一種習慣，那麼，社會上所有的人便都會習以爲常。也就是說，如果官場上發生了「非典」，整個社會便都會傳染。

事實上首先發病的正是官場。

官場是什麼？官場是權力的集散地。在官場中，一切關係都是權力關係，或可以還原爲權力關係。權力支配著一切，也制約著一切。如果說，有了權力，便可以施惠或者加害於他人，那麼，這一點於官場則爲尤甚。所謂「官大一級壓死人」，其實就是「權大一級壓死人」；而所謂「一朝權在手，便把令來行」，則說明做官的目的就是要最大限度地攫取和使用權力。的確，沒有什麼地方，能比官場更突出地體現權力的至高無上和誘惑無窮。同樣，也沒有什麼人，能比官員更知道和熟悉如何使用和贖買權力。權力的贖買頻繁地發生在官場上，是一點都不奇怪的。

問題在於，任何王朝和政府，都絕不會允許典型腐敗的大規模大面積發生，除非眞是到了王朝的末日。因爲這不但與他們標榜的道德原則（比如勤政愛民、廉明清正、克己奉公）相悖，也會從根本上損害統治集團的長遠利益。大面積大規模的典型腐敗，會造成國庫空虛，民生凋敝，社會動亂，天怒人怨，最終動搖國本。這是稍有眼光的統治者所不願看到並必須竭力阻止的。

能夠容忍的也就是非典型腐敗。第一，既然是非典型腐敗，就不會那麼駭人聽聞，直接危害也不那麼大。第二，帝國雖然嚴禁官員結黨營私，卻也希望他們精誠團結，這就不能反對他們的往來。再說，如果連請客吃飯、節令送禮也要禁止，似乎也不近人情。第三，朝廷心裏很清楚，發給官員的那點微薄的俸祿其實不夠養家糊口，不讓他們多少盤剝一下百姓，收受一點禮金，就沒法過日子。第四，誰都知道權力是可以贖買的，也都知道權力的贖買是當官的好處之一。不讓官員們享受一點這種好處，就很難調動他們的積極性，也不大講得過去。只不過，要把握一個度，也要有個規矩，還得有個說法。

說法是現成的。炭敬、冰敬、別敬、門敬，都很動聽，很有人情味。定規矩也用不著皇上操心，官員們自己會去做。官場從來就是一個講規矩的地方。這些規矩倒未必就是什麼「潛規則」，有的也是「顯規則」，比如見了長官如何行禮，如何稱呼，如何應答，如何站，如何坐，誰坐上面，誰坐下面，誰坐左邊，誰坐右邊，誰走前面，誰走後面等等。進入官場的第一步，就是學習這些規矩，否則就會遭人恥笑，甚至難以立足。俗話說，不以規矩無以成方圓。官場最講究的恰恰就是「方圓」。因爲帝國奉行的是倫理治國的原則。講倫理，就是講規則、講等級、講秩序。如果官場上都「語無倫次」，則其奈天下蒼生何？

更何況，官場是個權力場，每個人都身懷利器，極具殺傷力。倘無遊戲規則，頓時就會屍橫遍野。所以官場和江湖一樣，都是最講規矩的地方。這其實也是許多人，包括一些主張廉政的皇帝和清官也不得不對非典型腐敗網開一面的原因之一。因爲有紅包這個「潤滑劑」，官場上會減少許多摩擦。更何況這些「潤滑劑」還頗有人情味，更能化解不少矛盾。這是有利於整個官僚集團的穩定的。穩定壓倒一切。由此爲生的副作用，就只好以後再說。

官是本位，官場是榜樣，而榜樣的力量是無窮的。官場上既然盛行請客送禮，盛行收受紅包，盛行非典型腐敗，民間自然要見賢思齊，努力效仿。因爲民間是一點權力都沒有的，或者只有微不足道的一點權力（比如老子可以打兒子）。就連這麼一點權力，也要受制於官方。在一個權力至上的社會裏，沒有權力就寸步難行。因此民間比官場更需要贖買權力。在這方面，中國的老百姓大都無師自通。我們畢竟是一個講究禮數的國度，請客送禮從來就是每個人必修的功課。「千里送鵝毛，禮輕情義重」，這道理誰都知道。現在要做的，只不過把「鵝毛」換成「紅包」而已。

現在我們已經大致上弄清非典型腐敗的來龍去脈了。——腐敗之所以發生，是因爲權力可以贖買；非典型腐敗之所以盛行，是因爲權力的贖買成了習慣；權力的贖買之所以成了習慣，是因爲社會生活中到處都是權力關係；社會生活中之所以到處都是權力關係，則因爲我們有兩千多年專制主義傳統，有兩千多年權力社會歷史，以及兩千多年來由這個制度和這種社會培養造就的文化心理和行爲習慣，即國民性。儘管現在已不再是帝國的時代，但任何一個新制度，都無法割斷它和舊制度在文化上的聯繫，總會多少接受一些諸如此類的「文化遺產」。任何運動著的事物都有它的慣性。百足之蟲，尚且死而不僵，何況是千年之病毒？自然難免沉渣泛起，死灰復燃。好在自辛亥以後，帝國制度已一命歸西。除曇花一現的洪憲稱帝和張勳復辟以外，無論是誰執政，也無論是大陸、臺灣，還是港澳，都贊成民主，反對專制，贊成共和，反對君主或君憲。這是兩岸和平統一的政治基礎，也是根治腐敗的政治基礎。因此，非典型腐敗既不是什麼疑難雜症，也不是什麼不治之症，只不過治療期會比較長，而且還要對症下藥。

所謂「對症下藥」，也無非是兩條。一是杜絕權力的贖買，二是將權力社會改造爲非權力社會。也就是說，不能讓可贖買的權力滲透到社會的各個領域，不能讓原本通過正常渠道就可以解決的問題也要進行權力的贖買，不能讓一些原本正常的人際交往也具有權力贖買的性質，不能讓權力的贖買成爲人們的習慣。這當然都非一日之功，也許需要幾代人的努力。但有些事也可以先做起來。其中最重要的，就是淡化權力關係和權力意識。比如由政府行政部門組織和主持的各類學術評審（評獎、評職稱、評博導、評博士點、評重點學科、評國家社科基金）就應該盡快取消。關於這點，我另有文章討論，這裏不再贅述

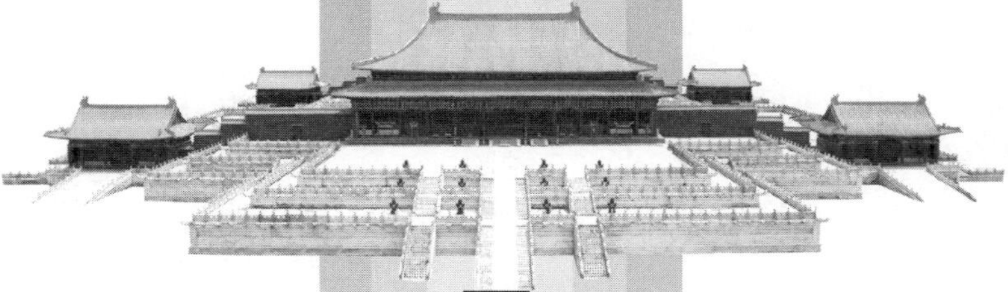

【好制度，壞制度】

一 帝國制度

錢穆先生《中國歷代政治得失》一書，幾乎從頭到尾都貫穿了這樣一個觀點：「任何一制度，絕不能有利而無弊。任何一制度，亦絕不能歷久而不衰」；但在其創立之初，則一定是利大於弊的，也一定是好的或比較好的。因為在錢穆先生看來，只有處以公心而創立的才可以叫制度，出於私心的則只能叫法術（方法和權術）。「法術只是些事情和手段，不好說是政治。」因此，人類歷史上所有的政治，只要可以當之無愧稱為制度，開始時便一定是好的或比較好的。但久而久之，則又一定會變壞，所以需要變法和改制。

這就引起了我極大的興趣，很想知道這是為什麼。對此，錢穆先生的解釋是：「一項好制度，若能永遠好下去，便將使政治窒息，再不需後代人來努力政治了。」這當然也是一種解釋，但卻不能就此止步。如果這樣一講便釋然，那就連歷代政治的得失也用不著討論，——反正任何制度，為使後人「繼續努力，永久改進」計，總是要預留將來變壞之餘地，或者再好的制度實行了一兩百年以後也終究是要變壞的。那又管他做甚呢？到時候再說好了。

我想這絕非錢穆先生的本意。何況就算如此，歷代政治的得失也還是要檢討。這正如我們大家都知道一個年輕人若干年後肯定要變老，最後還會死，卻仍然要研究人為什麼會生老病死一樣。其結論，當然不能是「人總是要死的」。同樣，我們研究歷代政治制度，結論也不能是「任何好制度總是要變壞的」。我們要弄清楚的是：第一，好制度是怎樣變成壞制度的；第二，好制度何以變成了壞制度；第三，我們能不能防止好制度變成壞制度。

回答這三個問題，可以有不同立場和方法。站在古人立場，以當時人切身感受爲依據的，錢穆先生稱之爲「歷史意見」。站在今人立場，根據自己所處環境和需要來批評的，錢穆先生稱之爲「時代意見」。如果站在研究者的立場，發表自己個人看法的，又該叫什麼呢？錢穆先生沒有說，姑且叫做「個人意見」吧！上述三個問題，第一個關乎史實，需要「歷史意見」；第二個關乎認識，恐怕非有「時代意見」不可。至於第三個問題，能不能回答都很可疑，則大約只能發表一點我自己的「個人意見」了。這是需要聲明的第一點。

第二點，即我們將要討論的，只是中國傳統的政治制度，既不包括外國的，也不包括現在的。而且講傳統政治制度，也只限於從秦漢到明清。這是因爲本文作爲一篇讀書筆記，自然應以錢穆先生的範圍爲範圍。何況錢先生畫定的範圍，也並非沒有道理。第一，眞正影響當代中國的，是秦以後的制度，不是秦以前的。第二，我們中華民族進入國家時代的時間雖早，但直到秦漢，所謂「中國」才在法理上正式成爲「一個國家」。在此之前，則是「許多國家」。而且，自從秦始皇把這「許多國家」或「若干國家」變成

「一個國家」以後，中國就基本上是「一個國家」了。其間雖有分裂，有反覆，有變動，有多民族政權或同一民族多個政權的共存（如漢末同時存在魏蜀吳三個漢族政權，宋代同時存在宋、遼、金、西夏、大理多個政權），但在中國人心目中，仍以漢、唐、宋、明、清這些統一大王朝爲正宗，爲正統。從這個意義上講，中國傳統政治制度，也可以說就是漢、唐、宋、明、清的制度。

漢、唐、宋、明、清的制度是秦開創的。所謂「百代皆行秦政治」，應該說是歷史的事實，也是科學的結論。因此，我們在討論好制度是怎樣和何以變成壞制度之前，便先要討論秦制度，即弄清秦進行的究竟是一場怎樣的革命，它開創的又是一種什麼制度。

這就得先說點我的「個人意見」。

我以爲，就國家制度而言，中國歷史上可以說有三次巨變，即西周封建、秦滅六國和辛亥革命。三次變革的意義，都在於建立了一種新的國家制度。辛亥革命以後建立的，是「共和制」（中華民國和中華人民共和國都是共和制）；秦滅六國以前實行的，則可以稱之爲「邦國制」。邦國，是類似於聯邦或邦聯的國家制度。爲什麼說是「類似於」呢？因爲邦國和聯邦或邦聯形似而神不似，或者說「似而不是」。聯邦和邦聯的共同特點是有憲法。邦聯內各國都有自己的憲法，聯邦則不但各邦或各州（state）有自己的「邦憲法」或「州憲法」，還有統一的「聯邦憲法」。這是邦國沒有的。西周沒有，東周沒有，春秋戰國也沒有。

不過，邦國雖無「憲法」，卻有「共主」，即「周天子」。天子擁有的是「天下」。這個「天下」的範圍雖然還沒有現在的中國大，但在當時的中國人看來卻已經是「全世界」了。所以在當時人的心目中，天子不是「國王」，而是「世界王」。國王是諸侯，只不過不能叫做「王」，只能叫做「君」，稱王是以後的事。諸侯擁有的是「國」，它又叫「邦」。「國」以下，是「家」，歸大夫所有。天下、國、家，就構成了當時我們中國人心目中的世界，而其中最重要的則是諸侯的「國」。因為「天下」不過「聯合國」，「家」則不過「聚居地」（發展為國家也是後來的事），唯獨諸侯的「國」具有國家性質，擁有領土與主權、政府與軍隊，相互之間可以進行外交活動（當時即叫「邦交」），可以締約、結盟、通商、宣戰，還可以兼併。各「國」之間，語言異聲，文字異形，衣冠異制，律令異法，「國內」則統一。總之，這個時候是「以邦為國」的，因此叫「邦國」。

邦國與聯邦或邦聯的不同，還在於聯邦或邦聯是聯合而成的，邦國卻是天子「分封」的，叫「封建」。封就是封土，即畫定國界；建就是建國，即指定國君。不但天子可以封建，諸侯也可以，即封采邑（家），建家君（大夫）。可見邦國制度最重要的特徵，就是「封」和「建」（這兩個都是動詞）。這是邦國制度的成因，也是邦國制度的本質，更是「封建」一詞的本來意義，本文也只在這個意義上使用「封建」這個詞，與通常所謂「封建社會」的意思不同，這是必須事先說清楚的。

秦始皇滅了六國以後，就不「封建」了（其實在一統天下之前，秦就不再「封建」）。這就把中華大地上的國家狀態，由「許多國家」變成了「一個國家」（它同時也等於「天下」）。原來那些各自獨立分散的「國」和「家」，則變成了這個統一國家的「郡」和「縣」。這就是「郡縣制」。郡縣制和封建制的區別是：第一，封建時代的國和家是封給諸侯和大夫的，其土地和人民歸諸侯和大夫所有，諸侯和大夫對他們的國和家擁有主權。郡縣時代的郡和縣卻是統一王朝的，其土地和人民歸統一國家所有，郡的行政長官（郡守）和縣的行政長官（縣令）對他們的郡和縣絕不擁有主權。第二，諸侯和大夫是世襲的，也是終身的，因爲國或家原本就是他們的。郡的行政長官（太守）和縣的行政長官（縣令）則是任命的，也是流動的（可以調動，也可以罷免），因爲郡和縣原本不是他們的。第三，諸侯和諸侯，國與國，雖然也有等級（公侯伯子男），卻相互獨立，並不從屬。郡和縣與最高當局則是從屬關係。縣從屬於郡，郡從屬於朝廷，它們又都從屬於皇帝。皇帝的命令朝廷要聽，朝廷的命令郡縣要聽。皇帝是這個統一國家的國家元首和最高領袖，同時也是唯一的領袖（邦國時代有多少封國就有多少元首，上面再一個超級元首，王室式微則群龍無首）。皇帝君臨天下，富有四海，所有的郡縣都是他的轄地，所有的人民都是他的子民，不像以前那樣分屬諸侯和大夫。總之，這個時候的中國，可以說是「一個國家，一個主權，一個政府，一個領袖」。國家的象徵不再是諸侯而是皇帝，國家的實體也不再是諸侯的封國，而是由皇帝統一起來的天下。這樣一種制度，當然不好再叫「邦國制」，只能叫做「帝國制」。

所以秦滅六國，實在是一場革命。因爲它徹底顚覆了舊制度，建立了一種新制度。這也是辛亥革命以前一直實行著的制度。自秦漢至明清，中國的情況雖多有變化，具體的制度也多有變更，但要有一個皇帝（管不管事則另當別論）和不再分封諸侯（要封也只封爵不封土）這兩點，卻一以貫之，始終不變。因此我們也可以說，從西周封建到春秋戰國這一千多年是邦國時代（封建時代），從秦漢到明清這二千多年是帝國時代（郡縣時代）。現在我們要討論的，便正是郡縣時代的制度，——帝國制度；而我們要弄清楚的，則是它怎樣從「好制度」變成了「壞制度」。

二 中央機關

當新制度把封國變成了郡縣，把原本分散獨立的「許多國家」（邦國）變成了集中統一的「一個國家」（帝國）時，它無疑需要一個強有力的中央機關。這個機關，錢穆先生稱之爲「中央政府」；郡縣機關，則稱之爲「地方政府」。這當然便於我們理解，但略嫌「現代化」。要知道，中國古代的政權機構，和現在所謂「政府」，並不是一個概念。在嚴格的意義上，前者是不能夠叫做「政府」的，因爲它根本就不具備現代政府管理和服務的職責和功能。它只有一個職能，就是統治，因此也許應該叫做「衙門」，或者中央的叫「朝廷」，地方的叫「衙門」。但這樣也有問題。中央機關不僅有「朝廷」，還有「宮廷」，而所謂「宮廷事務」則既包括國家公務，也包括皇家私事，是「公私不分」的。正因爲宮廷公私不分，所以宮廷加朝廷組成的機構，就不好叫做「中央政府」。「衙門」的說法也有問題。地方上的機關固然是衙門（比如縣衙），中央各部院府台又何嘗不是衙門？看來也只好馬馬虎虎地分別稱之爲「中央政府」和「地方政府」。但要說清楚，此政府非彼政府，它們和現代意義上的「政府」有著天壤之別。而且，能不使用這兩個概念時，就盡量不使用。

秦漢時期中央統治機構的制度設計，應該說還是比較合理的。其最爲合理之處，就是區分了「宮廷」與「朝廷」，或「皇權」與「相權」。漢制，國家最高領導人爲皇帝和宰相。皇帝所處爲「宮」（皇宮），辦事機構爲「尙」（尙衣、尙食、尙冠、尙席、尙浴、尙書）。這六尙，前五個都是管生活的，只有尙書和政治有點關係。宰相所處爲「府」（相府），辦事機構爲「曹」，曹數有說六曹的，有說十三曹的，有說十五曹的，職司則有府史署用、官吏遷除、農桑祭祀、文書奏章、民事訴訟、郵傳交通、穀倉漕運、貨幣鹽鐵、盜賊刑法、兵役武裝等，全是公事。皇帝之尙多爲私而宰相之曹全爲公，可見在當時人們的心目中，以皇帝爲首的宮廷是「半公半私」的（既代表國家同時又是私人），以宰相爲首的朝廷才「一心爲公」，除了爲國家服務以外再也沒有別的作用和意義，是眞正的「中央政府」。所以，他們的經費來源也不一樣。朝廷經費來源於大司農掌管的田賦收入。這是大頭，歸政府用，是「公款」。宮廷經費來源於少府掌管的工商稅收。這是小宗，歸皇家用，算是皇帝的「私房」。

這樣看來，漢代制度，大體上還算「公私分明」（但也只是「大體上」，嚴格說來並不清楚，這才造成後來的問題）。同時，機構的設立，也還算「職權分明」。皇帝是國家元首，主要起象徵國家統一的作用；宰相是政府首腦，帶領官員實際管理國家，並負政治上一切實際之責任。打個比方說，皇帝好比是董事長，宰相好比是總經理。總經理之外，還有「監事會主席」，就是御史大夫。他同時也兼副總經理（副宰相），副手則爲御史中丞，此外還有侍御史（監察中央）和部刺史（監察地方）。不過國家畢竟不是公司，所以除總經理（宰相）和監事會主席（御史大夫）外，還有一個管軍事的官員，就是太尉。宰相管行政，太尉管軍事，御史大夫管監察，合稱「三公」，是王朝的最高官員，共同向皇帝和國家負責。

這種制度，應該說還是蠻合理的。因爲在這樣一種制度下，皇帝授權而不負責，宰相負責而無主權，一旦國家有事，皇帝就能夠以授權人的名義責問宰相和政府，宰相和政府也不能不承擔政治責任。這樣，宰相領導的政府就有可能成爲「責任內閣」或「問責政府」。如果反過來，皇帝自己授權，同時又自己行政，則一旦國家有事，也就無人負責，無責可問。皇帝負責吧，無人來問（別人不是授權人，沒有資格責問）；宰相負責吧，無責可負（宰相不是負責人，沒有理由責問）。結果大約只能像隋煬帝，說朕的江山朕自丟，丟了拉倒。除此之外，也只有三種可能：一是下罪己詔，說什麼「四方有罪，罪在朕躬」，把責任大包大攬認下來，卻並無處分，也無法處分，實際上並不負責。二是找替罪羊，說什麼「君非亡國之君，臣乃亡國之臣」，所有的事情，都是「群臣誤我」，然後挑幾個確有問題或看不順眼的殺掉，實際上仍是不負責任。第三種更糟糕，就是在國難當頭時，說什麼「天下興亡，匹夫有責」，把責任推到老百姓身上，當然是更不負責。一個不負責任和不能負責的政權是必定要垮臺的。所以要想政權穩定，君主就不能做行政首腦。用梁啓超的話說，就是「必元首無責任，然後可以責諸內閣」；「必君主無責任，然後可以責諸大臣」。

漢初的情況，便大體如此。劉邦打天下時就不帶兵，具體事情都交給張良、蕭何、韓信他們去做。他的幾個接班人，崇尚「無爲而治」，也都樂意當「甩手掌櫃」。所以秦人創立的帝國垮了台，取而代之的漢人卻搞得有聲有色。遺憾的是，宮廷與朝廷，或皇室與政府的這種關係，道理上並沒有講清楚，制度上也沒有做規定，不像現代西方國家，憲法明文規定皇帝不得過問政府的事，而是想過問就過問，想不過問就不過問。結果，漢武帝一上臺，事情就起了變化。漢武帝是一個「雄才大略」的人。這樣的人，多半都喜歡親自操刀。所以武帝一朝，宰相成爲擺設。漢武帝既當董事長又當總經理，既當運動員又當裁判員，事情倒是弄得轟轟烈烈，遺患卻也無窮，因爲他把制度破壞了。正因爲破壞了制度，這才有後來的外戚專政和宦官弄權（後者又因前者而起），漢王朝也終於滅亡。從這個角度講，皇帝雄才大略並不是好事情。雄才大略的皇帝往往獨斷專行，無法無天，不把制度放在眼裏。當然皇帝太愚蠢太昏庸也不好，最好是頭腦清楚又不好大喜功，事情交給政府做，自己只拿大主意。但這並由不得我們。錢穆先生批評破壞制度的人，說他們不知道「皇室之存在，由於有皇帝，而皇帝之存在，由於有政府」，我看沒有哪個皇帝會懂這道理。相反，帝國制度既然是以皇帝爲中心建立的，就不能不規定皇帝至高無上的地位和不受限制的權力，皇帝也不會自動交出自己的權力，只會不斷從宰相和政府那裏把它收回來，最後把自己變成獨裁者。

事實上從東漢以後魏晉南北朝起，皇家就開始侵奪相權。唐初雖然「把以前皇室濫用之權重交還政府」，卻再也回不到漢初的理想狀態。錢先生說：「漢宰相是採用領袖制的，而唐宰相則採用委員制。換言之，漢代由宰相一人掌握全國行政大權，而唐代則把相權分別操掌於幾個部門」，「凡事經各部門之會議而決定」。這原本也沒什麼不可以，但只分相權不分君權，權重就向皇帝傾斜了。

不過唐代宰相雖不如漢，比起後世來權力還是大得多。唐代相府共三個衙門（相當於宰相的人就更多），都叫省：中書省、門下省、尙書省。中書管出令，門下管複核，尙書管執行，類似於立法、司法、執法三權分立，只不過所立、所司、所執的不是「法」，而是「令」。當時王朝的最高命令，都由中書省擬出，而且一拿出來就是定稿，叫「熟擬」，皇帝只能在上面畫圈，叫「印畫」。也就是說，宰相有決策權，皇帝反倒只有同意權。當然，門下省可以駁回中書擬定、皇帝同意的命令，但門下省也是相府，門下省的否決權也是相權。可見唐代相權也不很小。皇帝不經中書、門下副署就直接下達命令，在當時是視爲非法的。

宋就不行了。「宋代的最高政令之最後決定權在皇帝，不在宰相」，宰相上朝也不能像秦漢隋唐那樣「坐而論道」，只能站著。明清更糟，乾脆廢了宰相，而代之以六部和內閣。六部原屬尚書省，尚書省的長官和中書、門下兩省長官同爲宰相。朱元璋把中書、門下兩省都廢了，只留下尚書省，卻又不設長官，讓六部尚書直接對皇帝。這就等於是不要總理，由總統直接領導部長，和美國的體制差不多。問題在於美國的總統是選出來的，也是有人管的。國會管，法院管，媒體輿論也監督，出了事情要下臺。何況美國的總統也不是董事長，而是總經理。明清的皇帝卻是董事長，現在又來做總經理，還沒人管，結果可想而知。

以內閣代宰相就更不通。我們要知道，明清的內閣可不是由總理、副總理、部長組成的「國務院」或「政府」，其實不過是皇帝的顧問班子，頂多叫「秘書處」。內，是內廷、大內的意思。閣，則是宮內的殿閣。可見內閣屬於宮廷，不屬於朝廷。內閣的成員叫大學士，官階只有五品。按尚書二品、縣令七品計算，五品不過副司級，怎麼能是宰相？但在明代，「入閣」卻又相當於「拜相」，這就是只講法術不講制度了。

到了清代，雍正皇帝連內閣也信不過，又搞了個「軍機處」。這就更荒唐。皇帝不但董事長兼總經理，還兼司令員，司令部則成了政務院。說穿了，這是只要皇帝獨裁，不要政治制度。當然，康熙、雍正、乾隆這三個，是有精力也有能力獨裁的，所以造就持續百年的「盛世」，論版圖、人口、國力，均不亞於漢唐。但最後的結果，卻是逼出來一個辛亥革命。這事說來話長，我們以後再講，現在先來看看地方上的情況。

三 地方行政

認眞說來，「地方上」這個概念，也是要到秦以後才會產生的。因爲只有一個幅員遼闊且又實行郡縣制的統一大國，才會有中央和地方，也才會有中央和地方的關係。這種關係，仍然要算漢代最好。錢穆先生就說：「中國歷史上講到地方行政，一向推崇漢朝，所謂兩漢吏治，永爲後世稱美」，是爲篤論。

漢代地方行政制度之好，在於簡單，只有郡、縣兩級。加上中央，也不過三級。層次少，效率就高，腐敗的可能性也小，這是大家都明白的道理。再說層次少，也親切。縣以上就是郡，郡以上就是中央，用錢穆先生的話說，大家都不覺得這個中央政府高高在上。

層次少的另一個好處，就是官級少，升轉快，官員的政治前途明朗，工作積極性就高。西漢中央政府的「高級幹部」實際上只有兩級，即「三公」和「九卿」。三公就是丞相、太尉和御史大夫，都只有一個人。丞相相當於總理，金印紫綬；太尉相當於三軍總司令或兵馬大元帥，也是金印紫綬；御史大夫相當於副總理兼監察部長，銀印青綬。九卿其實就是九個部長或「部長級幹部」（比如廷尉就是司法部長，大鴻臚就是外交部長，大司農就是財政部長），官俸二千石。地方上也是兩級。最低一級是縣。大縣行政長官叫縣令，官俸六百石至一千石。小縣行政長官叫縣長，官俸三百石至五百石。縣以上是郡，行政長官叫守，景帝時改稱太守，官俸二千石。也就是說，郡守和九卿是平級的。西漢的郡大約一百個，一個郡管一二十個縣。這樣算下來，當時一個郡守，也就相當於現在一個州長。請想一想，一百個州長（郡守）和九個部長（九卿）平級，是什麼概念？自然是州長變部長並不稀奇，部長變州長也不委屈。這就有利於「幹部交流」。再說中央政府的部長雖然只有九個，地方上的州長卻有一百來個。縣長們（大約有一千三百左右）即便當不上部長，當個州長總還有希望。縣長和州長之間又不再有等級。只要加把勁，一步就能跨入「高幹」行列，沒準還能到中央工作，縣長們豈能不努力？實際上漢代官制的最大特點就是「輕中央而重地方」。所以漢代的地方政治是最好的，吏治也是最好的。

不過好景不長，這個制度很快就遭到了破壞。始作俑者不是別人，正是那位雄才大略的漢武帝。漢武帝在元封五年（西元前一〇六年）把天下分為十三個州部，每州派去一位刺史，許多學者便據此認為漢代地方行政區劃是三級：州一級，郡一級，縣一級，州領導郡，郡領導縣。其實這是不對的。因為刺史不是行政官，而是監察官，是中央派到下面去監督地方官的「特派員」。他只能奉詔察問六件事情，不得干預地方行政，還沒有固定治所，俸祿也只有六百石，相當於「縣處級」。你想，哪有縣處級領導地市級的道理？顯然，刺史不是一級地方官員，州也不是一級地方行政區域。所以在漢武帝時代，這事還不算亂套。

但是到漢成帝綏和元年（西元前八年），情況就變了，刺史變成了牧，級別也是二千石。以後反反覆覆，一會兒刺史一會兒牧，州也逐漸成爲地方行政實體（比如冀州牧袁紹、荊州牧劉表、兗州牧曹操，便都是擁兵自重割據一方的諸侯）。這樣折騰到隋文帝開皇三年（西元五八三年），朝廷乾脆廢了郡，直接以州統縣。至於州的行政長官，則有叫刺史的，有叫太守的，還有叫牧的，因爲隋唐兩代的州，其實就是漢代的郡。如果是特殊的州（比如首都和陪都），就叫府，其行政長官則叫牧（從二品）或尹（從三品）。這是唐人的發明，宋人也跟著做的。只不過宋代的府比唐代的多。稍微特殊一點，就不叫州，叫府。

可見唐代地方行政區域原本也只有兩級：州府一級，縣一級。但是唐人和漢人一樣，也喜歡從中央往地方派上級官員。漢代只派了刺史，唐代派的就多了，其中最重要的是觀察使和節度使。觀察使和漢的刺史一樣，原本是中央派下來巡視地方的，結果巡回變成常駐，成爲名不正言不順的更高一級行政長官。節度使原本也是特派員，只不過觀察使管監察，節度使管軍事。結果也一樣，也成爲名不正言不順的更高一級行政長官。中央監察官變成地方行政官已是不妥，軍區司令員變成地方行政官就更成問題。最後，節度使變成割據一方的「藩鎮」，唐王朝也就滅亡。

唐代觀察使監臨的區域叫「道」，宋代則叫「路」。宋代地方行政區域原本同樣只有兩級：州府一級，縣一級，但開國不久（宋太宗至道三年，即西元九九七年）就在府州上面加了一級，叫「路」，而且其行政長官居然是四個，南宋時簡稱爲帥（安撫使，管軍事）、漕（轉運使，管財政）、憲（按察使，管司法）、倉（常平使，管救濟）。這就荒唐。唐代州縣，只要承奉一個上司（觀察使），宋代則要承奉四個，這地方官豈能好做？何況這四個大員，互不相屬，都直接對皇帝負責，你說這事情可怎麼辦？所以宋的地方行政，簡直一塌糊塗。

元代的荒唐，則是把「省」這個怪物製造出來了。省，原本是中央機關的官署名稱，比如中書省、門下省、尙書省，在唐代是相當於宰相府的。元承宋制，也以中書省爲最高行政機關，樞密院爲最高軍事機關，御史台爲最高監察機關。不同的是，他們還要把這些機關派到地方上去。派到地方上的中書省叫「行中書省」，簡稱「行省」。派到地方上的樞密院叫「行樞密院」，簡稱「行院」。派到地方上的御史台叫「行御史台」，簡稱「行台」。可見所謂「行省」，就是「臨時的、不在首都的，或行動中的中書省」，就像「行宮」是「臨時的、不在首都的皇宮」一樣，怎麼會是地方行政區域名稱呢？

所以，到明洪武九年（西元一三七五年）朱元璋準備廢掉宰相之前，就先把地方上的「行中書省」廢了，改稱「承宣布政使司」，其長官則叫「承宣布政使」，簡稱「布政使」。使是官名，司是衙門，都不是區域名稱。可見現在叫做「省」的這個地方行政區域，其實是沒有正當名稱的。叫省叫司都不通，就像把市、縣叫做局、處於理不合一樣，要叫也該叫「承宣布政使區」。不過朝廷只設了衙門（承宣布政使司），沒有頒布區號，世俗的稱呼難以改變，那就湊湊合合叫「省」吧！結果，眞正的「省」（中書省）廢掉了（而且也被忘掉了），不是「省」的東西反倒變成了「省」。

省一級的衙門，明代是三個：承宣布政使司、提刑按察使司、都指揮使司，簡稱藩司、臬司、都司，合稱「三司」。清代減去都指揮使司，變成「二司」。二司的長官布政使和按察使，俗稱藩台、臬台，同爲省長。藩台管行政財政，臬台管司法監察。其實按察使稱台還湊合，因爲御史稱台。布政使稱台就沒有道理了。然而清代不但藩司和臬司的長官稱台，他們派出去的下屬機構（分司）官員也稱台，叫「道台」。這倒不去管他，糟糕的是明清和漢唐宋元一樣，有了地方政權機構還不夠，還要往下面派機構和官員。漢代是郡縣之上加派刺史，結果變成州；唐代是州縣之上加派觀察使和節度使，結果變成道；宋代是府州之上加派帥、漕、憲、倉，結果變成路；元代則在道和路之上又加派行省、行院、行台，結果變成省。這樣到了明清，法理上的地方行政區域是三級：省一級，府一級，州縣一級。府在唐、宋、元三代，是「特別行政區」，其實是州，但在明清則是省之下、縣之上的一級正式行政區，相當於現在的地級市。州在明清則基本上不再領縣，其行政關係則或直屬於省（少數），或隸屬於府（多數），因此州縣應視爲同級。

這樣原本也不錯，問題是明清又往省裏派「特派員」。明代派出的是三個：總督、巡撫、巡按。設置之初，大體上是總督管軍事，巡撫管行政，巡按管監察。清代把巡按職責併入巡撫，只留下總督、巡撫兩個。但明代的總督、巡撫、巡按是臨時性的、非常設的，清代的總督和巡撫卻是常駐常任，這就等於是在省長（布政使、按察使）之上又加「超級省長」（巡撫），諸省之上又加「太上省長」（總督多管兩三個省，只管一省的則不設巡撫）。省上有省，官上有官，越搞越複雜。

省長們也不含糊，也往下派「太上皇」，這就是分司分道。分司分道也有兩種：布政使派出的叫分守道，按察使派出的叫分巡道。這是明制，清代的道更複雜。這就在省與府之間又插進來一級。如果總督轄區（大區）算一級，省算一級，道算一級，府算一級，州縣算一級，就有五級了。結果如何呢？即如錢穆先生所言：「變成管官的官多，管民的官少」，而且管民的官（就是縣官和州官）不但少，地位還低，權力還小。州縣上面有知府，知府上面有道台，道台上面有布政使和按察使，布政使和按察使上面有巡撫，巡撫上面有總督，總督上面有中央。州縣被壓在最底層，奉承巴結一大堆上司還來不及，哪有時間精力功夫心思去親民？地方政治也就一塌糊塗。

四　官員選拔

現在再說官員選拔。

我們知道，帝國雖然是以皇帝為中心建立的，但治理國家的卻不是皇帝一個人，也不可能是皇帝一個人。帝國的幅員如此遼闊，人口如此眾多，事務如此繁雜，如果事無巨細都要皇帝親自去打理，那實在是天方夜譚。合理並且可能的辦法是委派官員去代理，就像農場主雇人放羊一樣。這種制度，就叫「官員代理制」。那些代表皇帝去放羊的人，就叫「牧民之官」，有時也直接就叫「牧」。

官員既然是皇權的代理人，那就必須精挑細選。一要靠得住，二要有本事，三要守規矩。所以官員的選拔，歷來就是王朝的重大課題。這項工作在古代，就叫「選舉」。選，就是選擇；舉，就是提拔。這和現代「選舉」的意思也差不太多，只不過現代選舉是「民選」，古代選舉是「官選」，民選靠投票，官選不靠投票而已。

選舉的方式有三種：察舉、薦舉、科舉。察舉就是由地方官進行考察，發現人才後向朝廷舉薦。薦舉就是由中正官（專門負責此項工作的官員）將各地推薦的人才分為三六九等，然後向朝廷舉薦。科舉則是通過分科的考試，將考試合格的人才向朝廷舉薦。第一種是察而後舉，所以叫察舉。第二種是薦而後舉，所以叫薦舉。第三種是科考而後舉，所以叫科舉。兩漢實行察舉制，魏晉實行薦舉制，隋唐以後實行科舉制。不過，認眞說來，只有隋唐的科舉是選舉，因爲進士及第以後並不立即授官，仍然只是推薦的意思。宋以後，進士及第即是官員，就不好叫做選舉，只能叫做考試了。

這三種，是選拔官員的主要方式，叫「正途」。其他方式，則叫「雜途」。比較起來，最好的是漢唐。漢代制度的優點，是兼顧了教育、實習、選舉、考試四個方面，形成了一個完整的流程。漢自武帝時起，就有太學。太學是最早的「國立大學」。不過這「國立大學」，全國只有一個，專門用於培養政治人才，因此也可以說是「中央政治學院」。這就是教育。太學生考試畢業分爲兩等，一等的叫甲科，二等的叫乙科。大約甲科相當於現在的本科（大本），乙科相當於現在的專科（大專）。不過現在的本科專科是靠入學考試來分的，漢代的甲科乙科卻靠畢業考試來分。甲科出身的爲郎，乙科出身的爲吏。郎就是皇宮裏的侍衛，也是政府官員的後備軍。吏則是地方官員的僚屬，相當於現在的一般幹部。補郎和補吏，是太學畢業生應有的待遇。這就是實習。太學畢業生爲郎爲吏實習一段時間後，中央和地方的官員都可以根據他們的表現向朝廷推薦。這就是選舉。選舉以後，再考一次，這就是考試。經過這樣一個完整的過程，這個年輕人就可以正式踏入仕途，成爲政府官員了。

這樣一種制度，應該說是很科學的。因爲這樣選出的官員，既有知識（受過正規教育）又有歷練（經過基層實習），何況還通過了上級考察和政府考試，怎麼能不優秀呢？如果說有問題，就是那時讀書的可能性太小，進太學就更不容易。結果由於知識的壟斷，變相地形成官職的壟斷，終於導致魏晉南北朝的門閥制度。

科舉制度糾正了這一弊病，政權開始向平民開放，儘管這種開放是有限制的、不徹底的（工商等行業中人不得報考），卻總算是進了一步。這個制度，又以唐代的爲最好，好就好在禮部考試及格就叫進士及第，就有做官的資格，卻又並不立即授官，還要由吏部再考一次，也就是教育部考了人事部再考。大約「禮部考的是才學，吏部考的是幹練」，既有知識又有能力，才能做官。這個精神，和漢代是一脈相承的，只不過方法有異而已。

但是宋人把這個傳統破壞了。宋代的讀書人，只要科舉及第，立即就委以官職，不必再經吏部考試。這其實是不對的。會讀書的人不一定會做事，而國家需要的是管理人才，怎麼能只看之乎者也子曰詩云，不要歷練？何況所謂考試，原本指的是考績和試用。現在士人「榜下即仕」，無績可考，不試而用，就違背了考試的初衷。再說此門一開，天下士人蜂擁而來，朝廷哪裏招架得住？事實上自從唐代開放政權以後，參加考試的讀書人越來越多，朝廷無官可授，只好設員外郎、候補官，結果「士十於官，求官者十於士，士無官，官乏祿，而吏猶擾人」。用錢穆先生的話說，讀書人成了「政治脂肪」，而且堆積在「心臟」周圍，這個國家還有不得冠心病的？

於是明清兩代，只好再做改革。首先是科目的統一。我們知道，所謂「科舉」，就是「分科考試，設科舉士」的意思。唐代考試的科目很多，宋代也有十科。這些科目中，地位最高的是進士，唐人謂之「三十老明經，五十少進士」，就是說三十歲才考上明經科就太差勁了，五十歲能考中進士則很不容易。因爲明經科考的是死記硬背的東西，進士科卻考眞才實學。明清以後，盡罷諸科，只留進士，考試內容則合併明經、進士兩科。這是當年王安石主張的改革方案，到明清算是成了定論。

其次是考試的嚴格。唐宋兩代，「主要的考試只有一次」，明清卻要從下到上一路考下來。先在州縣考，叫「童試」；然後在省裏考，叫「鄉試」；然後在部裏考，叫「會試」；最後在宮裏考，叫「殿試」。層層選拔，層層淘汰，過五關，斬六將，才能出人頭地。所以很多讀書人，一輩子就耗在考場上了。

第三是等級的森嚴。參加童試的考生，不論年齡大小，一律叫「童生」。考中了，就叫「生員」，俗稱「秀才」，算是通過了府、州、縣的「入學考試」。是否到縣學府學讀書倒不一定，但有資格到省參加鄉試。鄉試三年一次，八月舉行（因此叫「秋闈」），考三場，中試者爲「舉人」（因此叫「中舉」），有資格進京參加會試。會試次年二月舉行（因此叫「春闈」），由禮部主持（因此又叫「禮闈」），中試者爲「進士」。進士最後還要由皇帝（或以皇帝的名義）在宮廷裏再考一次，分出一二三甲，這就是殿試。殿試中進士的叫「甲榜」，也叫「甲科」，都是「天子門生」，名單用黃綾書寫向全國公布，叫「金榜題名」。

這就是等級制度了。秀才一級，舉人一級，進士又一級，三級。進士也分級，最高一級（一甲）三個：狀元、榜眼、探花，叫「賜進士及第」，也叫「鼎甲」（狀元則叫「鼎元」）；第二級（二甲）若干，叫「賜進士出身」；第三級更多一些，叫「賜同進士出身」。這又是三級。這還不夠。中了進士，照例還應該留在京師讀書三年，由朝廷派一位老資格的進士來教，叫「散館」。三年以後，再考一次，成績好的就進翰林院，這才算是到了頂，也才有了做大官的資格。明清兩代，秀才、舉人，是很難做到大官的；進士、翰林，也很少有只做小官的。不像兩漢唐宋，「任何人都得從小官做起，但人人都有當大官的希望」。這就有點像魏晉南北朝，「上品無寒門，下品無勢族」，都講「出身」，只不過魏晉的「出身」指血統，明清的「出身」指功名。進士、翰林，就叫「出身好」。秀才、舉人，就叫「出身不好」。

出身好的做了官，出身不好的就只好去做吏。明清時代在衙門裏做事的人，有官，有僚，有吏。官就是正職，即長官；僚就是副職、佐貳，即僚屬；吏就是辦事員，即胥吏。官和僚都是官員，有品級（比如知縣正七品，縣丞正八品，主簿正九品），叫「品官」。又因爲自隋以後，官和僚都由中央統一任命，因此也叫「朝廷命官」。吏則「不入流」，由長官自己「闢召」，身分其實是民。也就是說，官僚都是「國家幹部」，吏卻只好算作「以工代幹」。他們是官府中的「服役人員」，其身分與衙役（吏夫、捕快、獄卒之類）並無區別，只不過吏夫、捕快、獄卒或服勞役，或服兵役，胥吏則提供知識性服務而已。因此胥吏地位極低（常被呼爲「狗吏」），待遇也極低（往往領不到薪水）。此外，還有一條規定，就是胥吏不能當御史（監察官），也不能考進士。官和吏，就一個在天上，一個在地下了。

不過胥吏的地位雖然低，政治影響卻大，因爲國家事務，尤其是地方行政，實際上是靠胥吏來處理的。進士、翰林出身的「官」們，「學問」雖好，能力卻很可疑。他們往往不屑於（其實也未必能）處理繁瑣的具體事務。「吏」卻是這方面的專門人才。而且，由於胥吏沒有別的出路，無法像官那樣步步高升，也就更加努力地把自己打造成「專門人才」，並在執法領域「大顯身手」。結果，在處理國家事務和地方行政時，官是外行，吏是內行。外行雖然在名義上領導內行，內行卻可以在實際上糊弄外行。要知道，帝國的政策和法令往往都是些「原則性意見」，是用漂亮的文言文寫成的，因此是含糊其辭和語焉不詳的，具體尺度全靠執行者掌握。官們既然不懂行，則升遷的快慢，處分的輕重，賦稅的多少，工程的增減，便都由吏們說了算，或者被胥吏牽著鼻子走。所以，明末的顧炎武，便說當時的情況是「百官者虛名，而柄國者吏胥也」。清末的郭嵩燾，也說有清一代是「與胥吏共天下」。一個王朝的政治，如果居然實際上是由一大批永無出頭之日的辦事員（胥吏）來操縱的，那光景大約可想而知。

五　問題所在

以上講的，大概就是中國古代政制怎樣由「好制度」變成「壞制度」的過程。那麼，何以至於此呢？錢先生也總結了幾條，比如「中央政府有逐步集權的傾向」，以及中國社會過於平等，中國人民過於自由，中國政治太講法治不重人治等等。這幾條，除了第一條外，其他結論都讓我們目瞪口呆。但仔細讀來，才發現原來錢先生的概念和我們大相逕庭。他老先生說的「平等」，其實是「平鋪」；他老先生說的「自由」，其實是「散漫」；他老先生說的「法治」，其實是「死摳條文」，或「教條主義」、「本本主義」。這就沒有什麼好討論的了，因此我們只討論第一條：「中央政府有逐步集權的傾向」。

從秦漢到明清，帝國的中央政府有逐步集權的傾向嗎？有。比如地方行政從郡、縣兩級，到州、郡、縣三級，到道、州、縣三級，到路、州府、縣三級，到省、府、州縣三級，再到名義上的省、府、州縣三級，實際上的總督轄區、省、道、府、州縣五級，就是中央政府不斷破壞原有制度，不斷從上往下派出官員、增設建制，亦即不斷從地方收權向中央集權的過程。結果，是「管官的官多，管民的官少」。上級機關日趨龐大，地方政治日趨糜爛，管理成本增加了，問題卻越來越多，效果也越來越差。

那麼，帝國又為什麼要向中央集權呢？這就要先弄清楚權力集中到哪裏去了。集中到所謂「中央政府」那裏去了嗎？沒有。實際上，以宰相爲首腦的「政府」的權力，也在同時被逐步蠶食。東漢的相權小於西漢，隋唐的相權小於東漢，宋元的相權小於隋唐，明清則乾脆取消了宰相。中央政府沒了首腦，只剩下一群秘書和部長名不正言不順地在那裏維持工作。這樣的「政府」，難道也是集權政府嗎？

顯然，從秦漢到明清，一方面是地方政府的權力被逐步削弱，另方面是中央政府的權力被逐步剝奪。收回來的權力集中到了一個人的手裏，他就是皇帝。

所以，帝國制度的全部問題，就在皇帝這裏。

皇帝自然是不能沒有的。沒有皇帝，就不叫帝國了。何況正如錢穆先生所說，一個統一的國家不能沒有一個元首，這個元首在當時的歷史條件下也只能是皇帝。這當然也在理。問題是元首可以有兩種，一種是虛位的，一種是實位的。帝國也可以有兩種，一種是名義上的，一種是實際上的。王國、共和國，也一樣。比如君主立憲的英國，就是名義上的王國實際上的共和國。她的國家元首就是虛位的。薩達姆時代的伊拉克，則是名義上的共和國實際上的王國或帝國。她的國家元首則是實位的。可見，有沒有皇帝，要不要皇帝，或者一國之首叫不叫皇帝，都不重要。重要的是皇帝作爲國家元首，究竟是虛位的，還是實位的。

錢穆先生主張和讚賞的，顯然是一種「皇帝虛位的帝國制度」，即「皇帝是國家的唯一領袖，而實際政權則不在皇室而在政府。代表政府的是宰相。皇帝是國家的元首，象徵此國家之統一；宰相是政府的領袖，負政治上一切實際的責任」。作爲一種主張，錢先生此說自然不無道理；但要說這是中國人的「一向意見」，恐怕就値得商量。

中國人一向主張帝國的元首（皇帝）虛位嗎？否。倘若果眞如此，就不會有所謂帝國了。帝國制度是從哪裏來的？是從邦國制度演變而來的。邦國是一種什麼樣的制度？是普天之下一個名義上的國家聯盟領袖（天下共主），天子之下若干個各自爲政的諸侯王國。如果把這「天下」看作一個國家，則這個「國家」的元首（周天子）就是虛位的，即「天子虛位，國君實位」。後來，不但國家聯盟的領袖（天子）是虛位的，組成聯盟各國的元首（諸侯）不少也變成虛位的了，政權實際上掌握在卿大夫手裏，即「政由寧氏，祭則寡人」。錢先生的主張，豈非老早就實現過了？

可惜大家都說不行。說不行的人還不肯坐而論道，都要用拳頭說話。最後是打出了一個大秦王朝，也打出了一個帝國制度。創立這個制度的秦也有一個特點，就是從來沒實行過國君只當虛位元首，把政權交給王國政府的制度。實際上，秦王國之所以能在兼併戰爭中勝出，重要原因之一，就在於秦孝公依靠商鞅的變法，打擊了封建領主勢力，把政權、財權和軍權全部集中在國君手裏，建立了「國君集權」的制度。秦始皇既然是靠著這個制度把王國變成帝國的，那麼，他在由秦王變成了皇帝之後，又怎麼會把政權交給宰相？

當然，這裏還有一個問題，即大秦王朝和帝國制度的建立，究竟是偶發事件還是歷史必然？從結果看，顯然是後者，因爲「百代皆行秦政治」，漢唐宋元明清也都是不叫「大秦王朝」的大秦王朝，即帝國。所以，帝國是一種必然。帝國既然是必然，那就由不得你喜歡不喜歡，也一定會按照自己的規律來運行。這才有漢的削藩（取消封國的自治權），唐的分省（將中央最高行政機構由一個宰相府分成尚書、中書、門下三省），宋的釋兵（收回將帥兵權，改由文臣將兵），明的罷相（廢除宰相制度），也才有前面說的種種變革。這些變革，說到底，就是要把所有的權力都集中到皇帝手裏，而且集權、集權、再集權。

實際上，錢穆先生講的其他問題，比如宋以後的中國傳統社會是一個「平鋪的社會」等等，也都因此而生。錢先生所謂「平鋪的社會」，其實也就是沒有貴族階級的社會。沒有了貴族階級，就只剩下了兩個等級，或一個關係，即君與臣。君只有一個，其餘都是臣，地位一樣，這就是「平等」（其實是「平抑」）。沒有了貴族階級，官位不能世襲，政權對外公開，只要考試合格，人人可以做官，這也是「平等」（其實是「均等」）。沒有了貴族階級，地方上也就沒有核心人物，沒有凝聚力，這就「自由」（其實是「散漫」）。機會均等，大家一樣，互不買賬，就不能靠人治，只能靠王法律條來治理，這就是「法治」（其實是「律治」）。錢先生所說的種種問題，是不是都由廢除貴族政治始？

那麼，帝國爲什麼要取消貴族階級呢？因爲貴族制度和帝國制度是不相容的。帝國制度的本質，是「中央集權，一人專政」。這個「一人」，在理論上就是皇帝。皇帝的權力就是「皇權」。皇權是一種最高權力，也是一種絕對權力，是不受制約和毋庸置疑的。既然如此，則「臥榻之旁」，豈容「他人酣睡」；「一人之下」，又怎能再插進來一個「萬人之上」？所以宰相制度終歸要廢除，貴族階級也一定要取消。貴族階級取消以後，政權就一定要向全社會開放。不但任命制一定會取代世襲制，而且科舉制也一定會取代察舉制和薦舉制，因爲只有科舉制才最平民化，最少貴族氣。結果，自然是造就了一個「平鋪的社會」。同時，它也造就了一種「官僚的政治」，因爲填補貴族權力空白的是朝廷任命、平民出身的官僚。

顯然，貴族政治是和邦國制度共生的，官僚政治則是和帝國制度並存的，而官僚制度又是依附於皇權政治的。也就是說，沒有皇帝那至高無上的權力，就沒有官員的權力，更沒有什麼官僚政治和官僚集團。皇權雖然在實際上可以由太后、外戚、權臣，甚至可能會由太監來代行，但在法理上是屬於皇帝一人的，也是最終要交還給皇帝本人的。如果像曹操那樣「挾天子以令諸侯」，便要被罵作「亂臣賊子」，「天下共討之，全民共誅之」，哪裏還能像錢先生所說的那樣，皇帝虛位，只做象徵，一切實際上的政務都由宰相處理，一切實際上的政治都由政府負責？這恐怕只是錢先生的一相情願吧！

當然，這種「理想狀態」也不是一點影兒都沒有。西漢初年就有那麼點意思。但我們要說清楚，那是西漢初年。那時，大家對帝國是一種什麼樣的制度，心裏還沒有譜。邦國制度的影響還沒有完全消除，劉邦集團的江山也還沒有坐穩，只好採取「一國兩制」

的方針，實行「半封建半郡縣」或者「半邦國半帝國」的制度，即「郡國制」。這是一種過渡形態，是終將被完全的帝國狀態取代的。蕭何他們趁這個大家都還摸不清頭腦的時候爲後世宰相們爭取的權力，也是遲早要被後世皇帝奪去的。我們現在當然無法弄清蕭何他們當年是否也有錢先生那樣的政治設計和政治理想，但可以肯定，這種「元首虛位，政府負責」的模式並沒有被確認，——既沒有在法理上被確認，也沒有在觀念上被確認，因此想破壞就可以破壞。

這大約就是錢先生心目中的「好制度」終於變成「壞制度」的原因了。說到底，罪魁禍首就是皇帝制度。正是因爲有了皇權的至高無上、不受制約和毋庸置疑，才有了後來的一切。顯然，要回答「好制度」何以最終變成了「壞制度」，就必須追問在過去的二千多年間，中國何以要實行一種以皇帝爲實位元首，而且擁有至高無上絕對權力的帝國制度。這無疑是一個重大的課題，也許要另外寫一本書才能回答的。

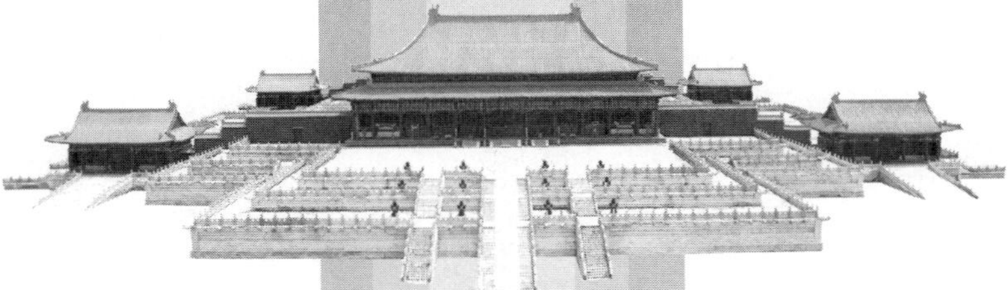

【從「出入兩難」到「進退自如」】

一 入世與出世

資中筠先生將自己「非學術性文章」的集子命名為《讀書人的出世與入世》，其實是有深意的。因為中國讀書人的「出處」（處，讀上聲），一直是資先生思考的問題。說起來這也是我們應該思考的。我們這些人雖然沒多少學問，但好歹也算是讀書人，當然同樣有個入世和出世的問題。不想明白了，怕是會有麻煩。

但認真一想，又覺得也麻煩。

首先，問題的主體為什麼是「讀書人」，或者說，為什麼是「讀書人」而不是「知識份子」，就是一個問題。其次，為什麼唯獨讀書人才有這個問題，或者說，為什麼讀書人特別需要考慮「出處」，也是一個問題。第三，讀書人的「出處問題」，為什麼又叫「入世」和「出世」，當然也是問題。所以，我們得一個一個來，把它們都弄清楚了。

先說「出世」和「入世」。世，有時間義（如世代、世紀），有空間義（如世界、世間）。這裏說的「世」，當然是指「人世」，也就是人類社會，即世道（社會狀況）、世風（社會風氣）、世故（社會經驗）、世面（社會閱歷）的「世」。但這樣一講，問題馬上就來了。因為照此理解，則所有的人便都是「入世」的，沒有「出世」的。只要他「在世」，即便「出家」，也生活在人類社會中，哪裏出得了「世」？除非是「涅槃」。不過這樣講也不對。因爲「涅槃」並不叫做「出世」，叫「去世」，也叫「逝世」、「離世」。

顯然，讀書人的「入世」與「出世」，和一般人的所謂「在世」與「去世」，並不是同一個概念。「在世」與「去世」是被動的（自殺除外），「入世」與「出世」則是主動的。這裏說的「入」，是介入的入，即積極主動地介入社會生活，尤其是國家的、政治的、公共的事務。這裏說的「出」，則是超出的出，即超脫人世，擺脫世事，不參與朝政，也不過問政治，甚至不管「閒事」。因此，所謂「入世」與「出世」，也可以說是讀書人的一種人生態度。

可惜問題並沒有這麼簡單。如果「入世」和「出世」只是一個人生態度問題，那它就不是問題。比如在現代社會，一個讀書人，或者知識份子，是否關心國家大事，參與社會事務，完全是他的自由。他可以不參與，不過問，也可以用各種方式（比如著書立說和發表言論）來參與過問。傳統社會就不一樣了。傳統社會的讀書人要想過問參與天下，唯一的方式和途徑就是做官。這樣一來，所謂「入世」與「出世」，差不多也就等於「在朝」和「在野」（包括歸隱和不仕）。這就是「出處」（出就是出仕，處就是退隱），也叫進退、去就。

可見，所謂「入世」與「出世」，實際上是一個政治概念。它指的是對社會公共政治事務介入或不介入、參與或不參與、過問或不過問，甚至是做官或不做官。這樣一講，就不難理解爲什麼這個問題對於中國的讀書人來說特別嚴重，或者爲什麼唯獨讀書人才有這個問題。因爲在中國傳統社會，有權、有義務、有可能介入、參與、過問社會公共政治事務的只有兩種人，一種是皇族（主要是皇帝，皇親國戚們則有時可以有時不可以），另一種就是「士」，即「讀書人」。士農工商四大階級（或四大階層）中的農工商，是沒有資格的。皇帝和皇族關心、過問、介入政治事務並不奇怪，——天下原本是他和他們的。奇怪的是，讀書人（士）又爲什麼要參與其中，並爲參與還是不參與（即入世與出世）而左右爲難呢？

這就必須搞清楚，中國傳統社會的「讀書人」究竟是怎麼回事。

二　讀書人與知識份子

在我看來，資中筠先生使用「讀書人」這個概念而不是將其稱之爲「知識份子」，同樣也是有深意的。因爲傳統意義上的「讀書人」，和現代意義上的「知識份子」，確乎是不同的概念，也根本不能互換。現代意義上的「知識份子」有廣義和狹義兩種。廣義的知識份子指有較高文化水準（通常以學歷和職稱爲標準）並從事腦力勞動的人，如科學家、工程師、教員、醫生、編輯、記者。狹義的知識份子則特指代表社會良知與良心的人。不符合這一標準的，學歷和職稱再高，也只能看作「腦力勞動者」。顯然，廣義知識份子的範圍比「讀書人」的概念大。在中國傳統社會，諸如郎中（醫生）、巧匠（工程師）之類是不大好算作「讀書人」的，除非他們是「儒醫」、「儒匠」，或主要讀書，業餘行醫。至於編輯、記者、科學家等等，則聞所未聞。狹義知識份子的範圍則比「讀書人」的概念小。你想，中國古代社會上下五千年，堪稱「代表社會良知與良心」的讀書人又有幾何？鳳毛麟角吧！

讀書人不等於知識份子，還因爲這兩個概念的界定標準是不一樣的。廣義知識份子的界定標準是謀生手段，即只要是以知識和智力謀生（當然要有一定水準），就算廣義知識份子。讀書人的界定標準卻是生存狀態，即只有以讀書爲生存方式的才是讀書人。也就是說，是否以知識和智力爲謀生手段（比如由科舉而入仕途）並不要緊，要緊的是讀不讀書。而且，也不是隨便讀什麼書都算，必須是讀經，兼讀史、子、集，唯讀閒書是不算的。當然，博覽群書最好，曉天文地理、通岐黃之術也不錯，但首要的還是熟讀經典著作。一個人，只有「飽讀詩書」、「滿腹經綸」，才會被承認爲「讀書人」。

讀書人雖然以讀書爲生存方式，卻同樣有一個「學以致用」的問題。這倒也沒有什麼不對。知識總是要派用場的，否則就不是「力量」。但傳統讀書人的閱讀領域既然被鎖定在社會政治倫理的範圍，那麼，要想「學以致用」，就只有參與和介入公共政治事務。這就是「入世」。這同樣也沒什麼不對。西方社會也有這樣的讀書人。問題是西方的「知識份子」可以通過各種途徑「入世」，中國傳統社會的讀書人卻只有「死路一條」，即「學成文武藝，貨與帝王家」。也就是說，通過「入仕」而「入世」。

由「入仕」而「入世」也沒有什麼不妥，政治倫理的知識和理想畢竟只能實現於政治倫理領域。這就要做官。問題是哪怕你學富五車才高八斗滿腹經綸，一肚子安邦治國之策，也得有人認賬才行。沒人認，也就白搭。然而認不認卻由不得你，烏紗帽當然也不由你自己戴，得由歷朝歷代的「當局」，即「朝廷」，而「當局」是不由你選擇的。結果呢？說句不好聽的話，盼望入世的讀書人就像那些濃妝豔抹準備出臺的「小姐」，成群結隊地由「媽咪」領來讓客人挑，她們自己卻不能挑客人。但「小姐」雖然不能挑客人，來挑「小姐」的客人卻多，總歸還有點希望。傳統社會的讀書人可就慘了。急於出售知識智力者成千上萬，「買主」卻只有一個，就是「萬歲爺」。那麼，這些讀書人豈能不像深宮裏的嬪妃，盼君恩如大旱之望雲霓？難怪資中筠先生要說屈原被逐，心如失戀；賈誼見疏，情同棄婦了。

因此，儘管韓非子說「主鬻官爵，臣賣智力」，好像是公平買賣，其實注定只能是不平等交易，而且是否能夠成交還要看運氣。先要看時世。如果是兵荒馬亂烽煙四起，多半便只能「苟全性命於亂世，不求聞達於諸侯」。二要看政局。如果是「城頭變換大王旗」，「亂哄哄你方唱罷我登場」，也以裝瘋賣傻爲宜。因爲一不小心「站錯隊」，便有性命之虞。所以孔子說：「邦有道則智，邦無道則愚」（資先生說這「愚」就是裝傻，比裝瘋含蓄一點）。三要看人主。如果那人主弱智，或昏庸，不識貨，你的「貨色」再好，也是不頂用的，只能空懷一腔報國情。最後，即便是治世，是明君，也還要看他的興趣、心情。比如漢文帝，不能算是糊塗蟲（有所謂「文景之治」），也很欣賞賈誼（官拜大中大夫）。但是怎麼樣呢？「可憐夜半虛前席，不問蒼生問鬼神」，後來還把他貶到了長沙。長沙其實也不錯，湘江秀美，湘女多情，湘菜味重，馬王堆辛追夫人就是帶著「性感內衣」下葬的，死前還吃了甜瓜。可惜賈誼不會享用，終日以淚洗面，竟哭死在那裏。還有李白，也曾風光過一陣子的。但召他進宮，不過皇上「一時興起」。召來以後，也不過讓他寫些「雲想衣裳花想容」、「名花傾國兩相看」之類的豔詞，等於是「高級戲子」，氣得李白瘋瘋癲癲，「天子呼來不上船，自稱臣是酒中仙」，最後「賜金還山」了事。這兩個，還算運氣好的，尚且如此，遑論其他？

看來，讀書人的「出處」，還當眞是個問題。

三、治世與亂世

資中筠先生的文章在說到這個問題時，是用許多範例來說話的。根據這些範例，我們不妨把中國傳統讀書人的「出處」，依照「時世」和「際遇」兩個座標分爲各種類型。先按時世分。處於「治世」的，可以賈誼、李白爲例，前面已經說過。處於「亂世」的，則又有兩種。一種以嵇康、阮籍爲代表，一種以諸葛亮、謝安爲典型。嵇康和阮籍，可以算是「不合作主義者」。嵇康是寧肯打鐵（其實這在當時是一件雅事，就像現在穿乞丐裝吃農家飯一樣「酷」）也不仕晉的，還寫了著名的《與山巨源絕交書》。阮籍則是整天泡在酒裏，常常一醉就是一兩個月，弄得司馬昭想和他做親家也沒做成。但嵇康爲此付出了極高代價（資先生謂之「以生命殉其高傲」），阮籍則可謂「醉生夢死」，而且晚年時脾氣變得很好，竟然能夠「口不臧否人物」，其實同樣付出沉重代價。所以這兩個，不能算是成功。

成功的就是諸葛亮和謝安了。他們應該算是「身居亂世，待機而出，功成名就，出處自如」的典型，因此最爲後世仰慕。諸葛亮在隆中待價而沽（也可以說是「待價隆中」，頗有些名門淑女「待字閨中」的味道），硬是弄得劉先主「凡三往，乃見」。謝安的譜更大，曾辭官隱居東山二十年，直到天下沸沸揚揚，都說「安石不出，如蒼生何」時才出山。於是各自留下一段佳話。諸葛亮留下的是「三顧茅廬」，謝安留下的則是「東山再起」。

出山以後，兩個人的表現也都不俗。諸葛亮的「豐功偉績」就不用說了，「地球人都知道」。謝安的故事，至少大家也知道一個「淝水之戰」。實際上，諸葛亮名氣雖大，成功的程度卻不如謝安。我們現在心目中的諸葛亮，其實是《三國演義》塑造的，與歷史的眞實頗有些距離。謝安的形象沒有經過演繹，因此反倒眞實些。說起來這兩個人其實並非同一類型，謝安顯然比諸葛亮更圓滑也更沉著。有兩個故事頗能說明問題。據《魏氏春秋》，五丈原大戰時，司馬懿曾問蜀使「你家丞相工作忙嗎」。蜀使答曰：「諸葛公夙興夜寐，罰二十以上，皆親攬焉（也就是罰二十軍棍的事都要親自主持）」，所以司馬懿說「亮將死矣」。謝安的風格卻完全兩樣。「淝水之戰」那麼重要的戰役，他並不親臨指揮，讓子侄們去打。捷報傳來時，他老先生不動聲色，照樣下棋。直到棋友沉不住氣，問他有什麼情況時，才輕描淡寫地說了句「小孩子們已破賊軍」之類的話。倘若是諸葛亮，絕不會如此。

實際上謝安的爲人處世是極其老練老辣的，已達到幾乎無人可以效法的程度。他隱居東山時想到的是「出」（出將入相），大顯身手時想到的是「處」（功成身退），因此「一旦進入官場，他的老莊之學就化爲極其高明圓滑以靜制動的政治手腕」，而且終其一生在「出」、「處」兩方面都「極盡輝煌」。不過謝安最大的特點，我認爲還是能夠非常準確地把握時機，處（隱居）的是時候，出（出仕）的是時候，甚至死也死的是時候，——正當他功高震主，差一點就會兔死狗烹時，便「恰到好處」地「仙逝」了，這豈是我們學得來的？

諸葛亮的情況就差多了。不錯，劉備對他，是給足了面子，也給足了地位，但並沒有給足信任，也沒有給足權力。劉備在世時，決策權其實是掌握在劉某人自己手裏的。直到白帝城託孤時，還要說「若嗣子可輔，輔之：如其不才，君可自取」這樣的鬼話。這話看起來光明正大，其實是猜忌防範到不動聲色，終於逼得諸葛亮發誓賭咒：「臣敢竭股肱之力，效忠貞之節，繼之以死」。後人總是奇怪諸葛亮晚年怎麼像個工作狂，而且不管不顧地硬要伐魏，就因爲劉備在世時他其實無所作爲，現在得把「被先帝耽誤的時間」再補回來呀！

那麼，爲什麼諸葛亮的名氣要比謝安大得多呢？原因很簡單，也就兩個字：「炒作」。也就是說，諸葛亮的名氣是被炒出來的。此公一生雖然並不那麼輝煌，但有兩點可以肯定。第一，「先帝不以臣卑鄙，猥自枉屈，三顧臣於草廬之中」，大約是眞的，或有影兒；第二，該同志「鞠躬盡瘁，死而後已」，則更是眞的（有沒有效益則另當別論）。這就夠了。統治者需要一個忠心耿耿的楷模，讀書人需要一個待價而沽的榜樣，雙方都需要一段君臣際遇的佳話，偶像便這樣地被創造出來。

可見，諸葛亮是不好算作出處成功之範例的。謝安可以算，可惜我們又學不來。

四　想得開與想不開

再說「際遇」。

際遇也是很重要的，它甚至比時世還重要。因爲你即便「生逢盛世」，如果「不得其君」，便也是枉然。比如孟浩然，原本是很想做官的，否則不會有「欲濟無舟楫，端居恥聖明」的「干謁詩」（干謁就是求請、走後門）。可是沒想到，一句「不才明主棄，多病故人疏」得罪了皇帝。萬歲爺說，明明是你不來求朕，朕又何曾棄過你？沒法子，孟浩然便只好回家一輩子當農民。柳永也一樣，一句「忍把浮名，換了淺斟低唱」惹翻宋仁宗，批出最高指示：「且去淺斟低唱，何要浮名」，也只好一輩子去淺斟低唱。際遇實在比時世重要。

際遇好的，仍可以諸葛亮、謝安爲例。因爲際遇好，所以雖身處亂世，仍能有作爲。不好的，則也有兩種。一種是想不開的，如屈原、賈誼；一種是想得開的，如蘇東坡、辛棄疾。賈誼的想不開前面已經說過，屈原是不是自殺則很難說，依我看是被人謀殺（裝在麻袋裏捆得像粽子一樣扔進汨羅江，國人吃粽子即祭奠他的冤死，有如基督徒之吃麵餅和紅酒）。所以屈原和賈誼就不說了，這裏只說蘇東坡和辛棄疾。

蘇東坡和辛棄疾的想得開似乎不成問題，至少他們沒有整天哭哭啼啼、唉聲歎氣、怨天尤人，倒是寫了不少豁達豪放的詞章。不過兩人的「想得開」並不相同。蘇東坡是身處治世卻又「滿肚皮不合時宜」，政見總與當權派相左（王安石搞新法時他反新法，司馬光搞復辟時他又反復辟），每每「不相與謀」，因而一貶再貶。遇到這種情況，傳統讀書人的選擇往往是兩個極端：要麼見風使舵隨波逐流，要麼堅持到底以死相爭，不願意走極端的則忍氣呑聲牢騷滿腹。蘇東坡卻完全不同於這三者，因爲他是一個眞正融會貫通了儒道釋三家，對宇宙人生有著透徹了悟的人。有一件小事頗能說明問題。宋神宗元豐五年三月七日，因「烏台詩案」而謫居黃州的蘇東坡在外出途中遇雨，「雨具先去，同行皆狼狽」，唯獨坡公滿不在乎。蘇東坡說：「莫聽穿林打葉聲，何妨吟嘯且徐行。竹杖芒鞋輕勝馬，誰怕？一蓑風雨任平生」。實際上，所謂「一蓑風雨任平生」，表達的恰是蘇東坡的人生觀。因此，儘管朝廷上風雲變幻天威難測，他自己也顚沛流離身不由己，但在他的心中，卻是風平浪靜，甚至「也無風雨也無晴」的。

辛棄疾則不同。他是身處危世，憂國憂民，而且滿腹韜略，滿腔熱情，卻又無能爲力徒喚奈何。所謂「卻將萬字平戎策，換得東家種樹書」云云，與其說是「想得開」，不如說是「氣不過」。畢竟，他念念不忘的，是「壯歲旌旗擁萬夫」；耿耿於懷的，是「竟須賣劍酬黃犢」；痛心疾首的，是「長安父老，新亭風景，可憐依舊」；心馳神往的，是「金戈鐵馬，氣吞萬里如虎」。所以，辛棄疾在出處問題上其實是進退兩難的。他不像蘇東坡，看透了宇宙人生：「獨笑書生爭底事，曹公黃祖俱飄忽」。既然成敗榮辱都不過過眼雲煙，那又有什麼好爭的（爭底事）？辛棄疾卻沒有這種「境界」。他的想法，仍不出「建功立業，功成身退」的巢穴。因此，他雖以隱居山林自相期許（雲山自許，平生意氣），也明白「意倦須還，身閑貴早」的道理，不願落得在官場奔命被人恥笑（衣冠人笑，抵死塵埃）的結局，但總認爲歸隱應該是「整頓乾坤事了」以後的事情，所以六十高齡時還寫出「憑誰問，廉頗老矣，尚能飯否」的詩句。蘇辛二人的態度誰更可取，當然可以討論。但辛棄疾並不那麼「想得開」，或者「想得開」當中有「想不開」，恐怕也是事實。

眞正想得開的是陶淵明（最想不開的是李白，資先生的文章中已有盡述）。如果說，蘇東坡的「想得開」是因爲看透了人生，那麼，陶淵明的「想得開」則是因爲看透了官場。陶淵明是做過幾天小官的，但很快就受不了，迫不及待地「自免去職」，而且再也不踏入官場一步。我們讀他的《歸去來兮辭》，聽他說「悟以往之不諫，知來者之可追；實迷途其未遠，覺今是而昨非」這些話，就知道陶淵明之於官場，可謂「徹底決裂」。歷史上的讀書人，有幾個會說仕途是迷途呢？也就陶淵明吧？

所以後世文人（包括蘇東坡、辛棄疾輩）但凡失意，幾乎言必稱陶令。然而當眞學陶和官場決裂的卻幾乎沒有（也包括蘇東坡、辛棄疾輩），這又是爲什麼呢？

因爲陶淵明其實學不得。

五　身家與天下

實際上，我們前面說到的（也是資先生文章中說到的）那些典型，有兩個人是不可學的。一個是謝安（謝安石），一個是陶潛（陶淵明）。謝安不可學，是學不來；陶潛不可學，是學不得。為什麼學不得呢？因為當眞一學，就把讀書人的「安身立命之本」丟掉了。

為此，我們還得把「讀書人」的來龍去脈再說一遍。

中國傳統社會的讀書人，是由「士」演變而來的，而「士」的前身則是「巫」。巫，是原始社會的「高級知識份子」，是那個時代最有文化的人，也是很管事的人，是社會的棟樑，要參與部落大事之決策的。因此，如果說原始社會也有「官」的話，巫就是最早的官之一（范文瀾先生就說中國文化有兩個傳統，一個是史官文化，一個是巫官文化）。可見讀書人之與官，從祖上起就有「血緣關係」。

進入國家時代（也就是階級社會）以後，巫就變成了士。士在這個時代，是屬於貴族階級的。西周封建（封土建國之封建）時期，貴族有四等。第一等是天子，他有「天下」。第二等是諸侯，他們有「國」。第三等是卿和大夫，他們有「家」。第四等就是士，他們沒有「家國」只有「身」，但畢竟不像庶人那樣「身不由己」，所以仍是貴族。

士包括文士和武士。大約文士由原始社會的巫祝演變而來，武士由原始社會的戰士演變而來，但不論文士、武士，都是貴族。因爲是貴族，所以，他們成年時和天子、諸侯、大夫一樣，也要舉行成人禮，戴上象徵治權的「緇冠」，象徵兵權的「皮弁」和象徵祀權的「爵弁」（爵讀如雀，爵弁也叫雀弁）。「國之大事，唯祀與戎」，可見士是有資格也有義務參與國家大事的，只不過這種參與之於天子、諸侯、大夫，主要意味著權利，對於士而言則主要意味著義務。但有此義務也很榮耀，所以「冠」之於「士」，便有非同小可的意義，應視爲生命的一部分（君子死，冠不免）。孔子的忠實信徒子路在西元前四八〇年的衛國內亂中，寧肯被人砍成肉泥，也要雙手繫著冠纓，就因爲珍惜參與國家大事的資格和義務。子路是典型的「士」。他的理念，也是後來許多讀書人的情結。

不過，士雖然也是貴族，但他們和天子、諸侯、大夫有一個重要的區別，就是沒有或很少有土地這個「不動產」，不像天子有天下，諸侯有封國，大夫有采邑。也就是說，只有知識或武藝、智力或體力的士，是「以身報國」的。所以對於士來說，第一重要的是「修身」。一個士，如果既有高尚的品德，又有一肚子好學問或者一身好武藝，就可以幫助大夫打理采邑，這就是「齊家」；協助諸侯管理領地，這就是「治國」；輔助天子征服世界，這就是「平天下」。之所以如此，就因爲士不爲土地所束縛，又是貴族，人身相對自由，施展抱負和身手的空間也就比較大。可以這麼說，同爲貴族，諸侯和大夫的任務主要是「保家衛國」，士的任務卻是「修齊治平」。結果，品級較低的士，反倒比諸侯、大夫「理想遠大」（諸侯和大夫如果動不動就要「平治天下」，是會有「圖謀不軌」之嫌疑的）。後世以「國士」自居的讀書人無不「以天下爲己任」，「家事、國事、天下事，事事關心」，其根源就在於此。

秦滅六國，天下一統，四海一家，郡縣制取代了封建制，任命制取代了世襲制，以後科舉制又取代了門閥制。原來那個國（封國）和家（采邑）的概念變了，合併爲「國家」且與「天下」相等同。諸侯沒有了，大夫由「世襲家臣」變成了「朝廷命官」，而且在實行科舉制以後，還可以由「寒士」充任。於是，正如國和家合併爲國家，士和大夫也合併爲士大夫。當然，士的「身」與大夫的「家」也合併爲「身家」，而與「天下」相對應。

這樣一來，幾乎每個相當於上古之士的人便都會面臨一個選擇：是把「身家」放在首位呢，還是把「天下」放在首位？以天下爲己任者「出」，也叫「入世」，即「兼濟天下」。明哲保身者「處」，也叫「出世」，即「獨善其身」。可見所謂「出處問題」，其實就是「天下」與「身家」孰先孰後、孰重孰輕的問題。這是士大夫的問題，也是幾乎所有讀書人的問題。爲了說明這一點，我們還必須把讀書人和士大夫的關係講講清楚。

六　士大夫與讀書人

認眞說來，士大夫和讀書人並不是一個概念。士大夫本指官僚階層。《考工記》說：「作而行之，謂之士大夫」。鄭玄注曰：「親受其職，居其官也」。可見只有做官或做過官的讀書人才是士大夫，沒做過的就不算。同樣，做官而不讀書的也不算。比如因軍功而封侯賜爵的武夫，雖然也是官，卻沒人承認他們是士大夫，他們自己也不以士大夫自居。

這樣一說就清楚了。讀書而不做官只是士，做官而不讀書只是大夫，只有既讀書又做官的才是士大夫。中國傳統社會是以官爲本位的，叫做「官本位」。一個人一旦做了官，就有地位、有名聲。官位高則地位高，官職大則名氣大。所以，士大夫一詞，有時也指那些有地位有聲望的讀書人；而這樣的讀書人，又幾乎都與官和官場有聯繫、有瓜葛。所以，在傳統社會，士大夫的地位要比讀書人高。一個村野窮儒、鄉間學究，只要當眞讀了些書，馬馬虎虎也可以稱爲讀書人，但要被稱爲士大夫，卻非得有些「政治資本」不可。

不過，這已是比較晚近的觀念。在上古時期，士之與官，還是互不相干。士們雖然也參與、介入、過問社會公共事務，但並非只有做官這唯一途徑。比如曹劌，就沒有做官，否則不會有「肉食者謀」這句話。先秦諸子，也多半沒做官，或做不長（如孔子），做不大（如莊子），等於沒做。因爲那時士是貴族，介入政治的途徑也多（比如遊說諸侯，或招收門徒，或著書立說），做不做官無所謂。秦以後就不行了。首先，士變成了平民。不做官，就沒有發言權。其次，能夠給予士人參政機會的也只有一家，不像春秋戰國時期，可以頻繁跳槽換老闆。第三，這個時候的士人，除了做官，也沒有別的出路。前面說過，無權無勢無資本的士從上古時候起就是「毛」，必須附在天子、諸侯、大夫那張「皮」上，才能有所作爲。只不過那時「皮」比較多，「毛」也比較游離，並不一定非得在一棵樹上吊死不可。秦以後則不同。除了「當今聖上」，他們再無別的「皮」可以依附。除了「出仕做官」，也再無別的方式可以顯示「毛」的價值。也就是說，此「士」已非彼「士」，不可同日而語。

官的情況也發生了變化。實行世襲制（西周封建制是世襲制，魏晉門閥制是准世襲制）時，做官和讀書沒有太大關係，至少學習成績與官位大小不成比例。大夫的兒子肯定是大夫，雖然他們也讀書。但他們能夠做官，卻不因爲讀書。實行科舉制以後就不一樣了。雖然做官的途徑仍然很多，包括襲爵和蔭子，但畢竟科班出身是「正途」，更何況身爲平民的寒士除此以外也別無選擇。這個時候，讀書和做官就統一起來了。

同樣，也只有在這個時候，所謂「學而優則仕，仕而優則學」，才可能從理想變成現實。這裏說的「優」，是優裕的優，不是優秀的優。也就是說，做學問而時間精力有餘，就去做官；做官而時間精力有餘，就去做學問。在這一點上，做得最漂亮最出色的是宋代文人。你看范仲淹、歐陽修、王安石、司馬光，哪一個不是做官、治學兩不誤？蘇東坡雖然仕途坎坷，但他的官也是做得極好的，文章就更不用說了。這就是典型的士大夫。

相比較而言，達不到這個境界的，就只好算是讀書人，或官老爺。官老爺就是只有官位沒有學問的，讀書人就是只有學問沒有官位的。這兩種人，都不是士人的理想。沒有學問的官老爺固然爲士所不恥，只有學問沒有官位，不能在官學之間遊刃有餘，難道就甘心？

當然不甘心的。所以蘇東坡才一方面感慨「常恨此身非我有」，另方面又清楚地知道自己不可能退出官場那個是非之地，正所謂「何時忘卻營營」。爲什麼不能「忘卻營營」

呢？就因爲成爲士大夫是讀書人的最高理想，只當一個讀書人則是等而下之的不得已的選擇。所以即便在官場上碰得頭破血流，最後也只好順其自然，不了了之。我們知道，雖然蘇某人曾揚言「小舟從此逝，江海寄餘生」，但他終其一生，是並沒有辭官歸隱的。

七 報國與全身

蘇東坡們不能「忘卻營營」，還有一個原因，就是他們的「報國情結」。

前面講過，中國傳統社會的讀書人是由士演變而來的，而士原本就有參與國家大事的資格和義務，其中不少甚至是文武雙全的。秦始皇一統天下以後，士變成了讀書人，讀書成了他們主要的生存方式，但「修齊治平」的理想卻沒有變，「憂國憂民」的傳統也沒有丟，滿腦子還是「內聖外王」，想做的還是「出將入相」。這是他們不能不入世的原因。這裏面有理想，有抱負，有責任，有義務，並不是一個「俗」字就可以打發或了斷的。

相反，出世和清高反倒有些可疑。資中筠先生說中國傳統讀書人的清高「大多是逼出來的」，我想補充一句：還有不少是「裝出來」的。所謂「養望」是，「終南捷徑」

是，甚至故意唱反調也是，——「要得官，殺人放火受招安」。由「持不同政見者」變成「最堅決的擁護者」，有時竟只要一夜功夫。總之，條條道路通羅馬，無論「康莊大道」，還是「羊腸小徑」，都通向仕途，只不過有的「青雲直上」，有的「曲線救國」而已。

所以我們讀古人書，千萬不要太過天眞。中國古代的讀書人，幾乎沒有不以清高自詡或相推許的，但「假冒僞劣」也很不少。比如潘岳（安仁），是美男子，也是大詩人，寫過有名的《閒居賦》，很清高的，卻其實是官迷。爲了討好權臣賈謐，竟然每天守在賈府大門口，看見官車揚起的塵土立馬倒頭便拜，正所謂「高情千古閒居賦，爭（怎）信安仁拜路塵」（元好問詩）。實際上，除少數幾個如陶淵明外，大多數人的「清高」，不是因爲走投無路，就是因爲裝模作樣，當不得眞的。

其實想做官本身並沒有什麼錯。自秦漢實行郡縣制，尤其是隋唐實行科舉制以後，從政已逐漸變成一種職業，做官和做工、種田、做生意一樣，不過是一種謀生的手段，沒有高低貴賤之分，也無所謂光榮或可恥。可惜大家認識不到這一點，或認識到了又不肯承認，這才有了「假清高」和「眞勢利」，嘴巴上恥言利祿，骨子裏鄙視貧寒。難怪李贄要痛斥那些虛僞的讀書人，說他們「其人既假，則無所不假矣」，因此「反不如市井小夫，身履是事，口便說是事，做生意但說生意，力田作者但說力田，鑿鑿有味，眞有德之言」。

做官本身雖無所謂清濁雅俗，從政出仕的動機卻有高下之別。為報國保民而做官，就高尚；為弄權斂財而做官，就卑下。這兩種人，歷史上都有。後者可以蔡京、嚴嵩為典型（他們可都是既讀書又做官的士大夫，蔡京寫得一筆好字，嚴嵩寫得一手好文章），前者可以文天祥、史可法為代表。文天祥、史可法這樣的士大夫其實人數並不多，正如蔡京、嚴嵩這樣的「奸佞」也是少數，居多的是「不好不壞」的中間狀態者，這才有所謂「出處」問題。因為倘若一開始就是蔡京、嚴嵩，便只有「出」，沒有「處」；如果一開始就是陶淵明，則只有「處」，沒有「出」。當然，如果一開始就是文天祥、史可法，大約也只有勇往直前、赴湯蹈火，在所不辭。問題是他們既非蔡京、嚴嵩，更不是陶淵明，也不想在和平時期沒來頭地獻出生命。也就是說，他們只想「以身報國」，不想「以身殉國」，除非萬不得已。或者說，他們是既想報國又想全身的。稀裏糊塗搭上小命的事，他們多半不幹。

更重要的是，這裏說的「身」，既包括「身家性命」（肉體），也包括「意志情感」（精神）。讀書人與一般人的不同之處，就在於「知書達理」。知書，就難免書生氣；達理，則難免認死理。再加上恃才傲物，自命清高，更難免「有點傲骨，有點傻氣，甚至有幾分狂」。這都是和官場遊戲規則格格不入的。當然，如果當眞要做官，這些毛病都可以改，或者暫時把尾巴夾起來（即所謂「王莽謙恭未篡時」）。難辦的是，眞正的讀書人還都追求心靈的自由，希望保持人格的獨立，至少在精神領域和心靈世界裏擁有一片個人的空間；而所謂「精忠報國」，則要求你把全身心都交出去。於是他們就總是處於矛盾和痛苦之中。處，則「身在江湖，心存魏闕」；出，又「身在廟堂，心存山林」。出，則「常恨此身非我有」；處，又不能「忘卻營營」。這種矛盾和痛苦，豈是一句「達則兼濟天下，窮則獨善其身」就可以解決的？

何況麻煩還不只這一點。

八　君臣與師生

照理說，讀書人想成爲士大夫的這點理想，應該說原本也不難實現。讀書人願意爲國效勞，國家也需要讀書人幫助治理。主鬻官爵，臣賣智力，兩相情願；君王知遇，臣子盡忠，一拍即合，有什麼爲難的呢？然而這種買賣或合作，卻總是不很成功，或不如意，原因就在於買賣雙方或合作雙方的想法其實並不一樣。

先說讀書人這一邊。

中國傳統社會的讀書人，可以說是既沒有野心又有野心，野心既不大又不很小。說他們沒有野心，是因爲他們基本上不想篡位奪權自己當皇帝。中國歷史上的開國皇帝，不是軍閥（如趙匡胤），就是流氓（如朱元璋），當眞篡了位的士大夫只有一個王莽，還不成功。曾國藩則是寧肯遣散湘軍告老還鄉也不打這個主意的，打這種主意的必非讀書人，正所謂「坑灰未冷山東亂，劉項原來不讀書」。這個規律，帝國的統治者們後來總算是琢磨出來了，因此自宋以後，文官的地位總是比武官高。

然而讀書人雖然不想當皇帝，卻想當皇帝的老師。「爲帝者師，爲王者師」，一直是中國讀書人的最高理想。諸葛亮之所以倍受推崇，就因爲他有帝王之師的形象。你看他的《出師表》，什麼「親賢臣，遠小人，此先漢所以興隆也；親小人，遠賢臣，此後漢所以傾頹也」，什麼「不宜妄自菲薄，引喻失義，以塞忠諫之路」，什麼「不宜偏私，使內外異法」，哪裏是「上表言事」？分明是「諄諄教導」！

但這只是非常之時（天下三分，益州疲敝），非常之人（開國元勳，顧命大臣），行非常之事（慮漢賊不兩立，王業不偏安），豈能當作常例？通常的情況是，皇帝只想把讀書人當臣僕。好一點的，算你是忠臣、能員、幹將、愛卿，差一點的，就視你爲弄臣，

「倡優蓄之」。爲帝者師、王者師？門都沒有！即便當眞做過皇帝的蒙師，也不過禮遇有加，而且同樣可能受處分（比如翁同龢），誰也別想一輩子當皇帝的老師，或當皇帝一輩子的老師。

如果皇帝本人也是讀書人，也想當老師，那就更麻煩了。自以爲是又大權在握的皇帝是絕不許你比他還英明的。碰到這種情況，你也只好承認他是天字第一號的「博士導師」，隨便他說什麼你都得說「皇上聖明」，或「皇上教導的是」，而且還得隨時隨地準備著他來找碴。皇帝既然被規定爲「當今聖上」，當個「導師」又有什麼稀罕？那些通過了「殿試」的進士們，不就叫「天子門生」嗎？所以皇帝想當老師，是完全可能的。康熙、雍正、乾隆就是這樣的皇帝。康熙好一點，眞有學問，而且學貫中西，又處於滿清貴族熱戀中華文化的「蜜月期」，因此對讀書人還算客氣，當然翻臉不認人的時候也有。雍正就差一些了，學問和氣度都不如康熙，對待讀書人已是刻薄甚至刻毒，不過他搞文字獄也還只是對付政敵。乾隆更差，自命不凡又嫉賢妒能，便把文字獄搞得「登峰造極」，連神經錯亂者也不放過，簡直就是歇斯底里，喪心病狂。在這種情況下，你如果還做「帝師夢」，那就等於找死！

事實上，中國傳統讀書人的遭遇，往往是「拳拳報國心，招來殺身禍」（岳飛就是）。這就使他們不能不在出處兩難中「此意徘徊」。不考慮入世是不行的。因爲文天祥、史可法這樣的士大夫雖然人數不多，卻是所有讀書人的楷模。也就是說，所有讀書人的人格塑造和道德修養，在理論上都是按照「精忠報國」的模式來進行的。學以致用，知行合一，出將入相，修齊治平，不但是他們的理想，也是他們的「安身立命之本」。這也是陶淵明學不得的原因。再說了，「男兒本自重橫行」，何況「天子非常賜顏色」？歷朝歷代的皇帝雖然在骨子裏看不起讀書人，表面上卻總會做些「禮賢下士」姿態（漢代的地方官如果不向朝廷推薦人才還要受處分）。這就足以使許多人感激涕零，肝腦塗地，並總是一相情願，自作多情了。

同樣，退路也是不能不考慮的，因爲前車之鑒實在太多。問題是傳統社會的讀書人其實沒有退路。陶淵明只是個案，其他人頂多只能「做陶令狀」。我曾經說過，中國的老百姓有三個夢：明君夢、清官夢、俠客夢。皇帝指望不上就指望清官，清官指望不上就指望俠客，如果連俠客也指望不上，就只好指望武俠小說，其實是越來越沒有指望。同樣，中國的讀書人也三個夢：帝師夢、名臣夢、隱士夢。帝師做不成做名臣，名臣做不成做隱士，要是連隱士都做不成，就只好去寫隱逸詩，豈非也是越來越沒指望？

那麼，中國的讀書人，當眞就沒有出路了嗎？

九 出路與對策

出路也是有的，但要有條件。條件也只有三個字：可選擇。或者「當局」可選擇，或者「途徑」可選擇。秦始皇一統天下之前，存在著第一種可能性。那時，士人或出（如張儀、蘇秦），或處（如老子、莊子），都相對自由。入世的，也用不著時時以出世爲退路，反正「此處不留爺，自有留爺處」，不妨「朝秦暮楚」。何況那時士的分量也重，幾乎決定著諸侯各國的生死存亡，「入楚楚重，出齊齊輕，爲趙趙完，畔（叛）魏魏傷」，因此「賣價」也不錯。

秦以後，第一種可能性不復存在，我們也不希望它存在，因爲這意味著國家的分裂。於是可以爭取的就是第二種可能，即途徑的可選擇。這又包括兩個方面，一是介入、參與、過問社會政治公共事務途徑的多樣性（官方管道或民間管道），二是選擇的多樣性，即可以介入也可以不介入，可以參與也可以不參與，可以過問也可以不過問，當然還包括可以做官也可以不做官。如果有了這兩種多樣性，出處就不再成爲問題。

其實出處原本就不該成爲問題。《易・繫辭上》云：「君子之道，或出或處」。《三國志・魏志・王昶傳》也說：「雖出處不同，然各有所取」。可見並沒有誰規定你只能

「出」，不能「處」；只能入世，不能出世；只能做官，不能不做官。入世和出世成爲矛盾，是因爲讀書人希望介入、參與、過問社會政治公共事務，卻又只有做官這唯一途徑。要解決這個問題，就只有讓仕途不再是畏途，或者除了做官以外還有別的路可走。

這就要靠社會的變革。中國歷史上與知識階層之命運密切相關的重大社會變革共有三次。第一次是西周封建，部落制滅，邦國制立，知識者由巫變成士。第二次是秦滅六國，邦國制滅，帝國制立，知識者由士變成讀書人。第三次是辛亥革命，帝國制滅，共和制立，知識者由讀書人變成知識份子。知識份子的概念我們前面已經說了，就其廣義而言即是依靠知識和智力來謀生的人。他們可以是科學家、工程師，可以是教員、醫生，可以是編輯、記者，還可以是文學家、藝術家，並不是只有做官一條路。

介入、參與、過問社會政治公共事務的途徑也多樣化了。這是因爲引進了現代新聞出版制度，包括印刷制度、傳媒制度、稿酬（版稅）制度，還有保護言論自由和著作權益的法律制度（憲法和著作權法）。有此制度，知識份子（也包括其他公民）就可以自由地發表自己對社會政治問題的看法，以此方式參與和介入公共事務，不但能盡到「社會良知與良心」的職責，一展憂國憂民的情懷，還可因此而獲得相應的報酬（收入高的可以購房買車，收入低的也能養家糊口），政治和經濟兩方面均無後顧之憂。何況你還可以不介入、不參與、不過問，豈非「進退自如」？想當年，魯迅、胡適他們就是這樣的。

在此前提下，入世和出世，便理應不再成爲問題。如果說仍是問題，那麼，問題就很可能出在知識份子自己身上，即不再「以天下爲己任」，不再有「事事關心」的熱情，也不再有「指點江山，激揚文字」的激情。傳統士大夫和讀書人的「書生意氣」沒有了，而這種「意氣」其實是很重要的。沒有了這種「意氣」，讀書人也好，士大夫也好，知識份子也好，就不再是「社會的良知與良心」，而只是「腦力勞動者」或「文字操作工」，甚至是「字紙簍」和「傳聲筒」。

誠然，由於社會分工的專業化和社會生活的多樣化，我們不應該再像傳統社會那樣，要求知識份子都去介入、參與、過問社會政治公共事務，更不能規定他們唯讀只寫政治倫理方面的書。他們完全可以在各自不同的學科領域爲國家民族做出貢獻。但我以爲，儘管身分變了，工作變了，現在的知識份子已不再是過去的讀書人，更不是過去的士大夫，過去讀書人的「意氣」和過去士大夫的「氣節」，卻仍應該繼承和保留。資中筠先生的這本書中就講到了「三軍可以奪帥，匹夫不可奪志」的氣節，並認爲這是有著許多缺點的士大夫「一個極寶貴的優良傳統」。資先生這篇文章是說大專辯論賽的。她指出：「雄辯的力量在於堅定的信仰，大至哲學思想，小至解決一個具體問題的方案，總是認定了自己的看法是對的，才值得竭盡全力爲它鼓與呼；抽掉了這點『自以爲是』，等於抽掉了辯論的靈魂。」我也想跟著說一句：知識份子的力量（包括人格魅力）不在知識，而在信念。知識本身並不是力量，加上信念才是力量。這種「有知識的信念」表現於爲人處世，就是「書生意氣」。抽掉了這點「意氣」，等於抽掉了知識份子的靈魂，而這種「意氣」本是源於讀書人之入世情結的。我想，這或許是入世和出世「理應不成問題」時資先生還要思考這一問題的原因之一吧？

【千年一夢】

一　我們曾經擁有

武俠的事要由文人來說，這多少有點滑稽。文人和武俠，至少看起來是一對矛盾。習武的少有文化，學文的難免孱弱。文人當中有沒有習武的？有，但不多。多數是手無縛雞之力。就算有那麼兩下子，大約也不能飛簷走壁，使刀弄槍，百尺之外取人首級。一九九〇年初，北京大學教授陳平原的一隻皮箱在廣州火車站被人當面搶走。平原兄目瞪口呆之餘，竟是徒喚奈何。更有戲劇性的是，這隻皮箱裏裝的，恰恰是他研究武俠小說的資料和草稿。可見平原兄雖然熟讀武俠，眉宇間也因此有了些英武之氣，卻是連一個小毛賊也鎮不住的，以至於有好事者替他撰得半聯：「車站遭劫平原君恨不早養士」。這才是讓人啼笑皆非！

看來，陳平原先生將自己研究武俠小說類型的著作名之曰《千古文人俠客夢》，確實精當而又有深意。近年來，北大同仁好言武俠者甚眾。袞袞諸公，或執判官筆，或發綠林柬，或登壇說法，或華山論劍，很是弄出了些動靜。這或許也可以看作一種「與時俱進」。但若論頭腦之清醒，治學之嚴謹，持論之公允，愚意以爲或當首推陳平原。中國人做學問是很用心很投入的，結果不是愛屋及烏，便是日久生情。於是「情人眼裏出西施」，研究什麼，便認爲什麼最好。比如研究金聖歎的，便認爲金聖歎天下第一；研究王夫之的，便認爲王夫之舉世無雙；研究武俠小說的，則往往把自己也封了「大俠」。其實，平原兄要封俠，也沒有什麼不可以。因爲他的老老前輩——平原君，便與「俠」頗有些瓜葛。然而平原兄卻並不因這瓜葛而以平原君自居，反倒告訴我們，所謂「武俠」，其實是一個夢。而且，這個夢還是文人編造的，雖然武俠小說常常被看作「通俗文學」和「大眾文化」。所謂「千古文人俠客夢」，我以爲便當作如是解。

這就帶來了三個問題：第一，武俠是夢嗎？第二，它是一個什麼樣的夢？第三，這個原本要靠武力來圓的夢，爲什麼竟是文人編造的？

先說第一個問題。

武俠是夢嗎？是。這話的意思，不是說歷史上不曾有過俠或俠客。俠或俠客這種人，大約是有的，司馬遷和班固都給他們立過傳。不過司馬遷和班固並不管他們叫「武俠」，而叫「遊俠」。因爲這些人並無蓋世武功，行俠亦不仗劍。仗劍的是刺客。刺客是要殺人的，因此要有武藝。如果武功不過硬（比如荊軻），還會讓人遺憾。不過刺客雖有武藝，卻不一定行俠。比如春秋時吳國的刺客專諸，爲公子光篡位而刺殺王僚，就很難說有什麼俠義可言。俠客則相反。俠客一定要行俠，卻不一定殺人。漢初大俠朱家就不殺。另一個大俠郭解，雖然年輕時「所殺甚眾」，後來卻「折節爲儉（克制約束自己），以德報怨（以恩惠回報怨恨），厚施而薄望（奉獻多，要求少）」。直到這時，他才被人們視爲大俠，也才有了威望。胡亂殺人那會兒，是只能看作「愣頭青」的。

由此可見，俠客和刺客有著本質的區別。俠客行俠，但不必仗劍；刺客仗劍，卻未必行俠。俠客可以「俠而武」（如郭解），也可以「俠而不武」（如朱家）；刺客可以「武而俠」（如荊軻），也可以「武而不俠」（如專諸）。對於俠客來說，俠（俠義、俠膽、俠骨）遠比武（武功、武藝、武力）重要。同樣，俠客和流氓也有本質區別。簡單的說，俠客行善，流氓作惡；俠客行俠仗義，流氓爲非作歹。因此，儘管他們都是「江湖中人」，卻不可同日而語。俠客因爲以俠義爲己任，故而都有些霸氣。流氓則未必。低級流氓是一點霸氣也沒有的。比如地痞、無賴、潑皮、光棍之類，就只有「賴」和「痞」，沒有「霸」。高級流氓雖然「霸」，卻只能算是「霸道」，不能算是「霸氣」。可見即便同爲「霸」，流氓和俠客也不相同。流氓是「惡霸」，俠客則是「善霸」。總之，眞正的俠，崇尚、依靠的是道德力量和人格力量，不是武力和暴力。他們追求的，也是道德理想和人格完善，不是功名利祿、富貴榮華。

事實上，俠是一種身分（俠客），更是一種精神（俠義）。所以，不但遊俠講俠義，不少貴族和官員也講。比如張良，「爲任俠」；季布，「爲氣任俠」；竇嬰，「任俠自喜」。什麼叫「任俠」呢？就是以俠義爲己任。它包括三個方面。一是捨己爲人，「救人於厄，振人不贍」；二是信守然諾，「其言必信，其行必果」；三是功成身退，「不矜其能，羞伐其德」。西漢時的大俠郭解就是這樣。司馬遷說郭解受人之託，但凡可以辦的，立即就給人辦了（事可出，出之）。不能辦的，也要讓各方滿意（不可者，各厭其意）。而且，一定要把事辦了或者讓各方都滿意以後，才肯接受別人的酒食（然後乃敢嘗酒食）。另一位大俠朱家，就更是道德高尚。他存活的名士上百，庇護的平民數千，自己卻「家無餘財，衣不完採，食不重味」，見到被自己救助過的人，立即就躲起來。如果對方富貴了，則「終身不見」。再如劇孟，是但凡有人來求，一定挺身而出，絕不裝著不在家，或者以「父母在，不遠遊」爲托詞的。正因爲如此，當時朝中的一些大臣（如周亞夫）或社會上的一些名士（如袁盎），便都和劇孟結爲「生死之交」。袁盎也是做過大官的。他和竇嬰一樣，都是朝中之俠。他們的故事，我在《明月何曾照渠溝》一文中講過。

這就是本來意義上的俠了。這樣一種俠，我們是曾經擁有的。他們或在朝爲俠士（如袁盎、竇嬰），或在野爲俠客（如劇孟、郭解），但都講俠義。實際上當時朝野的界限並不那麼分明，俠士和俠客也「同聲相應，同氣相求」。比如魯國的俠客朱家，就幫過楚國的俠士季布。季布這個人，也是「爲氣任俠」的。他原本是項羽手下的將軍，曾多次痛擊劉邦，打得劉邦狼狽不堪。所以項羽兵敗後，劉邦就懸賞千金購買季布的人頭。而且下令，有膽敢隱匿季布者，滅三族。季布沒有辦法，只好聽從朋友的建議，剃去頭髮，戴上鐵箍，扮作囚徒，作爲奴隸賣給朱家。朱家知道此人就是季布，卻不說穿。妥善安頓以後，驅車前往洛陽，遊說劉邦的近臣夏侯嬰，終於救得季布性命。獲救的季布被劉邦任命爲郎中，後來還當了河東郡守，朱家卻從此不再和他見面，因爲一個眞正的俠，是必須功成身退羞言報答的。

這樣一種俠義和俠情眞讓人神往，可惜並不討皇帝喜歡。事實上，正是由於王朝和官方的一再嚴厲打擊，俠才終於由現實變成了夢想。

二　魂斷俠緣

對俠的鎮壓始於何時，現在是不可考的了，正如我們無法確知最早的俠客是誰，但可以肯定不晚於韓非子的時代。韓非子說：「儒以文亂法，俠以武犯禁」，建議君主們將其趕盡殺絕。其實就算韓非子不說，坐穩了江山的帝王也會下手，因爲他們是既不喜歡刺客也不喜歡俠客的。道理很簡單，刺客作爲職業殺手，一般並無是非觀念。他們只忠於雇主，卻不管該殺不該殺。雇主則只考慮能殺不能殺，也不管該殺不該殺。如果他能買到武林高手，自己又正好覬覦皇位，或者與「當今聖上」有仇，便會把國王和皇帝也列入黑名單；而只要世界上有刺客，所有的皇帝在理論上便都有被殺的可能。秦始皇豈非就差一點被荊軻所殺？其實就算他們不殺皇帝，王朝也不能容忍這些人的存在。你想啊，如果滿街都是刺客，天天都有謀殺，則如王法何？生殺予奪之權是必須牢牢掌握在國家手裏的，豈能由著一幫亡命之徒自作主張？所以皇帝不喜歡刺客。便是現代民主國家，也容不得他們。

那麼俠客呢？俠客追求道德境界和人格完善，難道也不好？中國歷朝歷代的統治者不是都主張「以德治國」嗎？這當然不錯，但你得弄清楚治國的主體是誰。王朝時代的國家是由誰來治理的？顯然不是俠客。俠客是民不是官，他們是被統治者，不是統治者。因此他們再有道德，也不能治國。如果他們居然治起國來，那就是僭越，甚至不能算是有德。中國傳統道德十分講究名分，因此也叫倫理。倫理就是尊卑有序，官民有等，不同身分的人有不同的德目，比如君仁臣忠、父慈子孝。俠客作爲民，其道德要求主要是臣服，是安分守己效忠王朝，誰讓你多管閒事打抱不平呢？可見，自以爲有道德的人，也未必討人喜歡。

其實，俠客不討皇帝喜歡，恰恰就因爲他們講道德，有人格。我們知道，道德和人格是有凝聚力的。中國傳統文化和傳統政治就最講道德人格的凝聚力，比如「以德服人」、「以柔懷遠」。但我們也要記住，在帝國時代，這種凝聚力只能屬於王朝，屬於皇上，不能屬於其他任何人、任何集團。然而在西漢初年，俠客的號召力和凝聚力，卻大有超過皇家和朝廷之勢。比如朱家，聲望極高。京師以東各路英雄豪傑，幾乎無不盼望與之相識（莫不延頸願交）。劇孟，名氣極大。周亞夫平叛時得到他的支持，就像得到了一個勢均力敵的國家（宰相得之若得一敵國云）。郭解，交遊極廣。公卿郡縣，都爭著爲他奔走效勞（諸公爭爲用）。季心，人緣極好。千里之內，俠客壯士都願意爲他而死（士皆爭爲之死）。這就無疑犯了帝國的大忌。我們知道，一個開國元勳或朝廷重臣，如果「功高蓋主」，尚且難免殺身之禍，一介草民如果「橫行州域，力折公侯」，那還了得？

俠客們獲得如此威望，當然是因爲他們講義氣，重然諾，輕生死，路見不平，拔刀相助，行俠仗義，救苦救難，而且不避艱險，不計報酬。所以司馬遷認爲，像朱家、劇孟、郭解這樣的人，雖然其行爲不符合正統觀念（其行雖不軌於正義），也常常觸犯王法（時扞當世之文罔），但個人品質無可挑剔（然其私義廉潔退讓，有足稱者），享有盛譽是名副其實（名不虛立），受人擁戴也是理所當然（士不虛附）。問題是，並非所有號稱俠客的人都這樣，也有恃強凌弱、橫行霸道、仗勢欺人的。王朝要鎮壓這些惡霸，也不能說沒有道理。

更爲嚴重的是，在西漢初年，俠客們不但良莠不齊，魚龍混雜，與黑社會無異，還往往與權貴合流。《漢書·遊俠傳》這樣描述當時的情況：「代相陳豨從車千乘，而吳濞、淮南皆招賓客以千數。外戚大臣魏其、武安之屬競逐於京師，布衣遊俠劇孟、郭解之徒馳騖於閭閻。」吳濞就是吳王劉濞，淮南就是淮南王劉安。他們和代國丞相陳豨一樣，都是造過反的。魏其侯竇嬰和武安侯田蚡雖沒造反，卻也是危險分子，因爲他們都養士，都結交豪俠。這同樣犯了王朝的大忌。因爲身爲朝廷重臣，只能「存公誼」，不能「結私交」，更何況其所結交的，還是原本就有暴力傾向、甚至形成暴力團夥的俠？

這就必須鎮壓。即便寬容如文景（漢文帝、漢景帝），也不能任由他們星火燎原。事實上漢文帝即已開始打擊俠客，郭解的父親就是被文帝所殺（解父以任俠孝文時誅死），景帝也對遊俠大開殺戒（盡誅此屬）。漢武帝當然更不會手軟，郭解就是被他殺的。漢武帝早就想殺郭解了，只是逮不著機會，只好將他遷居茂陵。當時的政策，是家財三百萬錢以上的豪強，都必須遷往茂陵，以便「內實京師，外銷奸滑」。郭解的家財不足三百萬錢，卻榜上有名，大將軍衛青便幫他說情。誰知這下子卻幫了倒忙。漢武帝說，好嘛！一介平民，居然能讓大將軍來做他的代言人，「此其家不貧」！

於是郭解只好走人。這時，他的好人緣再次幫了他的倒忙。郭解動身時，前來送行的不計其數，贈送的路費竟多達一千多萬。入關以後，關中的賢達豪傑，不管認不認識他的，都爭先恐後搶著前來結交。這個鋒頭出得實在是太大了，足以讓高層震怒。我們知道，漢武帝採納主父偃的建議，徙豪強居茂陵，目的之一就是要削弱地方上的非政府力量。如果越是打擊，他們的勢力越是強大，擁護的人反倒越多，那還得了？因此我相信，漢武帝這時一定恨得咬牙切齒，而誅滅郭解的機會也很快就到來。有個儒生，因爲背後對郭解出言不遜，竟然被人殺死，還被割了舌頭。這事當然不是郭解幹的。案發以後，兇手不知去向，郭解也確實不知何人所爲。然而御史大夫公孫弘卻說，郭解不知情，比親自去殺的罪還大。這話看起來是混賬邏輯，其實未嘗沒有道理。因爲此案意味著郭解的聲望、權勢、影響已經大得嚇人，什麼事情都不必他親自出馬，甚至不必讓他知道了。那麼，普天之下誰能有如此權威呢？皇帝。皇帝能有兩個嗎？不能。結果，郭解被滿門抄斬（族滅），罪名是「大逆無道」。

郭解大約是最後一個眞實的俠（梁啓超就認爲中國的武士道起於孔子終於郭解）。此後雖然「爲俠者極眾」，但按照司馬遷的說法，都是些傲慢無禮不足稱道的人（敖而無足數者），甚至是當年朱家他們羞與爲伍的流氓（向者朱家之羞也），要不就變得文質彬彬起來（逡逡有退讓君子之風）。古之俠道，一蹶不振。班固以後，正史甚至不再爲俠客作傳，俠的時代從此一去不復返。

三　誰之夢想

東漢以後，歷史上就當眞沒有俠客了嗎？這話要看怎麼說。

毫無疑問，正史不載，不等於其實沒有，但可以肯定：第一，眞實的俠雖然還會有，卻不過散兵游勇，成不了氣候；第二，俠的精神還在，卻不一定體現在俠客身上；第三，俠客將主要出現在文學作品當中，並因此而造就一種新的文學樣式——武俠小說。也就是說，司馬遷以後，俠作爲一種現象，已不是現實，而是夢想。

那麼，這是一個什麼樣的夢？

這就要弄清楚我們爲什麼要有俠客。爲什麼要有呢？因爲誰都可能會有「不測風雲，且夕禍福」，誰都可能會有無奈和無助的時候。用司馬遷的話來說，就是「緩急，人之所時有也」。所謂「緩急」，其實就是著急、爲難、飛來橫禍、束手無策等等。這是連舜帝、伊尹、管仲、孔子這樣的聖賢都會遇到的事情。如果是尋常百姓，手無寸鐵，既沒有功夫，又沒有權勢，還生活在「亂世之末流」，遇難的可能性就更高了（其遇害何可勝道）。這時，我們當然很希望有人來救助，而且最好這人還是「職業救星」。因爲見義勇爲的人雖然每個時代都有，但有其「義勇」未必有其「能耐」，更不可能有事沒事都在四處閒逛，專打人間不平。這就不大靠得住，不能讓人放心。

讓人心裏踏實的是俠客。第一，俠客就是幹這個的。所謂「任俠」，所謂「以俠義爲己任」，便有「專司此職」的意味。所以朱家「專趨人之急，甚己之私」，豈非「職業救星」？第二，俠客多半有此能力。他們要麼有威望，人多勢眾，一呼百應；要麼有功夫，飛簷走壁，以一當十；要麼有奇術，見血封喉，撒豆成兵。這就不怕救不了你。第三，他們不辭勞苦，不避艱險，不計報酬，甚至不要你感謝。你可以放心地讓他來搭救，不必有任何心理負擔。這樣的好人好事，誰人不想，誰人不願，誰人不盼望呢？

如此救星何處尋？大約也只能存在於神話之中。比如觀音菩薩，就是「職業救星」。觀音大慈大悲，有行俠的願望；千手千眼，有行俠的條件；法力無邊，有行俠的能力；救苦救難，有行俠的實績。所以，觀音菩薩就是最大的俠。不同之處僅僅在於，俠客殺人（當然殺的都是壞人），菩薩不殺。菩薩是「佛門身分，俠客責任」，俠客是「閻羅手段，菩薩心腸」。俠客和菩薩，都是人們的「救星夢」。

實際上，正因爲後世之俠乃是一個「救星夢」，俠們才越來越頻繁地使用武力，由「俠而不武」到「俠而武」，最後「無俠不武」，「遊俠」也就變成「武俠」。這並不奇怪。在一個弱肉強食的時代，要想扶貧振弱，光靠道德感化和說服教育是不行的。比較靠得住和直截了當的辦法是用拳頭說話。救苦救難畢竟不能只有願望，還得有能力。這能力，在菩薩那裏，就是法器和法力。在俠客這裏，則是兵器和武功。俠客手中的長槍、飛刀，就是菩薩手中的葫蘆、淨瓶；俠客身上的內功、劍法，就是菩薩身上的神力、佛光。所以，越到後期，小說中武俠的功夫就越「神」。許多武俠電視劇，已經和神話片沒什麼區別了。

俠客是「救星夢」，也是「英雄夢」。這是武俠和神話的重要區別。神話是不大可能做「英雄夢」的。即便貌似英雄如孫悟空，也不是。孫悟空前半截是頑童，後半截是救星。雖然打遍天下，取得眞經，修成正果，也不像英雄。因爲他太「神」，既沒有七情六欲，還較少受到磨難。一個人物，如果太「神」，就不像「人」，也就不夠「英雄」了。所以神話可能是「救星夢」，是「頑童夢」，甚至是「科學夢」（千里眼、順風耳），卻很難是「英雄夢」。事實上也不會有人把如來佛、觀世音、鐵拐李、呂洞賓看作英雄，儘管他們的法力要超過一切武俠，而且救苦救難，普度爲生。

武俠卻必須是英雄。因爲武俠的責任擔當，如除惡鋤奸、匡復正義、平定天下，本身就是一種英雄業績和英雄行爲。如果這武俠身處亂世，那對手又特別不好對付，主人公的英雄色彩也就更濃。所謂「不好對付」，也包括幾種情況，比如武藝高強，或權勢極大，或善於僞裝，把世人都蒙在鼓裏。但凡這樣的歹人，對社會的危害都極大，也就特別需要英雄出世；而當某一俠客隻身挑戰這大奸大惡並戰而勝之時，他就不可能不是英雄了。

因此武俠小說實質上是英雄傳奇。中國的英雄傳奇有兩種：歷史小說和武俠小說，區別在於前者的主人翁是帝王將相、謀士梟雄，且歷史上確有其人（故事則可編造）；後者的主人翁是流民草寇、隱士響馬，且不必確有其人（故事當然更可編造）。但無論哪一種，如果眞有價值，其主人翁是一定要有英雄氣質的，而且越是英雄，就越是好看。事實上，所謂「俠氣」，就是英雄之氣、英武之氣和英邁之氣。所以，武俠小說中那些正面形象，便總是那麼豪爽，那麼慷慨，那麼瀟灑，那麼從容，那麼風流倜儻、超凡脫俗、英姿颯爽、神采飛揚，十分令人神往。

更令人神往的則是他們的生存方式。這種方式借用陳平原書中四個章節的標題，就是仗劍行俠、快意恩仇、笑傲江湖、浪跡天涯。這其實也是「大俠」的四個條件，而且有著內在的邏輯關係。首先，大俠是不能無所作爲的，因爲他有揚善懲惡的歷史使命和主持正義的責任擔當，這就必須「仗劍行俠」。仗劍行俠當然也是一種建功立業、揚名立萬，但俠客不同於清官（如包拯）、戰將（如衛青）、勳臣（如韓信），他的功名業績只能是非國家、非政府、非官方的個人行爲。因此大俠必須是血性男兒、性情中人，也就必須「快意恩仇」。快意恩仇的結果，必然是其他人的不快意，於是不但爲官府所不容，甚至也爲江湖所不容，這就必須「笑傲江湖」。所謂「笑傲江湖」，其實也就是蔑視一切遊戲規則，包括朝廷王法和江湖規矩，眞正做到無羈無絆，無法無天。這就等於把自己和整個社會對立起來，除了「浪跡天涯」，大約也沒有別的出路。浪跡天涯也不可怕，因爲反倒更能仗劍行俠，直至被殺戮和剿滅。但在這時，大俠們已「功德圓滿」，又何懼一死呢？

看來，破譯武俠之謎，關鍵就在「仗劍行俠」這四個字，而其中的緊要之處，則又在大俠們手中的那個兵器——劍。

四　劍的秘密

在閱讀了大量的武俠小說以後，陳平原先生有一個重要發現，就是中國傳統的兵器雖然號稱「十八般」，但所有的大俠都用劍，以至於「劍俠」幾乎成爲「武俠」的代名詞。這當然自有其中道理。正如平原兄所指出，劍在中國人的心目中，是一種很有文化意味的兵器。它代表著正義，可以避邪，是道德的象徵。因此，只有那些「有德之人」，才能夠得到和守住劍，也才有資格用劍來獨掌正義，主持公道。同時，劍也意味著高貴和優雅，是一個人氣質、格調和品味的體現，是審美的象徵。的確，佩一柄寶劍浪跡天涯，是很瀟灑很優雅的，扛一把大刀或兩把板斧四處遊蕩，便未免殺氣騰騰，不像大俠而是莽漢了。何況劍不但可以用，還可以舞。舞劍，恰是一種具有陽剛之氣的審美意象。這也正是我們所嚮往的英雄形象。所以，用劍的未必是大俠，大俠卻一定用劍。

其實，劍這種兵器，不但大俠喜歡，文人也酷愛。讀中國古典文學作品，我們會不斷地看到這樣一些字眼：學劍、佩劍、仗劍、負劍、撫劍、看劍、拔劍、舞劍。不但李白這樣的會「拔劍四顧」，辛棄疾那樣的會「挑燈看劍」，就連一些婉約派詞人也常常以劍入詩。這裏面的奧秘，確如平原兄所說，未嘗沒有借劍氣洗酸腐的想法，但除此之外，是不是還有別的更深一層的原因呢？

還是要從劍本身說起。

劍這種兵器，確實與眾不同。它不僅是戰鬥的武器，更是身分的象徵。在上古時代，並非所有的人都能佩劍。有資格佩劍的是貴族，即「君子」。「小人」是不能用劍的，也沒有劍給他們用。那時冶金技術不高，鑄劍並不容易，因此常有以人殉劍或化爲蛟龍的神話，當然也就不可能人手一柄。即便是貴族，也要在舉行了隆重的儀式以後才能佩劍。這個儀式就是「冠禮」。「冠禮」就是「成年禮」，在貴族男子二十歲時舉行。具體的做法，是將這個男子的散髮「約束」起來，再加上「冠」，一共加三次——首加「緇冠」，次加「皮弁」，三加「爵弁」。緇冠是參加政治活動的服飾，爵弁是參加祭祀活動的服飾，皮弁則是獵裝和軍帽。正因爲是獵裝和軍帽，所以同時還要佩劍。一加緇冠，有治權；二加皮弁，有兵權；三加爵弁，有祀權。這都是貴族才有的權力，因此平民既不能加冠（只能戴頭巾，叫「幘」），也不能佩劍。於是冠與劍，便都成爲權力和身分的象徵。

上古時期的貴族有四等。最高一級是「王」（天子），次爲諸侯，再次爲大夫，最低一級叫「士」。士和前三級貴族有一個區別，就是天子、諸侯、大夫不但有「冠」，而且有「冕」，是「冠冕堂皇」。士則只有「冠」，沒有「冕」。當然，天子、諸侯、大夫、士，都有劍。因此，對於沒有「冕」的士而言，冠和劍就特別重要，甚至應被視爲生命的一部分。比如子路，在一次戰鬥中被人用戈擊斷了冠纓，便不顧生命危險，放下武器，用雙手將冠重新繫好，結果被人砍成了肉泥。又比如韓信，曾經是一文不名，連飯都沒有吃的，乃至遭到市井無賴的恥笑和羞辱。然而一柄劍卻從不離身，最後「仗劍從軍」，成爲一代名將。冠與劍，確實有著非同一般的意義。

戴冠佩劍既然是君子（天子、諸侯、大夫、士）的專利，它們就不但象徵著身分、地位和權力，也代表著品級。品級也叫「流品」，即流別和品級，比如上流下流、上品下品。這是道德概念，也是審美概念。比方說，上流上品高貴典雅，下流下品卑賤低俗；上流上品代表著社會理想和道德標準，下流下品則只能望風披靡。用孔子的話說，就是「君子之德風，小人之德草」。風往哪邊吹，草就往哪邊倒（草上之風必偃）。

品級和流品是中國文化獨有的概念。所以有學者（如錢穆先生）認爲，西方社會是有階級無品級，中國則相反，是有品級無階級。其實這是後來的事。在先前，中國社會是既有品級，又有階級，還有等級的。貴族與平民，就是階級。貴族當中，天子、諸侯、大夫、士，就是等級。公、侯、伯、子、男，也是等級。貴族都是「君子」，庶民則是「小人」。所謂「君子」，也就是「君之子」。這裏說的「君」，可以是「國君」（諸侯），也可以是「家君」（大夫），總之有爵位的人。他們的兒子（君子），或者可以襲爵，或者可以受封。襲爵，就是繼承原來的爵位。受封，則是成爲低一級的貴族。一般的說，襲爵的是嫡子、長子，庶子和次子只能受封。國君的兒子襲爵，就是諸侯；受封，則是大夫。大夫的兒子襲爵，就是大夫；受封，則是士。士的嫡子也可以襲爵（繼承貴族身分），還是「士」，庶子卻不但不能襲爵，也不能受封（沒有更低一級的貴族頭銜可封），只能去做平民。所謂「平民」，其實就是既不能襲爵又不能受封的「庶子」，因此也叫「庶民」或「庶人」。

可見，貴族與平民的身分來歷，在於能否襲爵受封；而一個人能否襲爵受封，又要看他是嫡子還是庶子。嫡子是家族血統的正宗繼承人，因此也叫「大宗」。庶子的宗族不是「正宗」，因此叫「小宗」。君子繼承大宗，當然是「大人」（大宗之人）。庶人別立小宗，當然是「小人」（小宗之人）。至於奴隸，原先不是人。後來是了，就叫「賤人」。

顯然，君子與小人，原本說的是階級（貴族與庶民）。他們之間的高低貴賤之別，也首先是階級差別。問題在於，那時的道德標準是由貴族來制定的，審美標準也是由貴族來掌握的。因此，從理論上講，身爲貴族（君子）者，道德品質就應該高尚，審美品味也應該高雅。這樣一來，君子與小人，就不但是階級，同時也意味著品級。等到後來，天下歸於一統，官職不再世襲，從宰相到州縣都由平民擔任，貴族也只剩下爲數不多的幾個皇親國戚、鳳子龍孫時，中國社會也就沒有階級，只有等級和品級了（比如「三教九流」，就既是等級，又是品級）。這時，君子和小人才純粹成爲品級概念。

品級概念是貫穿了中國傳統社會之始終的。於是連帶兵器，也有了品級。劍，作爲當年君子佩戴的武器，是高貴典雅的。所以佩一把古劍，就會有「高士之風」；佩一把寶劍，則會有「王者氣象」。難怪後世文人作品中，會一再出現「高冠長劍」的意象了。因爲所謂「千古文人俠客夢」，便正是對遠古貴族時代「士之遺風」的追憶和嚮往。

五　俠與士

武俠是「士之夢想」嗎？是。

實際上，所謂「俠」，原本就是「士」，是士的一種——俠士。俠士是怎麼爲生的呢？是從武士演變而來的。我們知道，最早的士都是武士。周代戰爭，領兵的是大夫，作戰的是士，庶人和奴隸是搞後勤的。現在我們說的「戰士」、「將士」，就從這個傳統而來。那時當一個「戰士」是很光榮的事情，庶人和奴隸還沒有資格。士的使命既然主要是戰鬥，則其修身習武，便是理所當然；後來轉變爲武俠，也是順理成章。

士的使命發生變化，是在孔子以後。這時，士開始向文職轉變，這就是文士。武士和文士都依附於大夫、諸侯，甚至天子。武士的任務，主要是出生入死兼做刺客，所以也叫死士；文士的任務，則是出謀畫策兼做文秘，所以也叫謀士。如果出入朝堂，就是紳士（有資格繫紳帶插笏的人）。如果閒居鄉野，就是隱士。如果四處遊走，就是遊士。如果行俠仗義，就是俠士。所謂「遊俠」，其實就是既遊走四方又行俠仗義的人，是遊士加俠士。

原本依附於高級貴族（大夫、諸侯、天子）的武士和文士，爲什麼會變成遊走四方行俠仗義的遊士和俠士？當然是因爲王綱解鈕、禮壞樂崩、天下大亂，西周創立的封建秩序面臨徹底崩潰。這個時候，「君不君，臣不臣，父不父，子不子」，爲了生存，也爲了實現自己的人生價值，士們必須浪跡天涯尋找機會。高級一點如孔子，周遊列國是要宣傳自己的政治主張。低級一點的，就不過是找碗飯吃罷了。要知道，士作爲最低一級的貴族，是沒有封邑領地和世襲官職的，只有貴族身分和一技之長。也就是說，有地位，無產業；有能力，無定職。因此他們是「毛」，必須附在一張「皮」上，而這個時候的「皮」又很多，還都在招兵買馬。這樣一來，士的「遊」（遊走四方）也就不足爲奇了。

與此同時，一種理想信念和行業規矩也開始形成。遊走四方的士們不約而同地意識到，爲了確保自己的生存和集體的榮譽，必須恪守職業道德。其中第一條，就是「受人之託，忠人之事」（信守然諾），此外還包括「救人之危，急人之難」（捨己爲人）和「避人之譽，成人之美」（功成身退）。這是所有的遊士都應該遵守的信條。也就是說，作爲「遊士」，他們可以自由選擇自己的服務對象和服務內容，但不能因此而沒有做人的原則。

這個原則就是「義」。義當然不是士的專利，它的內涵也遠比前述職業道德豐富。不過，比起其他階級和階層來，士確實更看重「義」。義的產生，也無疑與這個階層的特定性質有關。我們知道，士是沒有封邑領地也沒有世襲官職的，因此只能從事「自由職業」。所謂「自由職業」，說得好聽，是可以朝秦暮楚，擇木而棲；說得不好聽，則是沒有著落，沒有擔保。能夠做擔保的也就是自己的德行。也就是說，士作爲「自由職業者」，必須讓雇主認爲自己是可信任的，也必須讓同行認爲自己是可尊重的。這就必須講「義」。

有了「義」，也就有了「俠」。俠就是義的實現。所謂「行俠仗義」，就再清楚不過地告訴我們：行俠依仗的是義，實現的也是義，所以有俠肝者必有義膽。什麼是「義」？義者宜也，也就是「理所應當」。什麼是「俠」？俠者使也，也就是「見義勇爲」。也就是說，俠，就是使「義務」（正義的擔當）變成「義舉」（正義的行爲）的精神，以及具有這種精神的人。這種精神在理論上講，當然最好是人人都有，但這並不可能。任何一個社會，都做不到人人俠肝義膽，人人見義勇爲，人人捨生取義，人人義無反顧。這就需要有人挺身而出，以爲典型、楷模、帶頭人和示範者，所謂「俠」（俠士、俠客、遊俠）也就應運而生。

顯然，俠，就是以「義」爲責任擔當的人，因此也叫「義士」。不過，俠士雖然是廣義的義士，和狹義的義士還是略有區別。一般的說，義士講忠義，俠士講情義；義士赴國難，俠士結私交；義士舉大業，俠士管閒事；義士赴義多爲集體行動，俠士行俠多是個人行爲。比方說，齊國的田橫自殺後，跟著他一起赴死的那五百人，就是「義士」；而「路見不平一聲吼，該出手時就出手」，隻身挑戰黑惡勢力，完全不顧個人安危的，則必爲「俠士」。俠士幾乎是一定要管閒事的，包括爲民請命，替人消災，也包括「清理門戶」，翦除士人中的敗類。如果他居然「專打人間不平」，「專一急人之難」，那他就不但是「俠士」，而且是「俠客」了。這也無妨看作「士」一種分工：有的出謀畫策（謀士），有的行軍作戰（戰士），有的舞文弄墨（文士），有的舞刀弄槍（武士），有的行俠仗義（俠士）。

行俠仗義成爲一種有人專司，或者被某些人放在首位的事情，說明士的職業道德已昇華爲一種道義精神，這就是「俠義」。因此，代表了這一精神的俠，就是「士中之士」，是最能代表「士之精神」的人。明白了這一點，我們也就明白武俠和武俠小說爲什麼是文人的千古之夢了。道理也很簡單：文人原本也是「士」，而且也代表著「士之精神」。

什麼是「士之精神」？用曾子的話說，就是「可以托六尺之孤，可以寄百里之命，臨大節而不可奪也」。所謂「托六尺之孤，寄百里之命」，就是說，無論是孤兒寡母，還是國家命運，都可以放心地託付給他。這當然並不容易，因此曾子說：「士不可以不弘毅，任重而道遠。仁以爲己任，不亦重乎？死而後已，不亦遠乎？」這就要「自強」，即《周易》所謂「天行健，君子以自強不息」。君子爲什麼要「自強不息」呢？就因爲他是「士」。士，首先是成年男子，也叫「丈夫」（身高一丈的男子）。如果這個「丈夫」能夠「以天下爲己任」，那就是「大丈夫」。所謂「以天下爲己任」，也就是有使命感。有使命感，就會意識到「任重道遠」；意識到「任重道遠」，就不能不弘毅；而要弘毅，就必須自強。因此，自強、弘毅、使命感，就是「士之精神」。

具有這種精神並能付諸實踐的就叫「國士」。成爲「國士」，曾經是許多士人尤其是文士們的理想，後來卻變成「俠客夢」了。於是我們便很想弄清楚：第一，它爲什麼是士的理想；第二，這個理想爲什麼會變成夢想；第三，這個夢想又爲什麼要寄託在俠客身上。

六　百家罷後夢難圓

這些問題的答案，我在《從「出入兩難」到「進退自如」》一文中已經部分地給出。簡單的說，就是士作爲既沒有產業又沒有定職的低級貴族，所有的只是「自由之身」。因此他們必須先培養出高尚的品德，學得滿腹經綸，練就一身武藝（修身），然後去幫助大夫打理采邑（齊家），協助諸侯管理領地（治國），輔助天子征服世界（平天下）。所以，士人當中但凡理想遠大一點的，都會「以天下爲己任」。文士就尤其。因爲武士的功夫再好，一個人也打不了天下。文士則不同。他可以「一言興邦，片言折獄」，可以「運籌帷幄之中，決勝千里之外」，可以「爲往聖繼絕學，爲萬世開太平」，從而成爲「可以托六尺之孤，可以寄百里之命」的「國士」。總之，文人較之武士，「信價比」要高一些。他們的自我感覺和自我評估，也要好一些。所以文士更可能具有「自強、弘毅、使命感」這三大精神。

但這有一個前提，就是他們的「身」必須自由。自由，才出入兩便，進退自如；才能擇主而事，功成身退；也才能眞正把天下事當作自己的事情。如果「身不由己」，又哪來的「己任」？更不用說平什麼天下了。

這種自由在孔子的時代（春秋）是有的，在孟子的時代（戰國）也是有的。那時的「無雙國士」，可以自由地宣傳自己的政治主張，甚至像墨子那樣身體力行，這就是「仗劍行俠」；可以根據自己的意志和情感，自由地選擇服務對象，一言不合便拂袖而去，甚至引敵國之兵以報己怨，這就是「快意恩仇」；可以憑著自己「入楚楚重，出齊齊輕，爲趙趙完，畔（叛）魏魏傷」的優勢，不把諸侯卿相放在眼裏，也不把其他競爭對手放在眼裏，這就是「笑傲江湖」；當然也可以朝秦暮楚，出將入相，從這個邦國走到那個邦國，拋棄舊的國君有如拋棄破掃帚，這就是「浪跡天涯」。顯然，後世俠客的夢，在他們那裏卻是現實。

秦始皇一統天下，士的好日子也就到頭。漢武帝罷黜百家，更不復當年氣象。等到隋唐以科舉取士，讀書人都到科場討生活以後，士們便連「非分之想」也沒有了。因爲天下歸於一統，就不必「浪跡天涯」；思想定於一尊，又豈能「笑傲江湖」？金榜題名既然成爲人生目標，自然更沒有「仗劍行俠」和「快意恩仇」。所能有的，大約也就是「皓首窮經」和「咬文嚼字」。實際上，當漢武帝把所有的思想都歸到儒學一家時，也就沒有了思想；而沒有了思想，也就不會有風骨。沒有了風骨，又哪有「國士」可言？因此于右任先生這樣評價漢武帝：「絕大經綸絕大才，罪功不在悔輪台。百家罷後無奇士，永爲神州種禍胎。」（《漢武帝陵》）當然不會再有「奇士」的，因爲士們都已「脫胎換骨」。

然而自由畢竟是人的天性，過去的日子也令人神往。這就需要一個夢。這個夢既然無法在生活中實現，就只好在文學作品中去圓。武俠小說就是其中之一。武俠小說塑造的俠客，尤其是那些大俠，都有以下特點：一是身懷絕技，二是特立獨行，三是任重道遠，四是義無反顧。他們或者建功立業，「了卻君王天下事，贏得生前身後名」；或者鋤奸除霸，「手提三尺龍泉劍，不斬奸邪誓不休」；或者扶貧振弱，「濟人然後拂衣去，肯作徒爾一男兒」；或者赴義報恩，「感君恩重許君命，泰山一擲輕鴻毛」；但都無不出生入死，叱吒風雲。這不正是當年那些「無雙國士」的寫照嗎？

事實上，俠的精神正是士的精神。一個俠客，尤其是一個大俠，是應該和士一樣，

「可以托六尺之孤，可以寄百里之命，臨大節而不可奪也」的。這甚至是一種「起碼」的要求。你想啊，如果連俠客都不可以託付，世界還有什麼希望？同樣，自強、弘毅、使命感，也爲一切眞俠、大俠所必須。如果連俠客都沒有這些精神，社會還有什麼希望？俠客當然也是大丈夫。如果連俠客都不是，人類又有什麼希望？顯然，在俠客的身上，是寄託著希望的。他們所圓的，是世人的「救星夢」、「英雄夢」，也是文人的「國士夢」。

何況還有俠客們生活的那個世界，或者說，武俠小說創造的那個夢境——江湖，它簡直就是春秋戰國時代天下的翻版。江湖中林立的幫派，就是那時林立的邦國；山頭中稱雄的幫主，就是那時稱雄的諸侯；而那些仗劍走四方，誰的賬都不買的獨行俠，豈非正是那時的遊士？看來，人們確實不能隨心所欲地進行創造，歷史也總是讓人惦記。即便武俠小說，也不完全是「空中樓閣」。

這大約就是所謂「千古文人俠客夢」了。夢，當然也沒什麼不好。人生在世，多少總要做點夢。「至少我們還有夢」，不也是一種希望嗎？但你得明白那是什麼。古人云：「世無英雄，遂使豎子成名。」我們也可以套用一句：「世無英雄，遂使武俠流行。」所以，一個民族沉溺於武俠並非好兆頭：「要不就是時代過於混亂，秩序沒有眞正建立；要不就是個人願望無法得到實現，只能靠心理補償；要不就是公眾的獨立人格沒有很好健全，存在著過多的依賴心理。」我還想狗尾續貂一句：要不就是生爲國士的條件不復存在，民族缺少強勁的精神。因此，這個夢也該醒醒了。當今之世，原該是夢醒時分啊！

莫道海棠依舊，應是綠肥紅瘦。

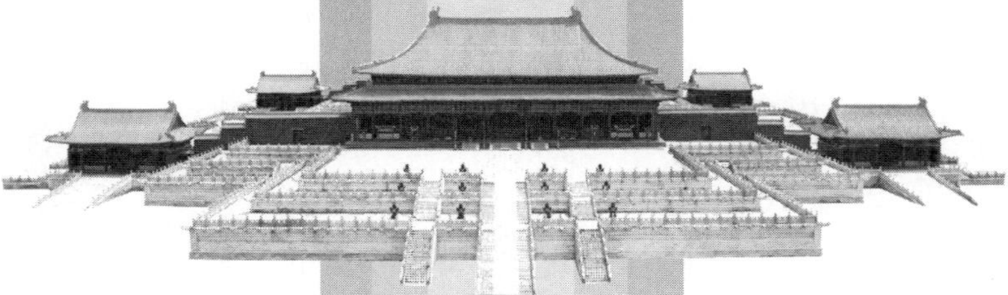

【跋　歷史總是讓人惦記】

擺在讀者面前的這本小書基本上是講歷史的。它和中央電視臺科學教育頻道的《百家講壇》多少有些瓜葛，因爲部分內容在那裏講過。

眾所周知，《百家講壇》是一個學術性的節目，尤以講述歷史見長。這類節目並不好做。做好了固然「雙贏」（學術擴大了傳播範圍，電視提升了文化品味），做砸了卻是「雙輸」（學術失去自身品質，電視失去廣大觀眾）。這是許多學者和電視臺都不敢輕易涉足此事的原因：他們害怕吃力不討好，落得個豬八戒照鏡子——裏外不是人。

然而《百家講壇》的編導卻告訴我，他們的收視率並不低，高的可達百分之零點五以上，低一點也有百分之零點一。百分之零點五的收視率是個什麼概念呢？通俗一點說，就是平均有千分之五的電視機選擇了這個頻道。當然，調到這個頻道的更多，鎖定的又少一些，所以說是「平均」。中國是個人口大國。按照這個比例推算，收看的人數將是一個天文數字。

當然，賬不能這麼算，前面對收視率的解釋也不完全準確。但要說很多人在看，總是不錯的。這就奇怪。中國歷史上的王朝，最近的一個，清，離我們至少也有上百年，遠的就更不用說了。如此遙遠的是非恩怨，干我們甚事，怎麼會有那麼多人關注呢？

也只有一種解釋：歷史不能忘懷。

的確，歷史總是讓人惦記，也不能不讓人惦記。正如馬克思所說，人們不能隨心所欲地創造自己的歷史。他們只能「在直接碰到的、既定的、從過去承繼下來的條件下」

進行創造。這樣一來，誰對歷史了解得更爲深刻和透徹，誰就更可能成功。相反，如果僅僅把思想和眼光局限於現在，那他恐怕就連現在也把握不了。國家如此，個人亦然。實際上，偉大的時代必定具有歷史感，偉大的人物也必定具有歷史感。只有平庸的時代才鼠目寸光，也只有那些平庸之輩才會對歷史不屑一顧。何況歷史本身就是一部連臺大戲，有人物，有故事，有情節，有動作，有懸念，有高潮，充滿戲劇性，豈能不讓人興趣盎然？

於是就有了對歷史的各種說法和多種說法。

最常規的是「正說」，比如《三國志》和《大唐西域記》；最流行的是「戲說」，比如《三國演義》和《西遊記》。《三國演義》是「戲說」嗎？是。因爲它不但「演義」（發揮），而且「演變」（篡改）。就算它態度嚴肅，不是「戲說」，也有歪曲編造成分，是「正說」加「歪說」，甚至「胡說」。不過《三國演義》還只是「走調」，《西遊記》就「離譜」，只好稱之爲「大話」。我們現在都知道《大話西遊》「大話」了《西遊記》，很少有人想到《西遊記》才是「大話」的祖宗！但《西遊記》是沒有問題的，因爲誰都知道那是神話。《三國演義》就不一樣了，很多人把它當作歷史來看，甚至以爲那就是歷史。從這個意義上講，《三國演義》是不叫《大話三國》的《大話三國》。

看來，小說家言是靠不住的，比較靠得住的是歷史家言。《百家講壇》的收視率那麼高，就因爲大家都想知道歷史的眞相，儘管所謂「正史」也難免事實加傳言。

然而眞正靜下心來閱讀歷史文獻的人卻鳳毛麟角，「正說」的影響力和讀者面，與「戲說」、「大話」相比，也「不可同日而語」。爲什麼呢？因爲後者好看，前者難懂；後者有趣，前者乏味。眞實的不好看，好看的不眞實，想滿足趣味就難免「上當受騙」，要弄清眞相就必須「硬著頭皮」。這就矛盾，讀者也就兩難，因此要有一個辦法。這個辦法，我以爲就是「趣說」。所謂「趣說」，就是歷史其裏，文學其表，既有歷史眞相，又有文學趣味。這當然很難，但並非做不到，黃仁宇先生的《萬曆十五年》便是典範。

趣說並不容易。首先作者得有趣，其次得有文學修養。所謂「有文學修養」，並不等於一定要讀過多少經典名著，更不等於有多高的學歷、學位、職稱和頭銜，當然也不等於一定得是中文系畢業的，而是要有文學感。這是一種體驗的能力，品味的能力，把握情調的能力。沒有這種能力，書讀得再多也沒有用。

有文學感的人一般也都有歷史感。因爲文學是人學，史學也是人學。沒有人，就不會有歷史，也不會有文學。所以，要想理解歷史，必須參透人性。歷史是不能復原的。你頂多只能散亂地見到些秦磚漢瓦，依稀聽得鼓擊鐘鳴。然而人性卻相通，正如今日之蒼穹，正是當年之星空。秦時明月漢時關。漢代的關隘（歷史條件）可能已蕩然無存，秦時的明月（共同人性）又何曾消失？因此研究歷史也好，講述歷史也好，都必須「以人爲本」，以民族的文化心理爲核心。以人爲本，歷史才是有意義的。以民族的文化心理爲核心，一個個歷史事件和歷史人物在我們面前才可能變得鮮活起來。這些鮮活的故事和生命將促使我們反省歷史，反省社會，反省人生，反省自己，於是趣味之中就有了智慧。

這就不但是「趣說」，而且是「妙說」。沒有思想的趣說只是易開罐飲料，有思想的妙說才是好酒。歷史和酒原本就有些拉扯，比如「漢書下酒」、「青梅著酒」。所以，歷史也是可以釀酒的。本書不敢說是一罈好酒，只要沒做成醋，就謝天謝地了。

本書收錄的文章，斷斷續續寫了好幾年，有的發表過，有的沒有。這次一併結集出版，全承蕭關鴻先生一再敦促支持，陳飛雪小姐精心策畫編輯，在此謹致謝意！

易中天

二〇〇五年四月十八日

大地 HISTORY 叢書介紹

帝國政界往事
—西元1127年大宋實錄

作者：李亞平

定價：250元

西元1127年，即北宋靖康二年，南宋建炎元年。

這一年，北宋帝國覆滅，南宋帝國在風雨飄搖中宣告誕生。

中國人陷入長達十餘年的兵凶戰亂、血雨腥風之中。

帝國首都汴京淪陷敵手，金人立張邦昌為大楚皇帝；帝國的兩位皇帝宋徽宗趙佶，和他的大兒子、宋欽宗趙桓，被擄掠到了金國，北宋就此滅亡。

宋徽宗的第九個兒子康王趙構僥倖脫身，逃往南京，就是今天的河南商丘。建立南宋帝國，改年號靖康二年為建炎元年，成了大宋帝國的第十位皇帝，也是南宋的第一位皇帝，史稱宋高宗。

這一年，本書所涉及到的人物，情況各不相同。他們當中，有一些被認為需要對本年所發生的一切負責，有些則被本年度發生的一切改變了命運，這種改變有時表現得相當徹底，成為令人無法釋懷的帝國政界往事。

大地 HISTORY 叢書介紹

帝國政界往事
—大明王朝紀事

作者：李亞平

定價：280元

朱元璋所創建的的大明帝國，將中國的帝制文化傳統推到了極致，是中國兩千年帝王政治的集大成者。其對於中國政治傳統，文化傳統的影響既深且巨，以至於六百年後的今天依然清晰可見。

本書在刻畫朱元璋其人的容貌與作為上，相當傳神，文中對其相貌的描述，顯然更接近未經藝術加工的那幅標準像，這兩幅畫所揭示出來的東西，具有重大的現實和深遠的歷史意義。

作者透過不同角度深入剖析大明歷史，把濃厚的現實情懷和歷史巧妙的結合起來，從浩瀚如海的歷史資料中篩選出大量不為歷史學家重視的情節，重新演繹社稷更迭的歷史故事，透過本書您可以更直接、更真切的重新審視歷史。

國家圖書館出版品預行編目資料

帝國的惆悵：中國傳統社會的政治與人性／易中天著.
-- 一版. -- 臺北市 ： 大地出版社, 2006〔民95〕
面 ； 公分. --（History ； 22）
ISBN 986-7480-54-6 （平裝）

1. 民族性- 中國- 論文, 講詞等 2.中國- 歷史- 論文, 講詞等

617 95011752

帝國的惆悵——中國傳統社會的政治與人性

HISTORY22

作者	易中天
發行人	吳錫清
主編	陳玟玟
出版者	大地出版社
社址	114台北市內湖區內湖路2段103巷104號
劃撥帳號	0019252-9（戶名：大地出版社）
電話	02-26277749
傳真	02-26270895
E-mail	vastplai@ms45.hinet.net
美術設計	洸譜創意設計股份有限公司
封面設計	洸譜創意設計股份有限公司
印刷者	普林特斯資訊有限公司
一版一刷	2006年7月

大地

定 價：260元